Contra-história da filosofia

I

AS SABEDORIAS ANTIGAS

MICHEL ONFRAY

Contra-história da filosofia

I

AS SABEDORIAS ANTIGAS

Tradução: Monica Stahel

SÃO PAULO 2019

Esta obra foi publicada originalmente em francês com o título
LES SAGESSES ANTIQUES (Contre-histoire de la philosophie 1)
por Grasset & Fasquelle, Paris.
Copyright © Éditions Grasset & Fasquelle, 2006.
Copyright © 2008, Livraria Martins Fontes Editora Ltda.,
São Paulo, para a presente edição.

"Cet ouvrage, publié dans le cadre du Programme d'Aide à la Publication Carlos Drummond
de Andrade de l'Ambassade de France au Brésil, bénéficie du soutien du Ministère
français des Affaires Etrangères et Européennes."
"Este livro, publicado no âmbito do programa de participação à publicação Carlos Drummond
de Andrade da Embaixada da França no Brasil, contou com o apoio do Ministério
francês das Relações Exteriores e Europeias."

1ª edição 2008
2ª tiragem 2019

Tradução
MONICA STAHEL

Revisão técnica
Jacira de Freitas
Acompanhamento editorial
Luzia Aparecida dos Santos
Revisões gráficas
Marisa Rosa Teixeira
Maria Regina Ribeiro Machado
Dinarte Zorzanelli da Silva
Produção gráfica
Geraldo Alves
Paginação
Moacir Katsumi Matsusaki

Dados Internacionais de Catalogação na Publicação (CIP)
(Câmara Brasileira do Livro, SP, Brasil)

Onfray, Michel
  Contra-história da filosofia : as sabedorias antigas, I /
Michel Onfray ; tradução Monica Stahel. – São Paulo : WMF
Martins Fontes, 2008.

  Título original: Contre-histoire de la philosophie.
  Bibliografia.
  ISBN 978-85-60156-63-4

  1. Filosofia – História I. Título.

07-7610   CDD-109

Índices para catálogo sistemático:
1. Filosofia : História   109

Todos os direitos desta edição reservados à
Editora WMF Martins Fontes Ltda.
Rua Prof. Laerte Ramos de Carvalho, 133 01325-030 São Paulo SP Brasil
Tel. (11) 3293-8150 e-mail: info@wmfmartinsfontes.com.br
http://www.wmfmartinsfontes.com.br

SUMÁRIO

POR UMA CONTRA-HISTÓRIA DA FILOSOFIA

Preâmbulo geral: A historiografia, uma arte da guerra 11
    1) *A historiografia, uma polemologia.* **2)** *Mentiras sem autores.* **3)** *A escrita dos vencedores.* **4)** *A história de uma contra-história.* **5)** *Abolir o pensamento mágico.* **6)** *O princípio de Alfeu.*

Introdução: Sobre poeiras de astros 25
    1) *As arqueologias genealógicas.* **2)** *O jogo dos contextos.* **3)** *A lógica dos vencedores*

PRIMEIRA PARTE: AS SABEDORIAS ANTIGAS

PRIMEIRO TEMPO – Traços de átomos em um raio de luz: o materialismo abderitano

    I. Leucipo e "a alegria autêntica" 39
        1) *Saídos dos limbos do tempo.* **2)** *Ficção, mulher ou filósofo?* **3)** *Realidade dos simulacros.* **4)** *Ética da alegria autêntica.*

    II. Demócrito e "o prazer obtido consigo mesmo" .. 49
        1) *Erroneamente pré-socrático.* **2)** *Sob o reinado dos vencedores.* **3)** *Queimar Demócrito?* **4)** *O cheiro das virgens.* **5)** *As anedotas atômicas.* **6)** *Epi-*

fania do corpo material. **7)** *Do prazer obtido consigo mesmo.* **8)** *Estratégias do hedonismo.* **9)** *E depois rir...*

    III. HIPARCO E "A MAIS PRAZEROSA DAS VIDAS" 73
    1) *Um discípulo atípico.* **2)** *Vade-mécum hedonista.*

    IV. ANAXARCO E SUA "NATUREZA APAIXONADA PELO GOZO"   79
    1) *Cortar e cuspir a própria língua...* **2)** *O filósofo bem-aventurado.*

SEGUNDO TEMPO – Usos terapêuticos do verbo:
a sofística antifoniana

    V. ANTÍFON E "A ARTE DE ESCAPAR À AFLIÇÃO" 85
    1) *Reparação aos sofistas.* **2)** *A antítese de Sócrates.* **3)** *A invenção da psicanálise.* **4)** *O inimigo das leis.* **5)** *O hedonismo libertário.* **6)** *Acabar com os bárbaros.*

TERCEIRO TEMPO – A invenção do prazer:
o júbilo de Aristipo de Cirene

    VI. ARISTIPO E "A VOLÚPIA QUE INSTIGA" 103
    1) *O filósofo de saia.* **2)** *O triângulo subversivo.* **3)** *Perfumado na ágora.* **4)** *Lúdico, agônico e cômico.* **5)** *Proxeneta da sabedoria?* **6)** *Recusar todas as amarras.* **7)** *Feliz quem como Ulisses...* **8)** *O bom prazer de Aristipo.* **9)** *Gozo com consciência.* **10)** *Os cirenaicos existem?*

QUARTO TEMPO – Prazer do desejo resolvido:
a constelação cínica

    VII. DIÓGENES E "DESFRUTAR O PRAZER DOS FILÓSOFOS" . 129
    1) *Os latidos do conceito.* **2)** *Elogio do peixe masturbador.* **3)** *Um materialismo canibal.* **4)** *Prazeres do ter, prazeres do ser.*

QUINTO TEMPO – Salvos pela polêmica:
três mosqueteiros hedonistas

    VIII. FILEBO E "A VIDA FELIZ" 143
    1) *Lutador e dramaturgo.* **2)** *O hedonista assassinado.* **3)** *Para além da caricatura.* **4)** *Panfleto com traje de cena.* **5)** *Espancamento de um bode expiatório.*

IX. Eudóxio e "o objeto de desejo para todos" 153
   1) *Um discípulo heterodoxo de Platão.* **2)** *Um platônico hedonista!* **3)** *Magro butim na escarcela filosófica.*

X. Pródico e "a felicidade" 159
   1) *Fortuna do "Y".* **2)** *Sob peles de animais.* **3)** *O mal-entendido de uma boa reputação.* **4)** *Escolher entre duas mulheres.*

SEXTO TEMPO – Sob o signo do porco:
o epicurismo greco-romano

   XI. Epicuro e "o prazer supremo" 171
   1) *Fisiologia da filosofia.* **2)** *Má época, má reputação.* **3)** *Uma filosofia porca?* **4)** *Quatro, isto é, três ou sete.* **5)** *A salvação pelo tratamento atômico.* **6)** *Morte da morte.* **7)** *Santidade dos deuses indolentes!* **8)** *Do bom uso da dor.* **9)** *Dietética e aritmética dos desejos.* **10)** *Prazer do hedonismo ascético.* **11)** *Uma prudência utilitarista e pragmática.* **12)** *Cinético, dinâmico, catastemático?* **13)** *A alma é o corpo, e reciprocamente...* **14)** *Gênio da vida filosófica.* **15)** *O Jardim, uma anti-República de Platão.* **16)** *Poderes do contrato hedonista.*

   XII. Filodemo de Gádara e a comunidade hedonista . 217
   1) *Excelência da catástrofe.* **2)** *O arquiteto, o mecenas e o filósofo.* **3)** *Longe de Epicuro, o epicurismo.* **4)** *Elogio da vida filosófica.* **5)** *A obra-prima? O emprego do tempo.* **6)** *A doçura de viver.* **7)** *Construção do epicurismo campaniense.* **8)** *Domar a morte.* **9)** *Habilitação da estética.* **10)** *As núpcias com a cidade.* **11)** *Uma ataraxia política.*

   XIII. Lucrécio e "a volúpia divina" 247
   1) *Maldito seja o filósofo!* **2)** *Persistência dos anátemas.* **3)** *Ódio à lucidez.* **4)** *Amigo, não há amigo...* **5)** *Uma pintura do elã vital.* **6)** *Capricho de átomo.* **7)** *Uma dialética das forças.* **8)** *Instrumentos de uma razão polêmica.* **9)** *Acabar com o céu.* **10)** *Domar a morte.* **11)** *O esqueleto e o bolo.* **12)** *Vantagens dos naufrágios.* **13)** *O hedonismo trágico.* **14)** *Um prazer atômico.* **15)** *Teoria de uma Vênus nômade.* **16)** *Um casal ataráxico.*

   XIV. Diógenes de Enoanda e "a alegria de nossa natureza" 287
   1) *Sobre esta pedra...* **2)** *O peripatético epicurista.* **3)** *Um budismo grego!* **4)** *O Jardim universal.* **5)** *O obscurecimento do mundo.*

Bibliografia 297
Cronologia 307
Índice remissivo 313

Por uma contra-história da filosofia

Preâmbulo geral

A historiografia, uma arte da guerra

1

A historiografia, uma polemologia. A historiografia é do âmbito da arte da guerra. Não é de espantar, então, que nos arredores reine o ambiente dos segredos-defesa. A disciplina participa portanto da polemologia: como encarar o combate, medir as relações de força, elaborar uma estratégia, uma tática para realizá-la, gerir as informações, calar, silenciar, enfatizar o óbvio, fingir, e tudo o que supõe enfrentamentos capazes de determinar vencedor e vencido? A história mostra que é complacente com os ganhadores e impiedosa com os perdedores.

Ampliemos: a historiografia da filosofia não escapa a essa lei do gênero. A filosofia, um pouco arrogante, muitas vezes segura de si mesma, bastante dadora de lições, apresenta-se habitualmente como a disciplina que coroa todas as outras. Os funcionários da matéria ativos na Inspeção geral não se privam de entoar esse refrão e de justificar seu ensino apenas nas classes finais do curso escolar argumentando que é necessário ter uma bagagem mínima de cultura geral para poder começar a filosofar. Pelo visto é preciso que uma longa mixórdia tenha se acumulado a montante para que um dia seja possível colocá-la em ordem!

É espantoso que a filosofia, tão pronta a criticar os historiadores ou os geógrafos sobre a maneira de praticar sua arte, os cientistas sobre a de considerar os usos corretos da epistemologia, caia por sua vez na esparrela de evitar aplicar em sua paróquia o que ensina às capelas da vizinhança! Pois não é do meu conhecimento que a filosofia exerça as certezas de sua seita submetendo a história de sua disciplina ao fogo cruzado de um trabalho crítico capaz de se dar conta da maneira pela qual é escrito.

Por que razões então a filosofia coloca empecilhos ao ensino de sua historiografia? Qual é o interesse em dissimular os segredos de fabricação de um corpus unificado? O que esconde a vontade de manter afastado da razão raciocinante o processo de construção de uma história da filosofia apresentada como única, canônica e objetiva, unívoca e incontestável?

Pois procura-se em vão na disciplina fragmentada – ética e estética, epistemologia e antropologia, lógica e política, etc. – ou nos estudos adjacentes das ciências ditas humanas um setor dedicado ao exame das condições de sua escrita. Em nenhum lugar interrogam-se os pressupostos dos autores que escrevem a história, portanto, de certa maneira, a fazem.

De fato, um filósofo, uma doutrina, um pensamento, um sistema, um livro, uma reflexão, uma obra só existem quando inscritos num processo histórico.

História da filosofia, certamente, mas também história simplesmente. Cada momento se lê – se liga – em um movimento. O ponto dado de um tempo filosófico funciona na dialética de uma longa duração. Que autor invisível conta ao público a odisséia em seus detalhes? Quem escreve a história da filosofia, em outras palavras: quem diz a *verdade* filosófica? Onde se esconde seu demiurgo?

2

Mentiras sem autores. A historiografia parece uma aventura sem autor identificável. Nenhuma história da filosofia impõe-se como única, a não ser num país totalitário que dá sua versão oficial. No entanto, assim como os manuais escolares dirigidos por pessoas diferentes, até mesmo escritos por indivíduos dessemelhantes, publicados por editoras concorrentes, contam a mesma epopéia, mudando apenas alguns detalhes, a forma, as histórias da filosofia com freqüência passam uma única e mesma narração.

Mesmos autores, mesmos textos de referência, mesmos esquecimentos, mesmas negligências, mesmas periodizações, mesmas ficções contudo apontadas mas repetidas à larga – por exemplo, a existência de um Demócrito pré-socrático, por definição anterior a Sócrates, mas que lhe sobrevive em trinta a quarenta anos! Por que então esses objetos diferentes para exprimir uma versão idêntica de um diverso no entanto profuso?

Por que esses instrumentos ideológicos que sempre são os manuais, as antologias, as histórias, as enciclopédias que, certamente, fazem as mesmas afirmações, silenciam sobre as mesmas informações? O que falta por uma vez numa publicação falta sempre nas seguintes de gênero análogo em que, além do mais, reina o psitacismo. Informações importantíssimas são objeto de negação: onde está a parte voluntária dessa ocultação? E onde o trabalho do inconsciente historiográfico?

Vamos ficar com exemplos da Antiguidade: por que manter a ficção de um corpus fechado de pré-socráticos, apesar da irredutibilidade da centena de pessoas inscritas nesse exército caótico de que alguns às vezes ultrapassam a periodização que lhe é atribuída? Por que razão Platão nunca cita Demócrito em sua obra completa, ao passo que todo o seu trabalho pode ser lido como uma máquina de guerra lançada contra o materialismo? Como explicar que nunca se explore a informação dada por Diógenes Laércio que relata o desejo enfurecido do autor do *Fédon* de destruir num auto-de-fé todas as obras... justamente de Demócrito? Por que dar crédito à figura de um Sócrates platonizado quando uma imagem mais próxima de Diógenes de Sinope ou de Aristipo de Cirene permite abordar a obra do sátiro ultrapassando o simples apoio à Idéia platônica? Como compreender o silêncio que se observa a respeito de Aristipo e do pensamento cirenaico em todos os diálogos de Platão? O pensador de Cirene aparece neles uma só vez, e com malevolência: Platão sublinha a indignidade de sua ausência no dia da morte de Sócrates... O mesmo para a inexistência dos filósofos cínicos no corpus do filósofo idealista. O que concluir diante da informação que apresenta os sofistas como vendedores de relatividade, enquanto se reduzem seus nomes aos que servem de título a diálogos... de Platão? O que dizer, nesse ambiente, do pensamento importantíssimo do sofista Antífon – inventor da psicanálise! –, habitualmente silenciado? Etc.

3

A escrita dos vencedores. Poderíamos continuar a lista das ilustrações, todas testemunhando no mesmo sentido: a escrita da história da filosofia grega é platônica. Ampliemos: a historiografia dominante no Ocidente liberal é platônica. Assim como se escrevia a história (da filosofia) apenas do ponto de vista marxista-leninista no Império soviético do século passado, em nossa velha Europa os anais da disciplina filosófica se estabelecem do ponto de vista *idealista*. Conscientemente ou não.

Como um erro ou uma distorção da realidade repetido dez vezes, cem vezes, mil vezes, torna-se verdade (ainda mais quando sua proliferação emana dos grandes, dos poderosos, dos oficiais, das instituições), esse tipo de mentira piedosa passa por certeza definitiva. Essa transfiguração do interesse político das civilizações judeo-cristãs – elas celebram o que as legitima e as justifica – constitui a razão de Estado da instituição filosófica.

Platão reina então como mestre porque o idealismo, fazendo os gatos mitológicos serem tomados por lebres filosóficas, permite justificar o mundo como está, convidar a se desviar do cá embaixo, da vida, deste mundo, da matéria do real, para ficções com as quais se compõem as histórias para crianças a que se reduzem todas as religiões: um céu das idéias puras que escapa ao tempo, à entropia, aos homens, à história, um além-mundo povoado de sonhos aos quais se atribui mais realidade do que ao real, uma alma imaterial que salva os homens do pecado de encarnação, uma possibilidade para o hommo sapiens que consagra escrupulosamente toda sua vida a morrer enquanto vivo, de conhecer a felicidade angélica de um destino post-mortem – e outras tolices que constituem uma visão de mundo mitológica na qual muitos ainda estão estagnados.

As histórias da filosofia empenham-se em mostrar a riqueza das variações sobre esse tema idealista. Esquecem que o problema não está na variação mas no eterno refrão do velho serrote musical do tema. Certamente, Platão não é Descartes, que não é Kant, mas esses três, partilhando vinte séculos de mercado idealista, açambarcam a filosofia, ocupam todo o lugar, e não deixam nada para o adversário, nem mesmo migalhas. O idealismo, a filosofia dos vencedores desde o triunfo oficial do cristianismo que se tornou pensamento de Estado – Deus, como Nietzsche, tem razão em considerar o cristianismo um platonismo para uso da populaça! –, passa tradicionalmente por ser a única filosofia digna desse nome.

Hegel, o batedor desse mundo, dedica uma louca energia a afirmar em suas *Lições sobre a história da filosofia* dadas na Universidade – o lugar ad hoc – que só existe uma filosofia (a dele, evidentemente!), que todas as do passado a preparam pois evoluem organicamente segundo um plano – uma espécie de *filodicéia*! –, que essa construção afirma a onipotência da razão na História, certamente, mas a Razão se sobrepõe também a outras palavras: o Conceito, a Idéia ou... Deus! A filosofia, confiscada desde o idealismo alemão pela Universidade, Templo da Razão hegeliana, é tida quase sempre como uma "ciência da lógica".

As pessoas estabelecidas nada têm a temer pela sobrevivência de seu mundo próspero: depois de Pitágoras, o *Fédon* de Platão lhes ensina a imortalidade da alma, o ódio ao corpo, a excelência da morte, o ódio aos desejos, aos prazeres, às paixões, à libido, à vida; a *Cidade de Deus* insiste *ad nauseam* em um mesmo ódio ao mundo real em nome, é claro, de um Deus de amor e de misericórdia; não contemos com a *Suma teológica* de (santo) Tomás de Aquino para ensinar coisa diferente; os *Pensamentos* de Pascal nadam em águas igualmente viscosas; o mesmo para Descartes ou Malebranche. A *Crítica da razão prática* defende idéias semelhantes, reformuladas na escolástica transcendental dos "postulados da razão prática", etc. Pessoas de boa sociedade, heróis e arautos da historiografia dominante, ícones dos programas oficiais, quebra-cabeças preferidos dos aspirantes a doutores em filosofia ou dos ávidos por uma agregação – nos dois sentidos do termo –, essa reserva, um plantel de lista de autores no programa, não põe em perigo o mundo como está!

4

A história de uma contra-história. Assim, é fácil compreender que Alfred North Whitehead escreva em *Process and Reality* [Processo e realidade] (1929) que "a mais segura descrição de conjunto da tradição filosófica européia é a de que ela consiste em uma série de anotações a Platão". Note-se esse detalhe: ele fala da *tradição*. O uso dessa palavra supõe a existência de uma contratradição, um avesso dessa historiografia dominante que cita, comenta e glosa Platão ao longo do tempo. Esta *Contra-história da filosofia* propõe olhar do outro lado do espelho platônico para descobrir paisagens alternativas.

Em face da história dos vencedores, diante da dominação sem partilha da historiografia dominante, para opor-se à doutrina oficial e institucional, falta evidentemente uma história dos vencidos, uma historiografia dos pensamentos dominados, uma doutrina oficiosa e alternativa. Logicamente, é evidente que ela não existe, o costume dos senhores da guerra opõe-se a ela. Lógica do massacre integral obriga.

Meu propósito não é fazer aqui a história dessa destituição. Esse outro (belo) tema merece um livro inteiro. Ele apontaria o papel da Igreja oficial já nos primeiros séculos da era comum na organização voluntária, deliberada e programada dessa erradicação de todo pensamento anterior a seu reinado temporal ou não enfeudado a seu sistema ideológico: destruição dos manuscritos, queima das bibliotecas, perseguição aos filósofos, fechamento de suas escolas, assassínio dos recalcitrantes – Hipácia como exemplo emblemático, codificação jurídica (Teodósio, Justiniano) do aniquilamento da cultura pagã.

A isso seria preciso acrescentar reflexões sobre o papel dos copistas (quase sempre monges...), sobre a participação do aleatório das condições de sobrevivência do que escapou ao furor vândalo dos cristãos (potes gnósticos escondidos no deserto egípcio de Nag Hamadi, bibliotecas epicuristas em vilas cobertas e protegidas pela erupção do Vesúvio), sem se esquecer de celebrar os inimigos que citam abundantemente os textos de suas vítimas (Orígenes, debatendo em vários tomos o *Contra os cristãos* de Celso, faz grande parte dele passar à posteridade!), ou de analisar o papel das mudanças de suporte (do papiro para o papel, do grafismo manuscrito para a impressão, do livro para eruditos para a publicação de massa, da grafosfera para a midiasfera, etc.). Esta *Contra-história* deixa de lado, infelizmente, essa parte importante das condições históricas e sociológicas de produção de um discurso filosófico dominante...

Os seis volumes que proponho obrigam à modéstia do propósito apesar da extensão em número de páginas: não se encontrarão nem a exaustividade, evidentemente, nem a análise profunda de uma série de autores, menos ainda a microleitura – que se tornou esporte nacional da Universidade européia – deste ou daquele, tampouco a versão definitiva de uma análise das correntes arquipelágicas que trago à luz – os *gnósticos licenciosos* ou o *epicurismo cristão*, ou mesmo os *libertinos barrocos*, os *ultras das Luzes*, o *socialismo dionisiano* ou o *nietzschianismo de esquerda*, entre outros arquipélagos, no caos da filosofia como material bruto, vivo, evoluindo menos segundo o princípio da linha (hegeliano) do que do rizoma (deleuziano).

Desejo que esta *Contra-história* seja lida, evidentemente, como uma história. Da mesma maneira como, por antífrase, meu *Antimanual de filosofia* propõe, não o fim do manual ou a abolição do gênero, mas sua revolução metodológica, este projeto de enciclopédia voluntariamente mutilado visa a emergência de um continente submerso, de uma cidade afundada há séculos, para lhe devolver a luz e a vida voltando à superfície.

Esta *Contra-história* não pretende ser um fim, mas um início, uma exortação a constituir a historiografia como disciplina necessária no ensino da filosofia. Ela dá oportunidade a uma nova jazida destinada a professores argutos, para purificar de seus miasmas o ensino da filosofia no colegial e na universidade, para escancarar a janela das bibliotecas em que se acumulam glosas inúteis sobre os monumentos da filosofia dominante, a fim de acrescentar às estantes trabalhos alternativos que levem em conta uma outra filosofia que supõe outra maneira de filosofar.

5

Abolir o pensamento mágico. O que é essa *nova* maneira de filosofar? Uma maneira muito *antiga*... pois é a da ágora e do fórum. Ela define a maneira antiga de praticar uma filosofia aberta destinada ao passante comum: Protágoras o doqueiro, Sócrates o escultor, Diógenes o bancário, Pírron o pintor, Aristipo o professor, embora sejam verdadeiros filósofos – criadores de uma visão do mundo, autores de obras teóricas, vivem seu pensamento no cotidiano e levam uma *vida filosófica* –, não são profissionais da profissão do tipo pós-moderno.

Também não se dirigem a especialistas que se destinam ao ensino ou à pesquisa filosófica. Falam ao peixeiro, ao carpinteiro, ao tecelão que passa por ali e que, às vezes, pára, ouve, adere, depois se converte a um modo de existência específico tendente à criação de si como uma subjetividade feliz num mundo dominado pela negatividade.

A filosofia, portanto, não é um malabarismo que visa a arte pela arte, devotando um culto aos fetiches ideais e conceituais; nem uma disciplina fechada destinada a um pequeno grupo que, com uma prática incestuosa, confisca o saber filosófico tendo em vista apenas a reprodução de sua casta profissional; ela não tem razão nenhuma para criar neologismos, cultivar a obscuridade, únicas garantias de conservar a seita hermeticamente fechada, intacta aos outros, indene ao mundo; não tem nada a ver, pois, com a mania da corporação que, com freqüência, recicla o pensamento mágico modificando apenas a embalagem embrulhada com fitas brilhantes de novas palavras para uso clânico e tribal. Essa velha filosofia sempre ativa, nebulosa e de elite, absconsa e autista, salpicada de neologismos e saturada de brumas, vamos deixá-la aos saudosistas do mosteiro.

6

O princípio de Alfeu. A filosofia não é o museu habitualmente apresentado pela historiografia dominante, com um percurso determinado que, de sala em sala, conduz, de uma obra-prima a outra, das esculturas do Pártenon às desconstruções de um Picasso, visando o encerramento e o fechamento em si do mundo visitado. Ela obedece mais ao modelo dos gabinetes de curiosidades caros aos filósofos, letrados, historiadores e colecionadores dos séculos XVI e XVII: um acúmulo de objetos raros e insólitos, estranhos e exóticos, bizarros e pitorescos! Nesse caso, o sentido não é dado a priori mas a posteriori.

Dionisíacas em seu puro "estar no mundo", as produções filosóficas tornam-se apolíneas depois de uma operação do espírito: a ordem decorre de um trabalho intelectual subjetivo. Reivindico essa subjetividade – e não creio na objetividade reivindicada pelas belas almas que dissimulam a lógica de suas seleções, tão ideológicas quanto as minhas.

A diferença entre elas e mim? A confissão de meus pressupostos: proponho a história de uma filosofia que não se constitui *contra* o corpo, a despeito dele ou sem ele, mas *com* ele. Como Espinosa, ou depois dele Gilles Deleuze, e Nietzsche entre os dois, sustento que a questão: *o que pode o corpo?* ainda não foi verdadeiramente explorada. Mais ainda no domínio da filosofia em que a carne, permanência da maldição de são Paulo, é considerada a própria incongruência.

Nesta obra tampouco me propus responder *diretamente* a essa questão espinosiana, mas trazer minha contribuição *através* dessa galeria de pensadores que compõem com o corpo, que não fazem dele um inimigo a ser desprezado, maltratado, abatido. O corpo é "a grande razão" e toda filosofia é sempre a autobiografia e a confissão (do corpo) de um filósofo, como afirma Nietzsche na *Gaia ciência*: eis uma verdade de ontem promissora para amanhã.

A história da filosofia que, para esse efeito, eu diria hedonista – pois prefere esculpir o corpo e as paixões a pura e simplesmente os destruir – não é o lugar ideal para mostrar como se articula essa ligação complexa entre um corpo de filósofo e seus pensamentos, suas visões de mundo, suas produções teóricas. O gênero da biografia existencial parece-me bem mais adaptado para avançar nessa direção. Meu procedimento assemelha-se mais ao do geógrafo, que tem familiaridade com as superfícies e os planos, do que ao do geólogo, habituado às perfurações.

O que são pois minhas seleções? Para que fins? Antes de responder, façamos um desvio pelo rio Alfeu. Ovídio conta a história em suas *Metamorfoses*: Alfeu, atormentado por um forte desejo por Aretusa, tenta seduzir a moça, a persegue e a cansa, seguindo-a até a ilha de Ortígia, perto de Siracusa. A jovem pede ajuda a Diana, que transforma Alfeu em rio e Aretusa em fonte. Sem se desapontar, Alfeu assim transfigurado prossegue sua viagem sob o mar, sem misturar seu fluxo de água doce à salmoura. Depois desemboca na Sicília e cumpre sua empreitada unindo-se à fonte.

Qual é a lição para essa historiografia alternativa? Um fluxo pode não se misturar ao meio ambiente, perseverar em seu ser e cumprir seu destino pela manifestação obstinada de seu poder de existir. O mar a ser atravessado? A filosofia idealista em sua forma tríplice platônica, cristã e alemã. O fluxo? O tal rio Alfeu? A filosofia hedonista: materialista, sensualista, existencial, utilitarista, pragmática, atéia, corporal, encarnada...

Proponho aqui contar os grandes episódios dessas aventuras profusas desde Leucipo até Jean-François Lyotard para o último dos grandes mortos, ou seja, mais de vinte e cinco séculos de cores, de luzes, de multicoloridos solares, de cromatismos vivos, de pensamentos generosos, de sabedorias pródigas e *existencialmente úteis*. Inalterada, radiosa e luminosa, tudo leva a crer que essa filosofia da incandescência hedonista parece disponível para novas aventuras.

INTRODUÇÃO

SOBRE POEIRAS DE ASTROS

1

As arqueologias genealógicas. Vinte e cinco séculos de história separam a mais antiga filosofia grega do tempo em que a lemos, o que significa que as condições e circunstâncias de sua transmissão merecem por si sós uma obra. Evidentemente, algumas obras já não serão encontradas, definitivamente perdidas ou apenas conhecidas por um nome, uma menção, uma referência. Outras, infelizmente, nos foram transmitidas em sua quase totalidade – como os diálogos de Platão, cuja influência e cujas devastações durante esses dois últimos milênios poderiam dar origem a uma enciclopédia dos danos... Um punhado de fragmentos de um pensador que parece dos mais importantes – Leucipo – contra duas mil páginas dedicadas a celebrar o ódio ao mundo terrestre – Platão –: eis como uma civilização se orienta para a luz ou para a escuridão.

Recolher esses fragmentos, encontrar essas páginas amassadas, estragadas, esses rolos que se desfazem em poeira, esses papiros esfacelados depende de sorte e acaso. A primeira arqueologia que permite ter acesso a esses tesouros é clássica, supõe o sítio, o canteiro, a escavação com pás e enxadas, depois espátulas e estiletes, finalmente escovas e pincéis. Enterrados como mortos que esperam o momento de reencontrar a luz para falar, esses fragmentos surgem às vezes de uma casa patrícia dotada de biblioteca. E descobre-se, no caso de um proprietário erudito ou de um lugar representativo da escola, uma reunião coerente de volumes temáticos: o epicurismo campaniense na vila de Pisão em Herculano, com os oitocentos rolos de papiro que constituíam a biblioteca de Filodemo de Gádara, os gnósticos egípcios num pote de Nag Hamadi contendo cinqüenta tratados ainda com suas encadernações em couro. Às vezes os arqueólogos trazem à luz uma cidade ignorada, perdida, esquecida, na qual se encontram inscrições lapidares: foi o que ocorreu com um muro em Enoanda, a Telmessos turca de hoje, no qual um filósofo chamado Diógenes mandou gravar, destinados aos passantes, textos que resumem a filosofia de Epicuro.

Paradoxalmente, chegou-se até a dar vida a fragmentos empunhados pela morte: assim, em Oxirrinco, no Egito, múmias haviam sido enroladas em faixas às quais se acrescentavam cartonagens em que estavam inscritos alguns textos. Alguns triviais (contabilidade, documentos administrativos), outros do maior valor: fragmentos de Homero, evangelho gnóstico de Tomás, Sófocles e Píndaro autenticados, Calímaco, mas também Safo, que poderia passar – se os poetas tivessem direito de cidadania nesta Contra-história da filosofia! – por principal precursor do hedonismo. No depósito de lixo da cidade abandonada após a mudança do sistema de irrigação relativo às enchentes do Nilo, também foram encontrados outros papiros...

A segunda arqueologia toma como objeto um livro ou um corpus filosófico. Da mesma maneira que no canteiro de escavações, visitam-se as obras salvas, com lápis na mão, à espera do momento em que surjam a frase, a palavra, a idéia, a expressão, o trecho de parágrafo ou qualquer outra coisa que aja como móvel do arqueólogo: o fragmento a partir do qual se extrapola uma totalidade, uma forma acabada. Assim, lendo Platão, Epicuro, Aristóteles – grande provedor de doxografia –, mas também as compilações – a antologia palatina, a Suda, durante muito tempo tomada pela obra de um suida inexistente, a Gnomologia vaticana, ou ainda o incomparável Diógenes Laércio, mina de metais preciosos –, encontram-se infalivelmente passagens nas quais o autor cita, comenta, extrai uma expressão ou uma idéia logo atribuída ao personagem do qual é emprestada. Essa arqueologia dos livros faz vir à tona as pepitas danificadas, porque parcelares, mas com as quais o trabalho crítico pode se iniciar.

Assim, pois, filósofos ditos pré-socráticos cuja exumação de papel, extremamente recente, data do início do século XX – 1903, exatamente. Ela se deve a dois arqueólogos singulares, Hermann Diels e Walter Kranz, filólogos de formação, que extraíram de seu contexto todas as afirmações atribuídas a Pitágoras, Anaxágoras, Empédocles, Parmênides, Heráclito, e outras a Leucipo ou Demócrito, acompanhadas de indicações mais modestas, seguidores, epígonos, imitadores associados à aventura da filosofia apresentada como anterior a Sócrates. De modo que com eles toda uma parte da filosofia grega sai das bibliotecas como um muro revelado pelas escavações de um sítio.

Depois, a meio caminho entre as faixas da múmia e o silêncio das salas de leitura, entre o cemitério ou o deserto egípcio e a universidade prussiana, ainda é possível fazer achados, especialmente em bibliotecas universitárias onde dormem velhos fragmentos de pedra abandonados por pesquisadores do século XIX, viajantes que voltaram de seus périplos a sua cidade interiorana de origem que herdou suas coleções feitas de pilhagens inocentes, de curiosidades de gabinete e de acúmulos aleatórios. Em tais amontoados às vezes se encontram jóias.

Assim foi com o único testemunho direto de Empédocles, de quem um manuscrito em forma de um papiro contendo setenta e quatro versos dispersos em cinqüenta e três fragmentos foi encontrado em 1990 na biblioteca de Estrasburgo, que guardava cinco mil papiros dos quais mil e oitocentos gregos, em sua maioria inexplorados. O texto restitui o que subsiste de uma cópia completa dos livros I e II da *Física* do filósofo, ou seja, um autêntico tesouro, uma vez que a obra do taumaturgo siciliano só é conhecida por citações de seus seguidores, descoladas das obras e apresentadas em um poema fragmentário, incompleto e por isso difícil de entender. A descoberta permite estabelecer uma passagem entre as duas partes de sua obra até então dificilmente conciliáveis. Arqueologia de sítio e arqueologia de livros completam-se assim para dar a textos uma nova vitalidade, uma existência revitalizada.

2

O jogo dos contextos. O que subsiste dos canteiros de escavações não permanece por muito tempo como material inerte. Os fragmentos destacados da obra original e recolocados em um contexto quase sempre polêmico convidam à prudência: uma frase musical destacada de uma ópera pode prestar tanto um serviço quanto um desserviço ao autor do opus desmembrado. Na melhor das hipóteses, o trecho genial salva uma obra que pode, quanto ao mais, ser uma catástrofe; na pior, o excerto é ruim, servindo então aos interesses daquele que se apossa dele e desqualifica o resto de um trabalho possivelmente superior à idéia dada pela frase isolada. Quem quer que se aproxime do material o faz dentro de um espírito, com uma intenção, jamais com a neutralidade benevolente de uma leitura inocente.

Quando Aristóteles empreende sua *Metafísica*, ninguém duvida de que ele cita seus predecessores filosóficos para tomar posição com relação a eles: evidentemente escolhe os excertos em função desse interesse ideológico. Prioritariamente, expõe o que facilita sua demonstração e aumenta a pertinência de seu propósito. A citação sempre obedece a um princípio de arregimentação. Utilizada com fins hagiográficos, críticos ou depreciativos, ela ilustra, testemunha contra ou a favor, mas sempre beneficia quem a usa.

O contexto original – o da produção – desaparece sob um contexto ocasional. Uma escola filosófica depende de condições particulares: um iniciador, um fundador, um lugar, uma cidade, uma sensibilidade, epígonos, inimigos, adversários, um corpus, discípulos, fiéis ou infiéis, ortodoxos ou heterodoxos, exercícios espirituais, etc. O texto remete a esses momentos que a tornam possível. Quando a citação destaca uma frase, ela despreza o contexto e a recoloca em uma nova perspectiva suscetível de gerar contradições, incompreensões, traições e outras distorções prejudiciais. Imaginemos os problemas encontrados apenas pelo corpus pré-socrático: descoberto fortuitamente, conservado aleatoriamente, utilizado arbitrariamente, reciclado subjetivamente, parece pouco provável que se possa fazer dele uma leitura digna das expectativas do momento grego. De modo que nos vemos na posição de uma obrigação de trair, de uma impossibilidade de agir de outra maneira que não ler destilando, mesmo a contragosto, preocupações estranhas à própria obra.

Considerar assim a questão do hedonismo, do eudemonismo, do soberano bem, da ética, da moral, do bem e do mal, do vício e da virtude nos pensadores habitualmente apresentados como anteriores a Sócrates parece muito difícil quando vinte e cinco séculos se intercalam entre eles e nós acumulando sedimentos que obrigam a uma varredura intelectual que coloca como premissa a impossível objetividade, o desafio de uma restituição autêntica, o mito de uma leitura a-histórica, atemporal, *sub speciae aeternis*. A arqueologia trabalha com objetos mortos e não pode devolver uma vitalidade sem trair uma verdade definitivamente impossível de conhecer.

3

A lógica dos vencedores. No jogo dos contextos, um deles não é o menor: o das implicações ideológicas que atravessam a história das idéias e opõem uma tradição hedonista a sua familiar inimiga do ideal ascético. De um lado, Leucipo, Demócrito, Aristipo, Diógenes, Epicuro, Lucrécio, Horácio, etc. – aquele de que esta obra reúne pela primeira vez as grandes figuras –, do outro, como contemporâneos exatos, Pitágoras, Parmênides, Cleanto, Crisipo, Platão, Marco Aurélio, Sêneca. Atomistas, monistas, abderitanos, materialistas, hedonistas contra idealistas, dualistas, eleatas, espiritualistas e defensores da linha ascética. A filosofia, em seu período grego, mas também depois, apresentou constantemente uma dupla fisionomia da qual uma só face é mostrada, apresentada. Pois, como ganhadores, Platão, os estóicos e o cristianismo impõem suas lógicas: ódio ao mundo terreno, aversão às paixões, às pulsões, aos desejos, desconsideração ao corpo, ao prazer, aos sentidos, culto às forças noturnas, às pulsões de morte. Difícil pedir aos vencedores que escrevam objetivamente a história dos vencidos...

A história da filosofia tal como aparece nas enciclopédias e nos manuais, tal como é ensinada e estudada na Universidade, tal como é editada, difundida e promovida, confunde-se com a dos vencedores. Não há piedade para com os vencidos, que são desprezados, esquecidos, negligenciados: pior, são depreciados por meio da caricatura. De modo que o corpus pré-socrático em sua versão hedonista é o parente pobre do ensino e da edição. Então, não se abordam com serenidade os conceitos essenciais que a definem: como ler a palavra matéria? Como pensar o átomo? O que pensar dos deuses, de Deus ou do divino? O que se deve entender pela palavra *prazer*? E por *alegria*? Idem com relação a *desejo*? Qual a definição de *soberano bem*? O corpo antigo e grego assemelha-se ao corpo pós-moderno e pós-cristão?

Assim como os ganhadores não podem dizer serenamente a verdade dos perdedores, os vencidos não podem escrever serenamente sua história. Ainda mais sendo preciso compor com fragmentos aleatórios e contextos redutores... De modo que ler os filósofos da Antiguidade e identificar em sua obra o que é feito do prazer e de seu status, procurar o hedonismo que modela os trechos dispersos de obras evaporadas, é infalivelmente forçar, trair, infligir torções, obrigar. Verdade do momento, verdade de uma leitura, verdade de uma proposição subjetiva – o perspectivismo e o relativismo que reivindico já existem entre os grandes antigos...

PRIMEIRA PARTE

As sabedorias antigas

"O desprezo pelo corpo é a conseqüência da insatisfação que se sente com relação a ele"

NIETZSCHE, *Fragments posthumes* [Fragmentos póstumos], 7 (150), *Oeuvres complètes*, Tomo IX, p. 301, Gallimard

PRIMEIRO TEMPO

Traços de átomos em um raio de luz: o materialismo abderitano

I

LEUCIPO

e "a alegria autêntica"

1

Saídos dos limbos do tempo. Jogar a carta do primeiro filósofo hedonista, da origem de um pensamento do prazer, da genealogia de um tropismo eudemonista, nomear o iniciador dessa corrente não deixa de ser arriscado. Em primeiro lugar, porque a história encontra seus limites na geografia: pois essa proposição enciclopédica, além de seu caráter subjetivo reivindicado, peca por incompletude caracterizada, ela se enuncia, se anuncia e deve já revelar seus limites... No caso, deixa na sombra a Índia, a China, a África e outros continentes geológicos tanto quanto ideológicos. No entanto, as viagens dos filósofos mais antigos para o mar Vermelho, na direção do Oriente, em companhia dos conquistadores e dos mercadores, não deixam de produzir efeitos sobre o pensamento.

A astronomia caldéia, a medicina chinesa, as matemáticas egípcias, o ensinamento dos gimnosofistas indianos, todas as conexões com os sábios gregos impedem que se considerem seu país de origem e a Bacia do Mediterrâneo encerrados num espaço fechado que nem as mercadorias, nem as especiarias, nem as idéias, nem os homens, nem os algarismos, nem as técnicas atravessariam. Os filósofos gregos da origem não procedem de si mesmos, e a idéia tola, embora transmitida por muito tempo, de um milagre grego apela demais para o irracional do gênio de um povo para que não se veja nessa hipótese uma vontade de evitar o reconhecimento das fontes, das influências, das impressões marcantes e determinantes.

Uma história das idéias sumérias, babilônias, egípcias, africanas portanto, mostraria à larga que os gregos não inventam o dualismo, a oposição entre o corpo túmulo e a alma ventura, a crença numa vida após a morte, a transmigração das almas, a metensomatose. Tudo isso não germina no cérebro de um Pitágoras que paira no éter das idéias puras onde bastaria servir-se. Por trás dessas figuras da sabedoria grega primitiva ouve-se o eco de vozes antigas, mais antigas ainda, vozes de povos talvez sem escrita, sem arquivos ou sem vestígios.

Antes do início, há sempre um outro começo para quem procura bem. E atribuir a Leucipo de Mileto (c. 460-370 a.C.) o título de primeiro filósofo hedonista significa expor-se à réplica de que em outro lugar há um outro nome, uma outra figura que, etc. O primeiro vestígio aparentemente coerente, sim, mas o pensador inaugural? é duvidoso... Os eruditos poderiam aventar o nome de Mochos, fenício de quem não se sabe nada e que conhecemos apenas pela alusão de Sexto Empírico, que lhe atribui a invenção do átomo, posição física à qual provavelmente se pode associar, em virtude do princípio transcrito entre os seguintes, de Leucipo a Lucrécio passando por Epicuro, uma ética hedonista.

2

Ficção, mulher ou filósofo? Na falta de informações mais amplas sobre o pai fenício dos átomos, convenhamos que com Leucipo de Mileto dispomos de um nome e de fragmentos que permitem algumas hipóteses e avancemos a idéia de que com ele se inicia a corrente filosófica que considera a alegria, a felicidade e, por que não, uma certa concepção do prazer, objetivos desejáveis para o sábio. Com ele, ou ela, pois Jean-Paul Dumont, e só ele, formula a hipótese de que o primeiro filósofo poderia também ser uma mulher e de que, afinal, com a comprovação da onomástica, o primeiro pensador é uma pensadora... Se nada permite afirmá-lo, nada o impede, sendo que a palavra convém tanto a um quanto ao outro sexo. A mim agradaria que na aurora dessa geração de filósofos subversivos, alegres, carnais e terrestres se encontrasse uma mulher!

Segundo Diógenes Laércio – em *Vidas, doutrinas e sentenças dos filósofos ilustres* –, Epicuro, língua de víbora de primeira categoria a julgar pelas afirmações que lhe são atribuídas, duvidou da existência de Leucipo – sendo que Hermarco retoma essa lorota. Sabe-se que o filósofo do Jardim gostava de se apresentar como o único inventor, solitário e genial, de seu sistema. Por essa razão não reconhecia nenhuma influência, sobretudo as determinantes, como sempre acontece em tais casos. Saudar Demócrito bastava, a sombra de Leucipo não era necessária...

Personagem indiscernível, figura impossível de desenhar, Leucipo no entanto existiu de fato e deve-se a ele uma obra filosoficamente importante, pois dela procedem todas as teorias atomistas da Antiguidade e dos períodos que as invocam depois – pensemos na libertinagem erudita do século XVII, que readapta essas posições filosóficas, muitas vezes contentando-se com uma pura e simples redução das opções do primeiro dos materialistas. Nesse viveiro irão haurir todos os pensadores em busca de um pensamento capaz de resistir ao cristianismo dualista, idealista e espiritualista. Sem rosto, Leucipo portanto não é sem obra, especialmente uma *Grande Cosmologia* na qual está exposto seu sistema.

3

Realidade dos simulacros. No mundo de Leucipo, há apenas átomos, vazio e movimentos efetuados pelos primeiros no segundo. Nada mais. Apenas essa única fórmula contém todo o radicalismo de um pensamento que ou dispensa os deuses, desprovidos de potencialidades espirituais, interdita as almas desfeitas de suas pretensões etéreas e imortais e impossibilita a existência dos além-mundos, para além, ao lado ou em outra parte, ou transforma os deuses, as almas e os outros mundos em realidades tangíveis, perceptíveis, concretas e nada menos que imanentes. Unicamente com essa opção, simples, clara e nítida, Leucipo arrima os homens no real imanente e apenas em sua dimensão material. Essa data de nascimento da filosofia coincide com a demissão dada aos mitos, às fábulas e à religião.

Esses átomos organizam-se de uma certa maneira e produzem simulacros. Eles existem em número ilimitado e, em associações relativas a sua forma, sua ordem e sua disposição, constituem a matéria e a substância de toda realidade, sem exceção. O conjunto se move no vazio identificado pelos atomistas com o não-ser – pois o movimento não pode efetuar-se no cheio. Para eles, portanto, o não-ser existe e coincide com o vazio. Dentro dessa ordem de idéias, a necessidade identifica-se com o destino, por sua vez redutível às forças que constituem a matéria. Essa aparelhagem física não varia durante séculos: partículas indivisíveis, seu movimento no vazio, sua agregação como causa e condição do real – os achados mais recentes da física nuclear não invalidam as intuições desses filósofos...

Mas e esses simulacros? São compostos de películas imperceptíveis que emanam dos objetos e penetram no corpo por seus orifícios. Os átomos em suspensão no ar entram no interior do corpo pelo nariz, pela boca, pelos olhos, pelos poros ou pelas orelhas. Os cheiros, os sabores, as imagens, as impressões táteis, os sons são percepções que atraem essas estruturas em movimento no ar e seu trajeto do objeto em direção ao sujeito. A verdade está pois nos fenômenos e em nenhuma outra parte. O simulacro dá conta das modalidades múltiplas de um real único.

A tradição afirma que essa opção física, essa metafísica imanente e material, provém de uma observação simples e poética: a dança das partículas em suspensão num raio de luz. No verão grego, aproveitando um recinto escuro que conserva o frescor na medida do possível, um feixe de luz branca abre caminho pela fresta de uma porta ou de uma janela;

imagine-se o filósofo meditando, pensando, refletindo diante dos grãos de poeira num raio de sol – depois estabelecendo as bases de um materialismo atomista que resiste às descobertas científicas graças às quais se penetra cada vez mais e melhor nos segredos da matéria.

4

Ética da alegria autêntica. Na lógica de Leucipo, a física induz uma ética. De fato, a redução de toda realidade à matéria confina os deuses a um espaço restrito: eles só podem existir sob forma material. Como então não os assimilar a simulacros? Simulacros entre os simulacros. Feitos do mesmo estofo que os sonhos noturnos ou os perfumes da oliveira, que as cores do sol se pondo no mar ou o canto das cigarras, que a beleza de um passante nas ruas do porto ou o calor na ágora em pleno meio-dia, os deuses convivem com os homens da mesma maneira que as sensações, as emoções, as percepções, os sonhos, as idéias. Não escapam de modo nenhum à materialidade do real.

Relegados ao reino intermediário dos fenômenos psíquicos materializados, eles não podem ocupar-se dos humanos e mostrar-lhes os furores, a cólera, o ciúme, estruturalmente não podem vingar-se dos homens, julgá-los, enviar-lhes penas, sofrimentos, catástrofes. Não há relação possível entre eventuais divindades dotadas de poderes extraordinários e humanos miseráveis debruçados sobre seu campo, ocupados em suas bancas ou trabalhando no canteiro de construção de um estádio. Os deuses se apagam lentamente e deixam lugar aos homens: o materialismo de Leucipo prepara a evicção do divino e possibilita a consagração do humano.

A física dos átomos e o materialismo das partículas desembocam numa ética hedonista, no caso uma moral da alegria. Certamente os fragmentos são raros, sendo inexistente o contexto de produção do livro, os termos gregos difíceis de traduzir para a língua francesa, a distinção não é nítida, franca e definida entre hedonismo e eudemonismo, filosofia do prazer e lógica do soberano bem, ambos podendo aliás se sobrepor. Do mesmo modo a alegria pagã é difícil de ler, independentemente do que o cristianismo tenha feito desse termo, confiscado, nimbado de incenso e regado com água benta. Mesmo assim, no entanto, pode-se dizer que uma tal sensibilidade procede mais da celebração da vida do que da aversão a ela.

Precaução de emprego: o hedonismo faz do prazer o soberano bem, aquilo a que se deve tender, o propósito capaz de federar a reflexão e a ação; o eudemonismo, por sua vez, afirma a necessidade de visar o bem-estar, a serenidade, a felicidade. Os dois termos existem e significam duas coisas distintas, sendo que o prazer e a felicidade não sobrepõem exatamente as mesmas situações, as mesmas emoções, o mesmo estado físico e psíquico. Quanto a mim, vejo menos dois mundos separados do que duas maneiras de significar uma realidade idêntica. O prazer pode proporcionar felicidade; a felicidade não exclui o prazer.

Os dois estados diferem menos quanto à natureza do que quanto à intensidade, até mesmo quanto ao momento da experiência. O indivíduo em questão evolui em um mesmo mundo que supõe a capacidade de manter uma relação inteligente consigo mesmo, colocada sob o signo da pulsão de vida e radicalmente hostil a toda pulsão de morte. O prazer proporciona uma sensação bastante violenta para que provoque um curto-circuito da consciência: no momento do gozo, há apenas ele e não há lugar para a razão, a inteligência ou o trabalho intelectual útil para saber que se vive nesse momento emocional específico. Seu ser aniquila a capacidade de uma consciência de si como sujeito emocionado.

Em contrapartida, a felicidade situa-se a montante ou a jusante: antes do prazer esperado ou depois daquele que se teve, em todos os exemplos ela se manifesta com a consciência, graças a ela e à sua interferência. O estado de felicidade, menos violento que o de prazer, invoca a doçura, a paz, a serenidade, a calma aferente às certezas de que um acontecimento alegre ocorrerá ou acaba de ocorrer. Com a felicidade, o corpo conhece arroubos mais voluptuosos do que com o prazer, gerador de forças mais terríveis, de energias aumentadas e consideráveis.

Mas imaginar o hedonismo e o eudemonismo como dois mundos separados implica um erro. Nenhum instrumento de medida física ou metafísica permite qualificar nem quantificar as intensidades úteis para decidir qual deles, a felicidade ou o prazer, tem o papel principal. Assim impõe-se uma definição do prazer, pois dois milênios de cristianismo contribuem singularmente para diabolizar esse termo e torná-lo inaudível, carregado de miasmas e odorizado pelos gases pútridos do inferno católico. Pois só para seus detratores ele significa o abandono puro e simples aos instintos: nenhum hedonista jamais propôs como ideal os plenos poderes dos instintos, das pulsões, das forças noturnas que assemelham o homem ao mais selvagem, ao mais brutal animal.

A ética grega é eudemonista. Sejam quais forem as escolas, elas convidam o homem que pratica a filosofia a se desvencilhar do que impede sua felicidade, a trabalhar seus desejos para rarefazê-los e torná-los inofensivos, a se desfazer de todas as amarras que dificultam e até impossibilitam um trabalho de purificação de si mesmo. O propósito é a autonomia, a independência, a ausência de sofrimento, de problemas, a existência feliz e a vida filosófica que a permita. Os exercícios espirituais, as reflexões, os diálogos, as meditações, as relações de mestre com discípulo, tudo isso visa a construção de uma subjetividade radiosa, solar, independente e livre. E da fabricação dessa individualidade nasce um prazer, o prazer obtido consigo mesmo. O eudemonismo, então, possibilita o hedonismo – definido pela capacidade de desfrutar de si como um ser em paz consigo mesmo, com o mundo e com os outros.

Tomadas essas precauções de uso, voltemos à alegria em Leucipo. O fragmento em que se encontra essa palavra – e esta expressão: *alegria autêntica* – é de Clemente de Alexandria (c. 140-150 d.C.); ele remete à afirmação de um aristotélico, Lykos, do qual ficamos sabendo que, como Leucimo (sic) – que Jean-Paul Dumont diz tratar-se, possivelmente, de Leucipo (a classificação do fragmento na doxografia leucipiana o prova...) –, ele acha que a alegria autêntica é o propósito da alma e é obtida na relação e na contemplação das coisas belas. Mais de cinco séculos depois, o julgamento de Clemente parece bastante... platônico! O butim é escasso... nada se sabe dessa alegria, como pode ser autêntica e a que podem corresponder essas belas coisas... O que seria aliás uma alegria inautêntica? Ou até uma coisa feia? Antes de Platão e de sua teoria das idéias, o que pode ser uma teoria da beleza?

Do termo *alegria*, já se pode afirmar que ele equivale a *prazer*. Bailly nos informa que *kháris* e *hedoné* sobrepõem-se quase sempre e correspondem ao mesmo significado. Assim em Sófocles, Platão – o *Górgias* e o *Sofista* –, mas também em Plutarco. Na acepção sensual e sexual, Homero, em *A Ilíada*, Xenofonte e Platão confirmam essa tese. É difícil, nesse caso, desenredar um novelo em que hedonismo e eudemonismo se confundem... Por outro lado, a beleza considerada pelo mesmo fragmento provavelmente remete à excelência, à virtude, à nobreza e a tudo o que define o ideal da época: o *kalós kagathós* – belo e bom constituindo a aliagem de uma mesma matéria.

Advertidos por essas precauções de uso, prevenidos quanto ao sentido das traduções que obrigam a utilizar palavras que o cristianismo tornou inaudíveis, desorientados pela ausência de contexto e de elementos mais consistentes que permitam maiores precisões sobre essa questão, concluiremos mesmo assim, no que se refere a Leucipo de Mileto, que ele inventa uma física com cuja ajuda confere ao homem um lugar preponderante, central, possibilitando assim uma ética imanente, concreta, com cuja ajuda a existência de todos e cada um se desenrola sob seus próprios olhos e não sob os da divindade. Pois como alvo de toda vida bem-sucedida pode-se escolher a alegria, por sua vez parente próxima do prazer.

II
DEMÓCRITO
e "o prazer obtido consigo mesmo"

1

Erroneamente pré-socrático. Obrigar um filósofo a entrar num compartimento da história das idéias contribui para desvitalizá-lo, até para desmontar sua originalidade. A reputação se reduz sempre à soma dos mal-entendidos acumulados a seu respeito: assim ocorre com um Demócrito *pré-socrático*. A questão parece definida, pois as enciclopédias, histórias e outros instrumentos normativos testemunham: o filósofo aparece na categoria dos pré-socráticos, termo cuja etimologia supõe inequivocamente pensadores que atuam antes de Sócrates...

O mesmo efeito perverso se observa com o conceito de *pequenos socráticos*, ou até *socráticos menores*, de acordo com o qual coabitam sob uma mesma rubrica pessoas que não dispõem de muita coisa em comum exceto darem a impressão de serem alunos, discípulos ou fascinados pela figura e pela presença do pretenso mestre de Platão. Assim, Ésquines, Antístenes, Aristipo, Euclides, Fédon e alguns retores, cínicos, cirenaicos, megáricos, difíceis de classificar sob uma mesma rubrica a não ser pela escrita de uma história da filosofia baseada no princípio crístico que considera Sócrates seu messias, uma espécie de Jesus Cristo pagão a partir do qual o tempo se divide em dois: antes dele, depois dele. As qualificações de pré-socráticos e socráticos menores provêm desse corte ideológico. Com essa operação, apagam-se a sutileza, as diferenças, as propriedades singulares e relativas das escolas, dos indivíduos, de suas evoluções próprias, para criar ordem de maneira artificial e se desvencilhar mais facilmente do diverso. O empacotamento apresenta uma utilidade indubitável: quando se trata de desfazê-lo, a coisa se torna mais fácil...

Demócrito, então. O grande volume da Pléiade que contém o conjunto dos escritos e fragmentos de filósofos reunidos sob a rubrica "pré-socráticos" apresenta o corpus que subsiste do filósofo de Abdera. O bom senso exigiria que se incluísse sob essa rubrica quem quer que tenha pensado, escrito, trabalhado antes de Sócrates – conforme sua data de nascimento, seu apogeu, sua morte. Estas são as datas de Sócrates: nascimento em 469 a.C., morte em 399, por abuso de cicuta democrática, pelo que se sabe. As de Demócrito? chegada ao mundo por volta de 460, partida por volta de 356. O cálculo parece simples: pelas duas datas, mesmo que aproximadas, Demócrito é mais novo que Sócrates, mas apenas dez anos, e, quando este último sucumbe, ainda lhe restam de trinta a quarenta anos de vida. Para um pré-socrático, que desafio!

2

Sob o reinado dos vencedores. O que significa então esse erro? Parece ainda mais escandaloso porque o próprio Jean-Paul Dumont – evidentemente – o assinala, o nota e não derroga a regra ao instalar Demócrito nessa relação de submissão a Sócrates. Todos os que trabalham sobre o filósofo materialista constatam a falsificação, é claro, mas ninguém a repara extraindo Demócrito desse corpus no qual é submergido para impedir que navegue por conta própria. Perdido na massa, ele parece mais fácil de evitar. Pois esta é a razão desse escamoteamento: os adversários do filósofo têm interesse em não o colocar em evidência, em fazer tudo para dissimulá-lo, para evitar sua popularização, sua existência à luz do dia. Para melhor escapar ao debate, à discussão, ao confronto das teses, é preferível a evitação pura e simples...

De fato, vivemos sob o reinado dos vencedores: a história da filosofia é escrita por pessoas que são nitidamente juízes e partes interessadas. A tradição platônica, intensamente retransmitida pelo cristianismo, domina o Ocidente há séculos. Tudo o que não entra nessa ordem é minimizado, negligenciado, caricaturado, esquecido. Demócrito, como figura tutelar do materialismo antigo, é relegado pelos idealistas que podem então fazer crer na onipotência de Platão e de seu clero.

A mesma escrita dos vencedores vale para Sócrates – pobre Sócrates, mais uma vez assassinado! – a reputação que lhe confere Platão, e só ele: desmedidamente platonizado, é difícil ele aparecer com a majestade do que foi, provavelmente mais ironista, mais engraçado, mais misterioso, menos devoto da causa inteligível do que leva a crer a tradição. Um estranho trio de contemporâneos associa, de fato, Sócrates o ateniense, Aristipo o cirenaico e Diógenes o Cínico numa figura de estilo subversivo que ganha em ser dissociada do magnetismo platônico.

À maneira do Crucificado, Sócrates funciona como ponto de referência e de ruptura. Antes dele, num primeiro balaio, são instalados Empédocles, Heráclito, Anaxágoras, Parmênides, Demócrito, desdenhando-se suas diferenças e a riqueza de suas visões de mundo. Depois, por generosidade, são paramentados com um pensamento mágico, taumatúrgico, mitológico, ainda imbuído de religioso, de fábulas, que além do mais é poético – ah! já o péssimo defeito da expressão elegante preferida à exposição obscura e laboriosa! Antes da razão racional e raciocinante, antes da dedução, da erística, da dialética, do diálogo, da retórica, só havia, é claro, discursos de feiticeiros, de magos, de poetas, de padres – em suma, de menores e de crianças fascinadas pelas histórias...

Ora, antes de Sócrates, pensa-se. E como! Mas não nas formas inventadas por seus seguidores, seus epígonos. Abrange-se a totalidade do mundo, ainda não se vive sob o reinado das oposições que estruturam o pensamento ocidental, não há especialização, a totalidade do real vale como um terreno de investigação: é-se alternadamente e metodicamente astrônomo, físico, matemático, médico, moralista, lógico, historiador, geógrafo, meteorologista, cronista, mas o mesmo homem pratica todos esses saberes pois o filósofo não deve negligenciar nenhum domínio se pretende que sua tarefa seja bem-sucedida. Por que razão interessar-se pelos ventos, pelos vulcões, pelos cometas, pelas estrelas? Com o objetivo de racionalizar, superar a causalidade teológica e inventar a causalidade fenomenal. Por que pensar os átomos, o vazio, a matéria? A fim de não deixar mais nenhum lugar para as divindades e oferecer ao homem um espaço magnífico para suas obras. Com que propósito ocupar-se dos usos e costumes das populações do fim do mundo? Para promover um perspectivismo, abordar a questão do universalismo, tratar do relativismo.

Cada domínio abordado visa a constituição de uma visão de mundo globalizante e coerente. Em sua maioria, os pensadores anteriores a Sócrates não tinham nada menos que ele, talvez até dispusessem de algo a mais: a aspiração à totalidade. Os pré-socráticos não são pré-filósofos, mas outros filósofos que não os seguidores de Platão. Muitos deles pensam o real a partir dele mesmo e não buscam seu princípio em outro lugar. O fogo, o ar, a água, o sopro, o éter são princípios físicos que se opõem às opções pitagóricas do algarismo e do número ou da lógica platônica das idéias.

3

Queimar Demócrito? Demócrito não é mais présocrático do que o próprio Platão. Em vista das datas, aliás, ele mais merece o epíteto de pós-socrático! Sua atividade coincide exatamente com a de Platão (427-347 a.C.). Sua obra se desenvolve, além disso, num tempo semelhante e sobre posições teóricas radicalmente opostas: Demócrito só acredita nos átomos e no vazio, dispensa lentamente os deuses e abre espaço para os homens, celebra o real concreto e imanente, convida a uma existência jubilosa; Platão, por sua vez, ensina as idéias, os conceitos puros que evoluem num mundo celeste, cultua uma potência demiúrgica e dá aos deuses o poder arquitetônico sobre o mundo, ensina a desviar-se do sensível em proveito apenas do inteligível, enfim transforma a existência em perpétua ocasião de renúncia. Dois homens, dois mundos, duas linhagens opõem-se ponto por ponto.

Essas duas maneiras de estar no mundo, de vê-lo e de pensá-lo são tão irredutíveis que produzem duas correntes impermeáveis, a dos vencedores e a dos vencidos, o primeiro negando ao outro até mesmo o direito de se prevalecer do nome e da qualidade de filósofo. A luta é datada, e uma anedota a resume de modo magnífico: a história é contada por Aristóxenes em suas *Memórias históricas*, onde ficamos sabendo que Platão planejou coletar as obras de Demócrito para queimá-las! Um filósofo autor de um auto-de-fé contra outro filósofo, esse fato merece destaque...

Dois pitagóricos – as opções metafísicas não impediam a proximidade dos homens... –, Amiclas e Clínias, dissuadiram-no do plano. Não é que julgassem a idéia impensável, o gesto indefensável ou o projeto detestável, mas achavam que o número de exemplares dos livros de Demócrito era grande demais para imaginar que seu nome pudesse de fato ser riscado do planeta filosófico... A Platão, que queria excluir os poetas de sua sociedade ideal, não faltavam coerência e nexo de idéias ao perseguir com sua vingança um filósofo cujo erro consistia em não pensar como ele.

Para realizar de outra maneira seu desígnio deplorável, ele age com uma pequenez que não o honra: nas duas mil páginas de seus diálogos, o próprio nome de Demócrito não aparece uma só vez – menos ainda suas teses ou sua discussão conseqüente. Esclareçamos que entre os esquecimentos notáveis do filósofo apaixonado por justiça – mais ideal do que efetiva... – constam os dos patronímicos de Antístenes, Diógenes e outros cínicos, assim como os de Aristipo de Cirene (salvo uma menção a sua ausência no momento da morte de Sócrates...) e dos outros cirenaicos... Bravo, Platão!

Independentemente de tudo isso, Demócrito sobreviveu. Mesmo aos pedaços, disperso, detonado, ele permanece. Profusamente difundido quando vivo, portanto provavelmente também lido, criticado e comentado em sua época, seu pensamento classificado no quarto de despejo pré-socrático pode, no entanto, ser lido de maneira atenta e precisa. Seus setenta títulos, a extensão enciclopédica de seus domínios de intervenção, a abundância das referências e remissões de que ele foi objeto, um pouco de sorte também, permitem-nos hoje trabalhar com real eficácia – embora, nos fragmentos, a ética apareça como o parente pobre ao passo que a física ocupa lugar importante.

Como os incendiários não puderam operar conforme desejavam, o corpus democritiano é importante uma vez que equivale a vinte por cento do total dos fragmentos pré-socráticos, ao passo que Heráclito tem um peso de seis por cento e Parmênides de três. Contudo, a bibliografia das obras dedicadas a ele é desesperadoramente escassa. (Não falemos em Leucipo, sobre o qual nenhuma obra propriamente jamais foi escrita em língua francesa.) Não se vive impunemente sob o regime filosófico platônico, ainda mais que foi reforçado por Heidegger e seus seguidores, empenhados em dar realce a Heráclito e

Parmênides, nisso acompanhados por poetas assistidos por alguns outros inimigos do materialismo...

4

O cheiro das virgens. Nativo de Abdera, cidade da Ásia Menor – a Turquia de hoje –, Demócrito viajou muito, mais e melhor do que nós que aproveitamos tanto menos as novas geografias e as novas histórias uma vez que a modernidade tecnológica, embora compense as grandes distâncias com tempos recordes, passa a abolir o tempo da viagem. Na Bacia do Mediterrâneo, na época, não faltam comerciantes, viajantes, cientistas, curiosos ou filósofos que naveguem na direção do sol levante e se misturam, em proveito da circulação das idéias, dos saberes e das culturas.

Demócrito atravessa então o mar, depois uma parte da África oriental, chega às margens do mar Vermelho, atravessando ou tocando o Harar que conhecemos... Além das lições de Leucipo, ele também aprende teologia e astronomia com os magos caldeus, os padres egípcios o iniciam nos arcanos da geometria, enquanto os gimnosofistas indianos – contemplativos vegetarianos aos quais, por intermédio de Pitágoras e Platão, certamente devemos mais do que imaginamos – provavelmente lhe revelam o ideal ascético e uma bateria de exercícios espirituais de meditação.

Suas viagens permitem-lhe consumir a herança familiar dividida com os três irmãos. Desaparecido o pecúlio, ele volta ao berço e dedica-se à elaboração de sua visão de mundo. O dinheiro pouco lhe interessa, ou apenas como meio de simplificar sua existência e de proporcionar a si mesmo uma vida feliz. Assim, num dia auspicioso, ele demonstra sua capacidade de acumular uma fortuna considerável especulando com trigo – antes de renunciar à sua mais-valia, contentando-se em exaltar os métodos de reflexão que, por meio de um bom uso da razão, da dedução, da suposição e de outras operações filosóficas, permitiram esse prodígio diante do qual todos se prosternam...

Seu gosto levava-o mais à vida solitária e meditativa. No fundo de seu jardim, arranjara uma pequena cabana na qual se encerrava para refletir e escrever suas obras. Às vezes também era visto andando nos cemitérios, lugar por excelência propício a meditações metafísicas! Fazia questão da discrição: diz-se, com efeito, que ele fora a Atenas para assistir a um happening de Sócrates – para um pré-socrático, imagina-se o feito... – na ágora sem se deixar reconhecer, partindo como chegara, no mais completo anonimato apesar de sua fama.

De fato, a leitura pública de seu *Grande sistema do mundo* valera um sucesso considerável ao pensador materialista. Acrescente-se a isso, devidas à sua retórica famosa e à sua evidente habilidade para as causalidades inesperadas, prédicas para todos os lados efetuadas por brincadeira mas que sideravam os tolos. A admiração dos cidadãos gregos rendia-lhe quantias importantes de dinheiro, e até foram erigidas estátuas com sua efígie nas ruas da cidade. Época magnífica para os filósofos!

Em companhia de Hipócrates, médico famoso que conhecemos, certa noite encontra uma jovem que ele cumprimenta como senhorita e interpela no dia seguinte como senhora. A noite permitira, de fato, que a jovem núbil se tornasse uma mulher consumada. Daí uma modificação dos simulacros que o acompanhavam como sua sombra! Demócrito reúne então o talento do ironista, do médico e do filósofo dotado para o jogo das causalidades racionais...

Ele fica cego sem que se saiba realmente como. Alguns – Tertuliano, no caso, mas sabemos da perfídia cristã para com o filósofo atomista... – afirmam que queimou os olhos com um escudo voltado para o sol. Mutilação voluntária, portanto, motivada pelo desejo do sábio de acabar com a imagem das mulheres que provocavam nele um desejo impossível de satisfazer com idade avançada.

Pode-se também levantar a hipótese de que a perda da visão física signifique o aumento da acuidade intelectual. De maneira simbólica, de fato, o cego – Homero, por exemplo... – aumenta sua capacidade de inteligência, no sentido etimológico, na medida em que evita as distrações atinentes às visões cotidianas, banais e triviais. A concentração em sua interioridade permite alcançar as verdades admiráveis inacessíveis ao comum dos mortais. E depois, para perceber o sepultamento de uma vida de donzela, o nariz é suficiente, pois os átomos concernem tanto ao olfato quanto à visão – as formas e as disposições decidem.

Afirma-se também, e a anedota é útil para estabelecer as filiações filosóficas, que Demócrito notou em um porto do Mediterrâneo a inteligência, ou a aura, ou a sagacidade de um carregador particularmente esperto. Compra o carregador, depois o promove a secretário. Mais tarde, este se tornará um filósofo famoso, de nome Protágoras, aquele que afirma o homem como medida de todas as coisas...

Enfim, de virgens a carregadores, de cegueiras a profecias, Demócrito acumula os anos a ponto de – as datas divergem mas todas confirmam a idade muito avançada a que ele chega – sem dúvida poder soprar cem velinhas. Mas, sábio até o fim, dotado sem interrupção e controlando sua morte tal como sua vida, ele cede ao pedido da irmã e adia seu trespasse de alguns dias para permitir que a piedosa senhora cultue os deuses de acordo com o calendário.

Para isso, Demócrito, que provavelmente não acreditava nas ficções da irmã..., contenta-se com o perfume de alguns pãezinhos colocados ao alcance de seu nariz. A exploração olfativa permite-lhe sobreviver três dias, tempo necessário para as abluções familiares e o acerto de sua irmã com o céu. Apetite modesto mas sabedoria imensa, antes do derradeiro sopro ele define suas últimas vontades: que seu cadáver seja conservado em mel...

5

As anedotas atômicas. As anedotas enchem a doxografia antiga. Diógenes Laércio – que é preciso ler! – transmite milhares delas, que os profissionais da filosofia pouco saboreiam. Estão errados quanto a isso, e também sempre que se privam do prazer de ser inteligentes, até mesmo da inteligência de um prazer. Pois muitas vezes a anedota reúne o sentido de toda uma filosofia. A historieta não é, neste caso, um fim em si, procedente de fofocas, da espuma dos dias* ou da superfície das coisas: ela mostra a profundeza,

---

* Referência a uma obra de Boris Vian, *L'écume des jours*. (N. da T.)

conduz diretamente ao epicentro qualquer um que
dê atenção a essas sagas em miniatura. Muitas vezes a
história será atribuída indevidamente a um ou a outro, uma vez que determinado gracejo pode caracterizar vários filósofos. Pouco importa: o espírito é comum, quase todos os filósofos da Antiguidade nada
colocam acima de sua liberdade, e mil historietas
atribuídas tanto a uns como a outros lembram abreviadamente as grandes idéias ou as teses essenciais
de um filósofo.

Hegel equivocava-se ao reduzir a filosofia cínica a
um amontoado de anedotas desprovidas de interesse e de sentido. Pois Diógenes, assim como Demócrito, não come carne crua, não é peidorreiro agorafílico, não se masturba em praça pública significando
apenas canibalismo, onanismo e peidorrada simples:
o filósofo afirma assim uma teoria da natureza, uma
posição com respeito à cultura e ao artifício, uma
tese sobre o pudor e as conveniências sociais.

Demócrito, com seus cheiros de virgem, sua sobrevivência por meio de pãezinhos e sua múmia melosa,
expressa mais do que a historieta e além dela. No
caso, ele sintetiza em exemplos fáceis de memorizar,
portanto de experimentar e depois de transmitir,
um conteúdo filosófico. Esses chistes mnemotécnicos, essas fotografias gregas, até mesmo esses cromos
da Antiguidade, expõem os princípios do materialismo abderitano e o tornam visível. Nesse sentido, são
anedotas atômicas.

O problema está menos em sua autenticidade anedótica do que em seu valor filosófico. Pouco importa
se de fato Demócrito cruza na rua com uma jovem a
quem ele inflige uma lição de filosofia atômica, o importante é que ele poderia tê-lo feito. Mais ainda:

que esse episódio extraído das hipóteses das ruas de Abdera permite um vade-mécum do materialismo abderitano. Pois o que diz essa história? A mesma coisa que a das padarias ou dos pãezinhos; ensina uma verdade semelhante à do filósofo que se torna cego de propósito; afirma uma lição idêntica à do desejo de passar a eternidade no mel: o real se reduz às combinações atômicas e aos simulacros que se destacam dele e circulam livremente no vazio.

Podemos dar um curso sobre os simulacros e contar sobre a casca que se tira das coisas, os átomos que flutuam depois constituem e reconstituem a forma à qual são emprestados, dispomos de toda a liberdade, é claro, para dissertar sobre a carteira de identidade de um átomo, a de suas disposições com outras moléculas indivisíveis, sabemos glosar sobre o caminho dessas construções até o olho, o nariz, a boca, as orelhas, os poros e mais além, de modo que elas contribuam para imagens, sensações, emoções, paixões, percepções, portanto compreensões, do sentido.

Mas podemos também utilizar essa antiga virgem que não o permanece por muito tempo explicando de que maneira os simulacros da virgindade, em contradição com os da iniciação sexual, permitem que Demócrito brilhe através de um chiste e pratique suas famosas predições – de fato, deduções obtidas de maneira causal racional e clássica –, validando assim suas hipóteses filosóficas sérias. Contando as aventuras do simulacro de maneira lúdica – até hedonista! – o filósofo ensina em graus diversos, para públicos diferentes.

Eis por que, tornando-se cego, o velho homem pratica uma sabedoria paradoxal. Claro, ele pode estar agindo segundo seus desejos, propor uma dietética deles, a que se acrescenta possivelmente uma aritmética dos prazeres que lhe permite alcançar uma serenidade identificável com o soberano bem. Mas a anedota pode também testemunhar por uma outra tese: colocar-se a distância não olhando, obrigando-se a não ver; identificar o real com o que ele é, uma pura e simples conjunção de simulacros à qual é possível se subtrair; afirmar seu poder sobre o ser por intermédio de suas percepções; são exaltações ao voluntarismo filosófico hedonista que permite, evitando as ocasiões de desprazer ou de perturbação, construir-se como uma individualidade serena e radiosa.

6

Epifania do corpo material. No terreno filosófico, Demócrito pura e simplesmente retoma Leucipo: o real se constitui de átomos dispostos no vazio; a causalidade é imanente e material; não existe razão divina; tudo passa, a eternidade é uma ficção – ou então só a mudança é eterna; os deuses não existem, tampouco a fortuna como modalidade da transcendência; o trabalho sobre si mesmo possibilita uma modificação de si. São teses que, retomadas de Leucipo, não variam e constituem a base de todo pensamento materialista.

Daí um monismo filosófico que conduz à invenção do corpo uno e material já nessa época da filosofia grega. Contra o corpo esquizofrênico resultante do pitagorismo, Demócrito afirma a integridade do único bem de que dispomos: não há alma separada do corpo, não há depreciação da carne e valorização do espírito, não há imaterial preso no material, encerrado, fechado, trancado na carne, não há princípio que nos ligue ao divino, ao celeste, oposto a outro que nos amarre ao trivial terrestre, não há imortal ligado ao divino contra um mortal sensível, mas uma entidade constituída de átomos e digna como tal.

Mesmo assim, e longe dos dualismos redutores, Demócrito usa as expressões "alma" e "corpo": a alma e o corpo são como que artifícios de linguagem que permitem simplesmente significar, designar e caracterizar duas instâncias corporais, assim como a cabeça e o corpo expressam duas partes de um mesmo todo, independentes em suas definições mas dependentes em suas funções. Poderíamos escrever: a alma é o corpo e, do mesmo modo, o corpo é a alma. Pois, em ambos os casos, só existe a matéria, a matéria organizada de maneira distinta mas obedecendo às mesmas regras, às mesmas leis atômicas.

A alma morre, portanto, ao mesmo tempo que o resto do corpo. Ambos se desfazem, se desagregam, se decompõem sob a ação de uma força idêntica: a morte. Mesma geração, mesma corrupção. Só os átomos se distinguem: a alma se constitui de partículas lisas e esféricas, por isso não são detidas nem freadas por nada. Sua agitação as aquece e permite assim uma velocidade para as funções físicas de motricidade, de sensibilidade e de pensamento. As operações de movimento, de percepção e de reflexão procedem portanto desses átomos específicos, ao passo que os átomos especificamente somáticos provêm de uma forma e de uma configuração diferentes. A psicologia destaca-se pois da física que dispõe da palavra final de tudo.

Na disposição, a estrutura se parece com a de um tabuleiro de damas: um átomo físico funciona sempre junto com um outro de natureza somática. Os dois agem e interagem. A alternância de corpo e de alma na matéria torna impossível, portanto, uma localização da alma: ela não reside em um lugar específico do corpo, como o cérebro ou a cabeça, mas em toda parte e em lugar nenhum, disseminada, em todo lugar em que se encontra a matéria. A distribuição na natureza das quantidades de átomos psíquicos e suas relações quantitativas com os átomos somáticos geram uma vitalidade maior ou menor. Força, saúde, vigor e energia decorrem da proporção de partículas incandescentes contidas nas entidades em questão.

A morte decompõe essas disposições. Os átomos mais quentes se rarefazem, ao passo que o esqueleto, composto de átomos somáticos frios, vai gradualmente adquirindo os plenos poderes. Demócrito em seu banho de mel, depois de morto, leva a crer num tipo de sensibilidade post mortem, pois a conservação nessa matéria impede a decomposição e permite considerar uma permanência de sensações, no sentido etimológico: uma capacidade de continuar registrando modificações vitais – assimiláveis ao sonho e a outros simulacros imortais...

Em um texto estranho, Demócrito apresenta uma alegoria que eu diria "do tribunal". Ela supõe que, por intermédio do filósofo, o corpo promove um processo contra a alma e lhe solicita que preste contas sobre o que ele sofre por causa dela. Porque a alma atormenta o corpo, por intermédio dos átomos incandescentes, e lhe inflige pulsões, paixões, desejos, ferimentos, dores e sofrimentos, a carne inevitavelmente obteria reparação, afirma Demócrito. A embriaguez, os prazeres, a volúpia causam a degradação psíquica e física do corpo. Só uma ética voluntarista permite recolocar o indivíduo no centro de si mesmo a fim de que ele deixe de ser um objeto submetido às necessidades exteriores. Essa ética visa a alegria.

7

Do prazer obtido consigo mesmo. Se há uma ética hedonista em Demócrito, ela reside na designação da alegria como finalidade da moral, a que se acrescenta a utilidade como critério do bem. A filosofia atomista dos abderitanos deixa o campo livre para que os homens construam seu destino na terra. Informados pela física de que não se devem temer os deuses, a natureza nem a morte, de que se pode agir sobre as coisas para inflectir seu curso e de que existe uma força do querer, resta oferecer as instruções sobre o processo que permite construir a si mesmo como sábio e realizar um projeto de existência serena, desvencilhada de todos os temores, angústias, ficções e outras ilusões que impedem a tranqüilidade da alma.

Singularmente, o filósofo de Abdera estabelece as bases de um pensamento utilitarista de efeitos visíveis muito mais tarde – em alguns anglo-saxões do século XIX, como Jeremy Bentham e John Stuart Mill. De fato, em Demócrito, o contentamento depois o agradável individuais e subjetivos definem o útil. Conseqüentemente, o descontentamento e o desagradável caracterizam o inútil. O projeto que visa a alegria e a felicidade supõe para o sábio conhecedor do método hedonista que ele seja a medida da ação e da moral – os sofistas o lembrarão. O prazer não se confunde com o bem como tal, limita-se a ser seu sinal, sua marca e sua prova.

O método hedonista de Demócrito passa por três momentos específicos: o primeiro implica uma teoria do conhecimento que desemboca em um perspectivismo ou um relativismo capaz de dar ao indivíduo um poder de fogo fundamental; o segundo solicita uma forma de ateísmo tranqüilo, pelo menos um tipo de indiferença para com os deuses que possibilita a própria indiferença dos deuses para com os homens; o terceiro momento invoca uma dietética dos desejos que gera uma autêntica prática do prazer entendido como júbilo por ser livre, independente, autônomo, desvencilhado de todo temor, de todo medo ou angústia.

Primeiro momento: a teoria democritiana do conhecimento identifica a verdade e a representação de um objeto. Posição antiplatônica perfeita – os sofistas, entre eles Protágoras, o escravo comprado por Demócrito, irão reciclá-la –: a verdade não tem nenhuma relação com as idéias em si, com o mundo inteligível ou qualquer além-mundo; ela é imanente, material, concreta e revoga toda transcendência. Onde está o mundo encontra-se a verdade. O fenômeno e a sensação, eis as premissas de todo acesso à verdade. O simulacro manifesta a dinâmica do mundo, ele existe independentemente de qualquer forma a priori.

Uma vez que a forma dos átomos determina a natureza da sensação, encontramo-nos na presença – o termo não existe na época, é claro, mas a idéia corresponde – de um sensualismo antecipado: o conhecimento procede dos sentidos e do que eles apreendem. Nenhuma essência habita o mundo atômico dos materialistas, pois só há combinações de partículas em movimento e arrancadas dos objetos. O monismo, o sensualismo invocam o perspectivismo e o relativismo: o ser é antes de tudo o percebido. No caso por um indivíduo. Além desse processo simples – um sujeito, um objeto e uma ligação de tipo particular por intermédio dos simulacros –, nada de possível.

Segundo momento: a maquinação antiplatônica elaborada por Demócrito funciona pois contra a verdade, os deuses, a alma imaterial e supera as fábulas pitagóricas recicladas por Platão. A idéia de fortuna que remete a uma transcendência não tem sentido; se é que há fortuna, é relativamente a uma série de causalidades materiais redutíveis a um processo de conhecimento. Demócrito invoca a razão, que ele considera um instrumento fiável e opõe às crenças – principalmente a crença num além-mundo. Os deuses não existem e não há nada a temer no que não existe. Quanto a esse aspecto, os homens podem dispensar-se de uma ocasião de desprazer.

Terceiro momento: só na origem da verdade, independente de toda tutela transcendente, o indivíduo cioso de alcançar a serenidade se preocupará com o bom uso de seus desejos e prazeres. Pois essas potências não representam nenhum perigo em si mesmas, mas apenas na medida em que perturbam a alma do sábio. Trata-se portanto de não desejar uma coisa qualquer de um modo qualquer e de não visar um tipo qualquer de prazer. Os que alienam, temporariamente ou duradouramente, devem ser evitados. Nada de intemperança, nada de excessos, nada de descomedimento, nada de abandono às pulsões animais, o prazer não se reduz à trivialidade de uma animalidade desenfreada, mas à escultura de si mesmo e à construção de sua autonomia. Único e autêntico júbilo: obter prazer consigo mesmo.

Pois a alegria visada pela empreitada de Demócrito – ela traduz o termo *euthymía* – remete à tranqüilidade da alma, à sua boa ordem, mas também à hilariedade, ao bom humor, à boa disposição tanto quanto à saúde moral. Não estão distantes a ausência de perturbação, a harmonia consigo mesmo, o equilíbrio, o bem-estar, a congruência, a quietude, a felicidade. Todas as traduções se movem nessas águas e confirmam o eudemonismo e o hedonismo da posição abderitana. A firmeza de alma – outra acepção possível – à qual Demócrito exorta define de fato o prazer sutil da relação travada consigo mesmo por um indivíduo que não teme nada e pode, portanto, na absoluta indiferença com respeito às leis, obedecer apenas a si mesmo e viver livremente.

8

Estratégias do hedonismo. O hedonismo comporta uma parte freqüentemente esquecida. O aspecto positivo de busca do prazer eclipsa quase sempre seu correlato: a evitação do desprazer. Ora, talvez até existam mais satisfações induzidas pela evitação de uma ocasião de sofrer, de ter pesar, de temer ou de se angustiar do que pela busca positiva de um júbilo identificado como tal. Esse prazer negativo supõe a possibilidade de sentir uma real satisfação em não sofrer. A ausência de perturbação como geração de alegria é muito apreciada nas éticas eudemonistas e hedonistas gregas.

Demócrito confere ao aumento do saber uma função terapêutica. Seu trabalho enciclopédico – era apelidado "a Ciência" – visava o acúmulo dos conhecimentos não por si mesmos mas com o objetivo de conseguir produzir causalidades racionalistas e imanentes a fim de que as inquietações e os temores desaparecessem. Afastar os deuses e suas cóleras, suas danações e outras punições supõe trabalhar a laicização do pensamento: ver nos encadeamentos de causas e efeitos imanentes a razão do que acontece permite evitar muitos desprazeres. Deixar de ter medo do raio, do trovão, das tempestades, dos relâmpagos, dos terremotos, dos maremotos, das erupções vulcânicas e outras passagens de cometas exige uma redução científica e positiva desses acontecimentos: o saber contribui para isso, a ciência também.

Evitam-se igualmente as ocasiões de perturbação mantendo-se o mais longe possível dos assuntos públicos e privados. Longe de Demócrito a idéia de que seria preciso ser bom esposo, bom pai e bom cidadão para conseguir usufruir de si mesmo! Pelo contrário: ocupar-se dos assuntos da cidade, entrar na política, preocupar-se com as coisas da administração, mas também fazer filhos, definem atividades que levam inevitavelmente à contrariedade, aos aborrecimentos, à perturbação. O sábio se dispensará de todas essas quinquilharias e encontrará sua razão de ser em si mesmo.

Partidário de uma franca e nítida metafísica da esterilidade, Demócrito exorta a não procriar: a educação é impossível de ser bem-sucedida. É uma tarefa que está acima das forças de quem quer que seja. Ninguém é capaz de cumpri-la corretamente. Ora, uma educação fracassada, mais ainda quando se trata dos próprios filhos, é uma verdadeira razão para contrariedades! Os filhos são fonte de aborrecimentos, de temores, de medos e de angústias para os pais. Sua saúde, seu futuro, sua vida, tudo se torna um peso sobre os ombros do pai ou da mãe.

Será preciso ler, em vista dessa profissão de fé celibatária, o fragmento em que Demócrito examina a masturbação e a relação amorosa? Pois o filósofo dos simulacros conclui pela igualdade de efeitos de ambas as práticas. As conseqüências dessa teoria da desilusão estão à disposição de cada um. Aqueles com demasiado prurido familiar, o filósofo convida a adotar o filho de outra pessoa e conclui que dessa maneira se conhecerá o prazer de escolher o indivíduo que melhor convenha a nossas fantasias genéticas...

Do mesmo modo, o aspirante a filósofo manterá a maior distância possível das paixões que atormentam o corpo e a alma e depois geram perturbações consideráveis como a vontade, o ciúme ou o ressentimento. Os outros não constituem a medida de si mesmo, trata-se de visar objetivos mais elevados. Um sujeito vale menos, em termos de ideal, do que um objetivo elevado como a vida bem-aventurada. Demócrito define o ideal: passar a vida da maneira mais feliz possível e menos morosa. Sem se comparar ao outro, mas sempre tendo por medida esse ideal.

9

E depois rir... Não temer nada nem ninguém – nem deuses nem senhores; não se empenhar acima de suas forças e de seus meios; conhecer seus limites e visar o realizável; não perder a alma em prazeres cuja satisfação acarreta com certeza a insatisfação; desejar o prazer da comunhão feliz consigo mesmo; não procriar nem engendrar; nunca se envolver nos assuntos da cidade; não dar ensejo às paixões, às pulsões que desequilibram; não desejar mais do que se tem nem sucumbir à vontade impossível de satisfazer; consentir nas alegrias oferecidas pela existência na medida em que aumentam a adesão a seu ser; definir o útil e o nocivo pelo contentamento e pelo aborrecimento; empenhar-se em expulsar de si mesmo as aflições rebeldes; visar a alegria... eis o manual de instruções de um hedonismo que propõe um prazer refinado, sutil, elegante: o prazer supremo da autonomia – no sentido etimológico.

Então o riso pode advir. O grande riso libertador de quem compreende que a alegria suscita a adesão ao real, a celebração do corpo, o amor do vivo imanente e concreto, a paixão por este mundo, o único. No teatro de Demócrito, as jovens virgens riem, as velhas também, os filósofos e os carregadores, os padeiros e seus pãezinhos, igualmente os apicultores e seu mel de embalsamar. Riso das crianças e dos escravos, do filósofo encarnando a antítese de Heráclito que, diz-se, respondia ao espetáculo do mundo pelo pranto.

A iconografia ocidental opôs abundantemente o riso de Demócrito, o poeta da escrita clara, às lágrimas de Heráclito, o amargurado de apelido "o Obscuro". E, de Diógenes de Sinope a Friedrich Nietzsche, de Aristipo de Cirene a Michel Foucault, encontramos, como traço comum aos materialistas, hedonistas e outros grandes subversivos da história das idéias, essa capacidade de rir do mundo como ele é. Só riem os que levam o mundo a sério, justamente porque o levam a sério. Protejamo-nos como da peste dos filósofos incapazes de rir...

III

HIPARCO

e "a mais prazerosa das vidas"

1

Um discípulo atípico. Teoricamente, os filósofos abderitanos distinguem-se por um certo número de traços característicos, entre eles o materialismo atomista. Nada permite classificar Hiparco entre os discípulos de Demócrito, o que no entanto faz a edição Diels-Kranz retomada por Jean-Paul Dumont. Pois nosso desconhecimento a respeito desse homem não permite saber quem ele era, o que fez e quais suas relações com o filósofo de Abdera. Os únicos detalhes de que dispomos estão em uma menção de Diógenes Laércio que permite conjeturar sua presença junto de Demócrito por ocasião de sua morte, sua qualidade de pitagórico e sua escrita de um tratado intitulado *Sobre a alegria ou o bem-estar*.

Todavia, será isso suficiente para que surja uma aparente contradição: como poderia um pitagórico ser também um abderitano? Pois Pitágoras ensina exatamente o contrário de Demócrito: o dualismo, a desconsideração do corpo, o idealismo, o espiritualismo, o esoterismo, a imortalidade da alma, a metempsicose, a metensomatose, o ideal ascético, a renúncia e outras virtudes que apequenam. Como um discípulo do filósofo do Número poderia também cultuar o pensador do Átomo? Nada se saberá a respeito, pois apenas permanece um texto que, efetivamente, permite integrar Hiparco ao corpus dos autores hedonistas e vale a seu autor uma classificação entre os discípulos de Demócrito.

O tratado de Hiparco poderia proceder das imitações, gênero extremamente praticado na época antiga, em que não existem o culto da propriedade literária, a paixão pelo direito autoral ou a religião da novidade, que levaram ao uso contemporâneo das citações entre aspas. Naquele tempo em que se reconhecia a autoridade de um mestre, outro tomava suas teses para escrever uma obra à sua maneira assinando-a com seu nome sem sofrer acusação de plágio. Os pseudos abundam e é preciso desenredar o novelo: um texto com a assinatura de Platão não é necessariamente dele mas certamente resulta de sua inspiração, apesar do conjunto de distorções efetuadas pela subjetividade do epígono.

2

Vade-mécum hedonista. O breve texto de Hiparco parece mais próximo da sabedoria popular do que da filosofia propriamente dita. Chegam-nos sentenças, assinadas por Demócrato (sic) e habitualmente apresentadas como sendo da mão de Demócrito. Tenho dificuldade em acreditar que o alto nível da visão filosófica do pensador de Abdera seja acompanhado de um exercício sentencioso de moral moralizadora. Um *à maneira de* Demócrito, mas com menos talento, parece-me mais provável que um texto assinado por ele: os aforismos fornecem um catecismo para uso da maioria no qual se exorta a dizer a verdade em vez de mentir, a preferir o bem ao mal, a desconfiar dos maus, a obedecer às leis, a desdenhar os bens deste mundo, a pensar antes de agir, a praticar o arrependimento, a apreciar a amizade, e outras pequenas máximas a serviço das grandes virtudes.

Demócrito? Pouco provável... Ainda mais porque esses aforismos também poderiam ser assinados por um homem da rua, um sujeito sem formação filosófica ou uma dessas belas almas que fazem com que sejam entronizados os padres dotados para o sermão. A ética abderitana tem mais mérito, e a ausência de fragmentos essenciais sobre esse assunto não deve levar a tomar por lebres filosóficas esses gatos antigos sem grande interesse. Nesse contexto de imitação, de falta ética, de epígono desastrado, de sabedoria popular apresentada como moral em boa e devida forma, as páginas de Hiparco devem ser lidas à maneira de uma agenda hedonista que indica o que se deve fazer, pensar e acreditar para alcançar a mais prazerosa das vidas.

Em primeiro lugar, encarar a existência como uma grande viagem. Quem conhece, por pouco que seja, as condições de viagem na Antiguidade pode avaliar bem a metáfora! Os navios são mal calafetados, as costas nunca longínquas, as ondas perigosas, a cabotagem oferece o melhor seguro em caso de naufrágio, por certo, pois não se sabe nadar, mas as embarcações transformadas em tábuas que flutuam à mercê das ondas parecem freqüentes... Por terra não é melhor: há os ladrões, os saqueadores, os salteadores. Em todos os casos, a aventura ronda...

Como num périplo, é preciso então esperar por tudo: a existência nem sempre coincide com uma viagem de lazer. Hiparco dá os detalhes: o corpo é perecível, as doenças ameaçam, e são muitas; a alma tem também suas afecções, e não das menores. Entre disenteria e impiedade, retenção urinária e ilegalidade, o caminho parece estreito para quem se aventura na vida com o desejo de evitar o vale de lágrimas! Os desejos e as pulsões atormentam a carne; alguns são da ordem da exação pura e simples, do crime, como o incesto, o parricídio, quando não do infanticídio. Quando não há o risco desses perigos, as catástrofes naturais nos rondam: as inundações e as secas, a peste e a fome...

Diante desse quadro, os bens parecem raros e, além do mais, perecíveis, passageiros. Da mesma maneira, os homens vivem uma existência limitada no tempo, afinal muito curta com relação à eternidade. É melhor transformar esse momento passado no planeta em oportunidades de júbilo. Como? Por exemplo, rejubilando-nos por tudo o que nos acontece e se situa sob o signo do bem, fruindo esse momento, aderindo a esse instante. Tomar consciência da riqueza de um instante precário mas feliz, saber que ele é uma graça na existência situada em sua maior parte sob o signo da negatividade, eis uma receita facilmente aplicável e diretamente provedora de alegria. Essa energia positiva permite suportar mais facilmente as más surpresas da existência.

A preocupação com o que é deve vir acompanhada por uma recusa do que poderia ser. Não se contentar em ser e considerar o futuro, apostar e contar com as potencialidades de um futuro possivelmente extraordinário gera demasiados desapontamentos. O desespero advém se temos esperança, a decepção surge porque esperamos; lição de sabedoria: não ter esperança, não esperar, contentar-se... Toda filosofia hedonista convida a uma concentração apenas na modalidade presente do tempo: convida a não dar à nostalgia ou à futurição nenhum poder sobre si.

Outra lição capaz de gerar a alegria: no negativo, buscar e saber encontrar as razões de uma positividade. Os golpes da sorte nos privam de nossa fortuna? muito bem, são menos preocupações, inquietações evitadas, temores poupados. Eles nos tiram o poder? perfeito, a nova situação nos dispensará de conviver com parasitas, consideráveis nos lugares de poder e de dinheiro. Tiram-nos amigos? excelente, quem sabe de fato se não eram futuros inimigos que, assim, felizmente estão fora de jogo...

Tentar-se-á também não se considerar o centro do mundo. Evitar a paranóia, diríamos em termos atuais. Pois muitas vezes nos queixamos de que catástrofes acontecem apenas para nós, ao passo que elas se abatem sobre todo o mundo e em toda a eternidade. A morte, a velhice, a traição, os revezes da fortuna povoam os relatos dos historiadores e os anais desde a mais remota Antiguidade. Por que imaginar que o pior elege prioritariamente nosso domicílio e poupa o dos outros? Pois o negativo distribui-se desigualmente, mas ninguém lhe escapa. Ganharemos dessa maneira em comparar nossa dor com uma outra dor maior que a nossa.

Queixar-se de nada serve, tampouco chorar, menos ainda gemer. A alegria procede igualmente do espetáculo da miséria dos outros – Lucrécio o lembrará –: há uma satisfação em ver que o mal age em outra parte e nos poupa. Paixão má, por certo, mas eficaz: não se trata de rejubilar-se com as misérias que arrasam os outros, mas de constatar o movimento do mundo e a necessidade de que um dia aconteça conosco como com os outros. Mas, enquanto esperamos a catástrofe, já que ela tarda, saibamos regozijar-nos com a paz, com a calma antes da tempestade.

Hiparco fornece então, realmente, um vade-mécum do pensamento hedonista: amar o que advém; não se perder no passado ou no futuro; transformar o negativo em ocasião de positividade; evitar a visão egocentrada do mundo e das coisas; comparar seu penar com o dos outros. A isso ele acrescenta a prática da filosofia como oportunidade de purificação, de sabedoria e de reconciliação de si consigo mesmo, com os outros e com o mundo. Ocupando-nos dos esplendores da filosofia, estabelecemos com a trivialidade do mundo uma distância útil e necessária para criar uma vida feliz e alegre.

IV
ANAXARCO
e sua "natureza apaixonada pelo gozo"

1

Cortar e cuspir a própria língua... Tal como Hiparco o pitagórico sustenta proposições vagamente inspiradas no materialismo de Demócrito, Anaxarco, apelidado o Bem-aventurado, é classificado entre os discípulos do filósofo de Abdera, embora também seja considerado um sofista, um cínico, um pirroniano... Na época, é verdade, a mania de classificação não é igual à de hoje, e um filósofo fabrica sem problemas seu pequeno pensamento pessoal efetuando cópias e colagens com ajuda de pedaços extraídos de diferentes doutrinas. Cada um extrai o que apresenta interesse para si sem se preocupar em fazer jus ao rótulo de discípulo ortodoxo: o pensamento pertence a todo o mundo e o sincretismo, se leva à sabedoria, merece respeito.

Mesma observação para um bom número de filósofos da Antiguidade: as zonas de sombra e as interrogações parecem mais numerosas que os saberes claros e precisos, as informações seguras e as verdades sobre Anaxarco. Sabe-se que também ele nasceu em Abdera. Provavelmente foi discípulo de Demócrito – mais um pré-socrático de ocasião! Acompanhou Alexandre em sua conquista da Ásia e encontrou, também ele – mas quem um dia escreverá a história desses filósofos desconhecidos? –, os gimnosofistas indianos, com quem teve aulas. Quanto ao resto, além de duas ou três anedotas, nada subsistiu. Anaxarco o Bem-aventurado levou para o túmulo, também desconhecido, os segredos desse apelido desejável!

Mais uma vez a anedota recolhe a filosofia do personagem, pelo menos seu temperamento, sua natureza. Duas delas falam de um homem que não se deixa incluir entre eles e prefere, à maneira de Diógenes, sua liberdade à companhia ou à afeição dos grandes, sua autonomia à proximidade cúmplice das pessoas de poder e de autoridade. O traço de caráter talvez tenha uma relação muito longínqua com o desejo abderitano de libertar-se dos temores e das angústias, suponhamos pois um desejo de uma terapia materialista de criar para si uma soberania inoxidável, nem que seja ao preço da insolência cínica.

Assim, na presença de Nicocreonte de Salamina, um tirano de Chipre que ameaça puni-lo por suas extravagâncias mandando triturá-lo num pilão, Anaxarco responde que o sátrapa bem pode infligir-lhe esse castigo, mas estará punindo apenas o corpo, a matéria do filósofo, e não a ele, nem sua realidade, nem sua verdade. Quando o tirano o provoca e ameaça cortar-lhe a língua, ele mesmo a corta com os dentes e a cospe no seu rosto. Embora se atribua a anedota também a Zenão de Eléia, notemos que a história faz de Anaxarco um homem a quem o poder não amedronta, a quem os poderosos não impressionam, que não teme a autoridade e que, autônomo, goza de sua liberdade como do bem mais precioso.

2

O filósofo bem-aventurado. Só os personagens beatificados pela Igreja merecem geralmente essa qualidade, à espera das delícias da santidade católica, apostólica e romana. Mas, quanto a Anaxarco de Abdera, hoje parece difícil dizer em que, como e por que foi chamado de *Bem-aventurado.* Por certo, ele mesmo desfruta, como elétron livre, o que evidentemente proporciona um gozo real, mas faltam provas de sua atividade hedonista. O apelido supõe provavelmente a redação sobre um tratado a respeito do tema, ou afirmações e tiradas nesse sentido, ou ainda discussões sobre o tema com comparsas, mas nada é certo. Uma anedota, no entanto, permite entrever um esboço de resposta e conjeturar que esse homem que transfigura o mundo em vasto teatro produzia pelos sonhos e pela loucura fazia residir a felicidade – ou a alegria, ou o prazer – na capacidade de não se deixar afetar por nada que proviesse do exterior.

Assim – pois é apresentado também como mestre de Pírron, figura emblemática do cepticismo –, Anaxarco certo dia teria se perdido num pântano quando Pírron passava por lá. O filósofo da suspensão do julgamento, da dúvida, fiel à sua indolência filosófica e à sua indiferença existencial, teria abandonado Anaxarco à sua desventura, seguindo seu caminho como se nada estivesse acontecendo... Em vez de se zangar, de se aborrecer ou de se magoar, o Bem-aventurado louva a impassibilidade, a fleugma e a grande sabedoria de Pírron que se foi – escovar seus porcos, como gostava de fazer.

Digamos pois que o hedonismo de Anaxarco, como de muitos eudemonistas gregos – os de Apolodoro de Císica, de Nausífanes de Teo ou de Diotimo de Tiro, mas sobre os quais subsiste apenas um sopro, uma frase, uma lembrança... –, considerava que o soberano bem residisse na impassibilidade, na capacidade de não se deixar afetar pelo mundo, por suas pequenezas e suas mesquinharias. Muito provavelmente a alegria filosófica consiste em viver acima das contingências habituais, ao lado das preocupações da maioria, em outro lugar que não a cena trivial do cotidiano do homem da rua. Prazer de ser e de existir como individualidade solar, livre, independente, autônoma, inacessível às violências vindas de outra parte: um tirano, o corpo, o desejo, o social, a natureza ou a família. O prazer define então o gozo de si como uma soberania realizada, conquistada e radiosa.

SEGUNDO TEMPO

Usos terapêuticos do verbo:
a sofística antifoniana

V
ANTÍFON
e "a arte de escapar à aflição"

1

Reparação aos sofistas. Sob o regime de escrita platônico da história da filosofia, os sofistas pagam há mais de vinte e cinco séculos o tributo considerável de uma má reputação e de uma definição errônea. O próprio termo *sofista* padece de uma polissemia contraditória – como muitos que provêm da disciplina: ser *filósofo*, até mesmo sê-lo como *idealista* ou como *materialista*, senão ir ao *Liceu* ou ir ao *Jardim*, viver como *epicurista*, invocar o *hedonismo*, suportar de maneira *estóica*, reagir como *céptico*, comportar-se de maneira *cínica*, até mesmo *sensualista, pragmática* ou *utilitarista*, sem falar em passear como *peripatético* ou fazer-se *socratizar*, o que corresponde exatamente ao contrário de uma história de amor *platônico*, são ocasiões de atrair sentido falso, contradição e interpretações errôneas.

Para a maioria – em virtude aliás de uma das acepções do dicionário –, o termo *sofista* qualifica o apreciador de argumentos capciosos; a *sofisticação*, operação que visa enganar por um acréscimo de aparência capaz de dissimular a verdade; a *sofisticaria* designa a sutileza excessiva e errônea; o dicionário Littré até acrescenta uma *sofistaria* desaparecida dos usos. Em todo caso, deve-se esquadrinhar a definição para encontrar sua acepção primeira e a referência aos filósofos da Antiguidade grega. Aliás, quase sempre se hesita em reconhecer aos sofistas a qualidade de filósofos, falando-se de pensadores ou retores, maneiras de caucionar a nota redigida sob o olhar de Platão que os considera com a mesma amenidade que os atomistas de Abdera: inimigos e nada mais. Nem mesmo adversários a serem respeitados e criticados sem deformar suas teses. Não: inimigos, de fato, é o termo que convém...

No entanto, o conjunto dos diálogos de Platão coloca-se sob o signo desse pensamento, sem o qual ele não teria sido o mesmo: os sofistas inventam. Pelo menos ao que se possa julgar, formulam de maneira precisa as teses essenciais contra as quais o autor do *Fédon* luta de maneira reativa: o relativismo, o individualismo, o perspectivismo, o homem medida de todas as coisas, o realismo empírico, o materialismo fenomenista, a imanência monista, a economia de um além-mundo, o uso agônico da retórica, o cepticismo político, a recusa do culto à lei, a democratização da cultura, a descida do filósofo à arena pública. E eles não seriam filósofos?

Não se deve esquecer a extração aristocrática de Platão, ela explica muita coisa, especialmente seu desprezo pelos sofistas que cobram por suas aulas. De fato, quase todos provêm da classe média e nenhum deles dispõe, como Platão, de rendas familiares que lhe permitam viver sem trabalhar nem cobrar por seus talentos e saberes. Platão detesta a mediação do salário, como todos os indivíduos bastante afortunados para permitirem-se desprezar a trivialidade do dinheiro. Itinerantes, originários de meios modestos, os sofistas dispunham apenas desse meio para garantir sua subsistência.

Platão não gosta dos pobres obrigados a trabalhar; tampouco aprecia os filósofos que aceitam fazer contato com o público a fim de lhe dar meios para se formar verbalmente e intelectualmente, quanto ao conteúdo e à forma, permitindo-lhe visar o acesso às funções dos cargos da democracia grega. O que Platão também detesta entre os sofistas é o fato de eles democratizarem a cultura e o saber, de intervirem em lugares públicos, de não escolherem sua audiência e não a confinarem num lugar isolado do mundo – a Academia, por exemplo –, aceitando uma interação com ele baseada no princípio das perguntas e respostas: misturar-se à plebe, a qualquer um que venha, aos pequenos, aos não-nobres, trabalhar a céu aberto!, pecados mortais para o filósofo de sangue azul.

Sobre os sofistas, a versão platônica triunfou e por muito tempo negou-se a esses filósofos até mesmo o direito ao título – como para Demócrito. A classificação convencional transforma-os em pré-socráticos – pensadores que anunciam e preparam, ainda incompletos, não acabados, como uma espécie de aperitivo filosófico. De fato, as cronologias comprovam, todos os sofistas pensam e agem como contemporâneos de Sócrates: alguns como Protágoras de Abdera (492-422 a.C.), Górgias de Leontium (485-380 a.C.) e Pródico de Céos (470 a.C.-?) nasceram antes de Sócrates (469-399 a.C.), outros depois, como Hípias de Elis (443-343 a.C.), Crítias de Atenas (455-403 a.C.) ou Trasímaco de Calcedônia (459 a.C.-?), mas todos professam como contemporâneos exatos do filósofo da cicuta...

2

A antítese de Sócrates. Antífon de Atenas avança oculto: zonas de sombra sobre suas datas – ignora-se a de seu nascimento; a de sua morte, objeto de longas pesquisas, foi fixada recentemente em 411 a.C. –, sobre sua biografia, sobre sua própria pessoa uma vez que por muito tempo indagou-se se esse nome não esconderia duas identidades, antes de concluir pela existência de duas pessoas: um sofista e orador, nosso Antífon, e um retor dito de Rhamno. A multiplicidade de atividades do personagem que abrangeu todos os domínios, o estado lacunar dos suportes, as obscuridades também concernentes ao envolvimento em um golpe de Estado em favor da oligarquia, a aparente contradição com relação às teses dos fragmentos políticos sobre a concórdia, tudo contribui para adensar mais do que para desvendar o mistério...

Para o que nos interessa, fiquemos com um Antífon nitidamente oposto a Sócrates e tomando o contrapé para lhe tirar alguns alunos, dizem os maledicentes... Antífon reprova Sócrates por viver como padrão do ideal ascético: comer comidas ruins, tomar bebidas horríveis, andar sem sapatos, não vestir túnica e viver em todas as estações com o mesmo manto sujo servindo de coberta, proteção contra as intempéries e colchão, não cobrar dinheiro de seus alunos e contentar-se com essa existência de mendigo, mestre de miséria mais do que mestre de alegria...

Como era de esperar, Sócrates responde que ensina a virtude, que o essencial está em outra parte, que Antífon está errado em acreditar que a felicidade depende do que se bebe e come, das roupas usadas ou das dracmas guardadas na bolsa. O sofista ensina a liberdade e a facilitação da existência representada pelo dinheiro, não como fim, mas como meio de se desvencilhar das contingências e de criar sua liberdade. O Sócrates de Platão – provavelmente distante do Sócrates histórico! – afirma desprezar o dinheiro. É de suspeitar que ele fale, aqui como em outras partes, como porta-voz de Platão...

Antífon não considera o dinheiro a condição da felicidade, nem mesmo uma via de acesso possível. A felicidade é a vida em harmonia consigo mesmo, a paz, a serenidade, a tranqüilidade da alma que ignora a perturbação. De fato, extrapolemos um pouco: se o dinheiro ganho no trabalho sofístico permite desvencilhar-se de dores, penas ou sofrimentos, depois ter acesso ao estado em que se vive em concórdia consigo mesmo – a expressão é dele – então por que não?

Essa tal concórdia se obtém quando se é governado por um só pensamento isento de contradições. A alma deve evitar as tensões múltiplas e as lutas entre vários motivos. Quando ela se submete à lei das guerras interiores, o psiquismo vê-se fragilizado e o corpo sofre as conseqüências disso, donde fragilidades, dores, sofrimentos e mal-estares. Material e mortal como o corpo, a alma se atormenta, se cuida, se acalma. Modalidade sutil e atômica da carne, tem-se acesso a ela possivelmente pela linguagem, pelo verbo, pela palavra, pela voz. De maneira extravagante, Antífon de Atenas, no século V antes da era cristã, inventa uma terapia que se assemelha estranhamente à psicanálise...

3

A invenção da psicanálise. Ao que eu saiba, Freud nunca cita Antífon de Atenas, que no entanto bem poderia ser considerado o precursor da disciplina criada em Viena no início do século XX. Julgue-se: depois de recorrer a libelos de um gênero publicitário, Antífon abre perto da ágora de Corinto uma espécie de consultório no qual recebe pacientes que submete a um tratamento baseado na palavra. Primeiro escuta privadamente, depois segue uma terapia verbal. O conteúdo dessa conversa visa o desaparecimento do sofrimento que levou o paciente ao domicílio do filósofo. Os detalhes dessa medicação da alma pelo verbo estavam certamente consignados em seu livro *A arte de escapar à aflição*, mas essa obra não foi reencontrada...

Reconhecia-se que o sofista tinha um imenso poder de persuasão, um poder de fogo verbal considerável. Imagina-se o terapeuta que deve ter sido. Sua opinião materialista, monista, imanente permite-lhe conceber que é possível ter acesso à causa profunda do mal, situada na matéria atômica do paciente, com ajuda da palavra que produz representações úteis para agir sobre o corpo e infletir as lógicas de sofrimentos psíquicos, portanto corporais. Os princípios da psicanálise encontram-se aqui reunidos de maneira espantosa.

Pior, ou melhor, Antífon confere aos sonhos um papel primordial na economia dessa terapia. Propõe, de fato, interpretá-los. À sua maneira, ele poderia fazer do sonho a via mais direta que leva ao que ainda não se chamava inconsciente, mas que se dissimula nos átomos psíquicos antes de contaminar os átomos somáticos. Sete séculos antes de *A chave dos sonhos* de Artemidoro de Éfeso, Antífon pratica uma onirocrítica que procede da exegese racional e se apóia no exercício de uma pura e simples lógica das causalidades naturais. Longe da inspiração, do transe ou do recurso à magia irracional, o método do sofista remete à análise, à conjetura, à pesquisa dos encadeamentos, à mais clássica racionalidade apoiada numa teoria das causas e dos efeitos. A isso se acrescenta o talento do intérprete para produzir sentido.

Antífon não propõe a verdade do sonho, mas uma verdade do intérprete, a dele. No caso – mas é conjetura minha... – pode-se imaginar uma interpretação inflectida no sentido da terapia: o analista provavelmente apresentava uma leitura útil para conduzir a relação terapêutica. O temor de que o sonho anunciasse uma necessidade implacável fazia dele um material sensível na produção das aflições e dos sofrimentos. Ninguém tem dúvida de que o sofista, hábil retor, dotado para as palavras, mobilizava toda a sua arte para neutralizar a potência negativa do sonho oferecendo dele uma leitura catártica... Pois, segundo seu dizer, a adivinhação resume-se à conjetura de um homem dotado de bom senso.

Inventor da psicanálise, também o é do padrão lacaniano – melhor dizendo, do analista que recorre ao humor ou à ironia em caso de necessidade. Julguemos: um camponês cuida mal de suas porcas que, de sua casa, Antífon vê serem maltratadas e mal alimentadas. Uma delas certo dia devora seus filhotes. O porqueiro se abre sobre isso com o filósofo e teme um mau presságio. Antífon lhe responde que ele pode se alegrar de que a porca faminta não tenha devorado os filhos dele, porqueiro, e que portanto deve dar-se por feliz...

4

O inimigo das leis. O divã o cansou, ele achava que a atividade não estava à altura de suas ambições e tornou-se verdadeiramente filósofo sofista. Depois de ter criado a psicanálise integralmente, para não ficar devendo achados dignos de permanecer na história das idéias, ele inventa o indivíduo moderno, o hedonismo libertário e o humanismo igualitarista. São traços de gênio que certamente justificam o esquecimento total a que os autores de histórias das idéias, mas também os filósofos de profissão, confinam essa figura muito importante da sofística, com certeza, mas também da filosofia grega em sua totalidade...

O conjunto dessas proposições articula-se em torno de uma idéia clara e nítida: a natureza e a lei – *phýsis* e *nómos* – opõem-se de maneira radicalmente antinômica. Uma contradiz e contraria a outra. Tomar partido pela primeira implica que se rejeite a segunda; e vice-versa. Todas as leis entravam a autonomia e a liberdade individual: tradição, costume, hábito e leis positivas, esses são limites à expansão individual, única medida dos julgamentos e da ação, da teoria e da prática. Antífon enuncia uma verdade principal: escolhe o campo da natureza e pretende-se inimigo das leis!

Antífon distingue esfera privada e esfera pública, antes de invocar a obediência à lei para a primeira. Em presença de testemunhas, regulemos nossa conduta e nosso comportamento de acordo com ela; em contrapartida, sozinhos, limitemo-nos a obedecer a nosso capricho sem prestar contas a ninguém. A lei civil, de instituição, obriga e coage, ao passo que a lei natural depende do princípio de necessidade: uma reduz a liberdade, a outra torna-a possível, abre-a e permite seu desenvolvimento. Os objetivos da ação são a vida, o prazer e o útil mesclados em uma mesma energia. A proposição antifoniana requer uma transavaliação: prefere a natureza à lei para fazer surgir a liberdade...

A obediência às leis é anti-hedonista, ela gera dores, aumenta algumas, cria outras. Assim, no tribunal, os ofendidos que se defendem sofrem a afronta dos ofensores dispostos a tudo, inclusive a mentir, disfarçar a verdade, usar de falsos testemunhos, para fazer triunfar seu ponto de vista errado; na barra do tribunal, não se trata de verdade e erro, bem e mal, mas de capacidade ou incapacidade de sedução verbal; da mesma maneira, as crianças cujos pais são maus e que, apesar disso, dão afeto nem por isso são recompensadas; como toda prosperidade do vício induz as desgraças da virtude, Antífon conclui pelo funcionamento perverso das leis civis ou morais que não apagam o sofrimento. Às vezes até o ampliam. A legalidade e a moralidade obrigam a suportar males que não deveriam ser padecidos, elas obrigam a penas e não evitam o desprazer.

A obediência às leis não vale a pena: paradoxalmente, o direito raramente serve à vítima e na maioria das vezes ao culpado. De fato, os procedimentos judiciais garantidos pelo direito e pela lei deixam que a vítima seja acusada uma vez mais pelo culpado, que, quase sempre, pratica a negação e quer salvar a própria pele a qualquer preço, inclusive o da verdade. Pior: esses mesmos procedimentos necessitam de uma exposição que iguala o delinqüente e o inocente, aos quais a priori se dá crédito semelhante, na mais absoluta injustiça moral.

Eles obrigam as vítimas a demonstrar que o são efetivamente e que o dano lhes foi de fato infligido. Por sua vez, o culpado dispõe de todos os meios, melhores e piores, para se sair dessa má situação: falsos testemunhos, mentiras, mitomania, contraverdades, negações, disfarces, fabulações. Diante da audácia do mentiroso, o indivíduo de boa-fé perdeu: se falta a prova da culpa e nada acusa verdadeiramente o culpado, o direito não dispõe de meios para lhe fazer justiça.

O recurso aos testemunhos – garantia teórica a priori – induz por sua vez desagrados e praticamente gera inimizades. A exposição, a vida privada vasculhada, colocada de cabeça para baixo, as reprovações passadas reativadas para a circunstância, são ocasiões de voltar as costas para a verdade e acrescentar negatividade à negatividade. O jogo de certificações e de disposições cria inimizades perigosas que geram desejos de vingança. Numa inversão de situação perversa, ajudar uns equivale a prejudicar os outros...

De fato, como sofista rompido que tem as manhas da palavra astuta, do verbo eficaz, da retórica eficiente, Antífon sabe que nunca é a verdade que triunfa, mas o discurso mais hábil, mais enganoso. A mentira praticada com perfeição produz efeitos superiores, em termos de eficácia trivial, à veracidade mais rigorosamente respeitada. Daí o oferecimento de suas competências de filósofo para particulares a que assistia junto das instituições políticas ou judiciárias – a assembléia do povo e o tribunal. Terapeuta pelo verbo, Antífon age como médico individual, mas também como prático social. O inimigo das leis erige uma filosofia política radicalmente individualista: ela celebra o indivíduo transformado em medida do ideal.

5

O hedonismo libertário. Antífon de certa maneira prefigura – mas sejamos prudentes quanto à lógica dos precursores... – o individualismo moderno, pois estabelece e define o indivíduo em termos de antinomia radical com a sociedade, o que indica que não é vislumbrável nenhuma resolução conciliadora. Quase sempre, o todo triunfa em detrimento das partes e as subjetividades se encontram diluídas na coletividade. O filósofo sofista defende a causa do indivíduo e ataca a comunidade, culpada de produzir sujeitos dóceis e formatados para submeter-se à ordem coletiva.

A ética individualista e anti-social supõe uma opção nitidamente hedonista. Aliás, ela gera a situação hedonista. Pois o prazer surge já quando da inscrição de sua existência no registro da natureza, no próprio momento da declaração de independência com relação às leis sociais. *Phýsis* contra *nómos*, leis naturais contra leis civis, autonomia e liberdade de agir contra submissão, sujeição e dependência com respeito a uma transcendência jurídica, a uma moral normativa, esse é o imperativo categórico do hedonismo antifoniano...

Os prazeres verdadeiros não se encontram do lado do artifício cultural nem da ordem social. A civilização não dá a dimensão hedonista. Pois a riqueza submete, as honras obrigam e a família trava. Os bens deste mundo cintilam como jóias falsas, valores falsos. O júbilo nada tem a ver com os artifícios propostos pelo social para submeter e possuir as individualidades submissas e alienadas. Não se encontra prazer em acumular dinheiro, em entesourar, em colocar as economias numa instituição bancária ou financeira. Antífon zomba de um avaro que recusa ajudar um amigo, esconde seu tesouro num jardim e, depois de ver-se desapossado dele, lamenta não ter emprestado a soma pedida, que teria continuado em sua posse. Irônico, ele conclui que o dinheiro enterrado num jardim, depositado no banco ou emprestado a um amigo também pouco existe substancialmente e é apenas uma virtualidade de que se deve rir...

As honras? Para quê? De que serve dedicar a existência a concorrer, ganhar prêmios de eloqüência ou de retórica, de poesia ou de ginástica? Acaso a vida muda em sua essência se somos conhecidos ou reconhecidos quando atravessamos a praça pública, quando nos deslocamos pelas ruas da cidade ou nos demoramos na banca do peixeiro? As fitas, medalhas e títulos acaso tornam a existência mais doce, mais agradável? Ou será tudo isso apenas vanidade e perseguição ao vento? Antífon conclui pela inutilidade de perder tempo e energia em tais falsas aparências.

Da mesma maneira, os pretensos prazeres da família e da geração de uma descendência diminuem quando o tempo passa e constatamos o desaparecimento progressivo de nossa liberdade e autonomia nas atividades de casal e familiares. A preocupação consigo mesmo, único objetivo do filósofo, torna-se impossível quando somos requisitados pela preocupação com os outros. Esses prazeres entrevistos – estar nos braços de uma bela mulher, conhecer as alegrias de um amor nascente – logo se apagam com os desprazeres aferentes às alegrias da conjugalidade e da procriação.

Esses falsos prazeres proporcionam uma satisfação superficial, momentânea e aparente, mas bem depressa acabam custando desprazeres que os anulam e instalam a negatividade como senhora da situação e das circunstâncias. Rico, reconhecido, casado e pai de família, o indivíduo renuncia à sua liberdade e à construção de si mesmo com respeito às virtudes reais, e dos caminhos que levam à sabedoria. A prática filosófica supõe uma individualidade protegida daquilo que a ataca e ameaça. A sabedoria é obtida pela recusa das quinquilharias sociais e pela concentração da energia numa escultura de si mesmo que seja útil para gerar o júbilo verdadeiro e o prazer autêntico.

Pois a vida merece ser vivida; ela é uma só; as ocasiões de desprazeres, de sofrimentos e dores são por demais numerosas para ainda aumentarmos o trágico da existência por nossa imperícia, nossa incompetência ou ignorância do que deve ser feito. Em um mundo sem grandeza, sem nobreza, submerso pela mesquinharia, marcado pela fragilidade e pela fugacidade, diante das muitas aflições e das inúmeras ocasiões de sofrimentos físicos e psíquicos, uma vez que é preciso suportar o peso do social e a pregnância do coletivo desde a mais tenra idade, a filosofia proporciona uma salvação, oferece uma medicação eficaz.

Trata-se de querer a concórdia consigo mesmo. A terapia o permite, a recusa das leis também, assim como a indexação do pensamento e do comportamento por aquilo que a natureza ensina. Realizamos essa paz conhecendo as leis que regem essa tal natureza. A satisfação surge quando compreendemos que é preciso controlar a necessidade por meio do saber. A liberdade provém dessa operação. E o prazer age como marcador da conformidade da ação com a natureza, ele revela a moralidade dos atos e das intenções que nela presidem.

6

Acabar com os bárbaros. Essa ética individualista amplia a política à ética que ela invoca, exige e necessita. A coletividade se reduz à soma dos indivíduos que a compõem. Não existe transcendência produzida pelo vínculo ou pela ligação e que gere a agregação das subjetividades. Não há mística comunitária em Antífon, mas uma imanência que recusa todas as fábulas gregas apoiadas no *nómos*: a indexação do pensamento dominante pela lei civil permite distinguir cidadãos e escravos, seres de primeira categoria e indivíduos de segunda, em uma palavra – ou melhor, duas... –: gregos e bárbaros. Antífon promulga uma igualdade absoluta entre todos os homens, quaisquer que sejam o solo, seu sangue e sua raça. Uma obscenidade para o grego de então!

Prontos a fustigar quem não fala sua língua, decretada exclusiva e única, mas se contenta com ruídos inaudíveis e incompreensíveis – lembremos que, etimologicamente, o termo "bárbaro" define aquele que balbucia onomatopéias incompreensíveis –, os gregos recusam quem não seja dos seus. Longe da imagem simplória de um grego cosmopolita, cidadão do mundo, tolerante, democrata – a democracia grega concerne a menos de um décimo da população: os cidadãos, com exceção das mulheres, dos estrangeiros, dos metecos... –, os helenos são nada menos do que nacionalistas em miniatura. Daí a tempestade diante do surgimento de um Antífon em pleno século de Péricles!

Fiel a sua lógica de oposição natureza-cultura, Antífon invoca o bom senso e sublinha que as diferenças estabelecidas entre os homens geram desigualdades, que as palavras peremptórias apenas transformam um indivíduo em valor e não-valor, que nada permite opor um homem a outro e sobretudo decidir sobre a superioridade do primeiro com relação ao segundo, em virtude de sua língua, do lugar em que habita ou de sua linhagem hipotética. Por sua vez, a natureza ensina a igualdade absoluta de todos: as necessidades são as mesmas para o homem e a mulher, o rico e o pobre, o grego ou o dálmata, o cidadão e o meteco, o filósofo e o carregador.

Fustigando a paixão grega pelas grandes famílias e pelas virtudes transmitidas pelo sangue, opondo-se à noção de bem-nascido, Antífon invoca a fome e a sede, as necessidades de teto e segurança, semelhantes para todos e cada um. Sua opção individualista anuncia a genealogia do que mais tarde se chamará de um direito natural em virtude do qual, para além das leis positivas, acima delas e apesar delas se preciso, a dignidade dos humanos impõe uma obrigação ética radical: minha existência ética como indivíduo me obriga ao reconhecimento de meu semelhante como tal. Só a concórdia comigo mesmo torna possível a concórdia com o outro; o individualismo hedonista funda uma política libertária e jubilatória que, por sua vez, possibilita esse individualismo hedonista. Jamais fragmentos de filosofia antiga comportaram tantas potencialidades para os séculos seguintes...

TERCEIRO TEMPO

A invenção do prazer:
o júbilo de Aristipo de Cirene

VI
ARISTIPO
e "a volúpia que instiga"

1

O filósofo de saia. Aristipo de Cirene é tido como o filósofo emblemático do hedonismo, dura tarefa e infeliz reputação num mundo que considera incompatível filosofar e ser adepto do prazer, que a filosofia exclui a volúpia como objeto ou que o júbilo torna impossível qualquer forma de pensamento, mais ainda de sabedoria. Filósofo hedonista: eis há mais de duas dezenas de séculos um oximoro para o conjunto da profissão, que supõe que a disciplina obrigue ao ascetismo, sujeite à austeridade, e que não podemos invocar legitimamente seu universo asséptico se rimos, bebemos, comemos, amamos, dançamos, cantamos – simplesmente quando vivemos...

Invocar Aristipo acarreta esse lugar-comum: é o filósofo do prazer e, como tal, não se pode perder tempo procurando nele matéria para reflexão. Pelo simples fato de sua reputação, seria inútil nos empenharmos em procurar textos, páginas, obras, testemunhos úteis para ir além dos clichês estabelecidos contra os cirenaicos. Esses filósofos importantes sofrem o mesmo destino que os cínicos, mostrados como galhofeiros, bebedores, festeiros, alegres, e tudo o que permite considerá-los cômicos, mas principalmente não pensadores. Aristipo de saia, perfumado na ágora, aficionado de bordéis, ele, um dos raros filósofos cuja adega equivalia à biblioteca, aquele homem seria um filósofo da mesma qualidade que Parmênides ou Heráclito? Ora...

Descartado, recusado na corte dos grandes, ignorado, Aristipo padecia a má reputação que, como acontece muitas vezes, procede de fantasias, de imaginários desenfreados e de delírios surgidos na alma dos obtusos, dos pequenos e dos mesquinhos quando se trata de prazer. A própria palavra lança um frio e torna raivosos os tristes senhores insatisfeitos consigo mesmos. Pois como se poderia falar corretamente de Aristipo e dos seus durante séculos uma vez que não existiu doxografia em língua francesa antes da que estabeleci em 2002 em *L'Invention du plaisir* [A invenção do prazer]? Pré-socráticos, sofistas, cépticos, epicuristas, estóicos e mesmo cínicos dispõem das suas às vezes há muito tempo – sem falar nas excelentes edições de patrologia grega e latina –, mas os cirenaicos não...

De modo que a reputação – deplorável, é claro... – obstaculizou o desejo e a vontade de honestidade que supõem a leitura dos fragmentos, o movimento na direção da fonte. Certamente, o edifício cirenaico evoca os canteiros arqueológicos gregos de hoje: fustes dispersos, tríglifos e métopes meio soterrados, escadas desmoronadas, pedras desagregadas e espalhadas, terra e capim seco recobrem o que em outros tempos foi esplendor e majestade e jaz agora como um campo de ruínas, um quebra-cabeça ao qual peças importantes faltam para sempre. Mas o que resta permite refutar as alegações maldosas e restaurar Aristipo de Cirene à dignidade de um pensador autêntico e digno desse nome.

A prova, o silêncio em que Platão mantém o nome de Aristipo e seu trabalho, embora sua sombra paire em numerosas páginas dos diálogos. Quem é o Filebo, por exemplo, que dá nome a todo um diálogo? E por que dedicar um texto inteiro à questão do prazer obtido em refutar as teses cirenaicas, sem citar o nome do filósofo uma só vez? Outra prova de sua importância cardeal, seu status na elaboração do pensamento de Epicuro: sem Aristipo e sem o materialismo atomista dos abderitanos, o pensamento do mestre do Jardim não teria sido possível, nem mesmo sua própria concepção do prazer. Tampouco ele o cita... Tal como Aristóteles não teria redigido sua *Ética nicomaquéia* sem a existência de Aristipo a montante. Também nesse caso, o nome está ausente... Um mesmo indivíduo sobre o qual Platão, Aristóteles e Epicuro se calam quando tratam da questão do prazer não poderia ser mau! Não se desencadeia tanto desprezo, ódio, ciúme, inveja sem ao mesmo tempo dar a prova de que se diz a verdade...

2

O triângulo subversivo. Daí a necessidade de voltar ao regime platônico de escrita da filosofia – e de sua história! Pois considero que o filho da parteira, o travesti perfumado e o peidorreiro onanista constituem três pontas aguçadas com que se desenha um verdadeiro triângulo subversivo. Mas não se percebe – ou dificilmente – a bela figura que sai da obscuridade, se a sombra de Platão recobre o conjunto. O próprio Sócrates sofre com seus mediadores: querendo seu bem a despeito dele, até mesmo contra ele, solidificam para a eternidade uma ficção que supera a realidade. Pior: uma ficção que todos passam a tomar pela realidade. Pois Sócrates coincide muito exatamente, aos olhos da maioria, com o que dizem dele Platão e Xenofonte. Mesmo Aristófanes, em *As nuvens*, zomba de um Sócrates platonizado, com o nariz perdido no céu ideal dos cucos...

À maneira de Zaratustra, Sócrates evolui como *personagem conceitual*, uma figura, um pretexto, uma criação do espírito, longe de seu modelo de carne e sangue ao qual se associa um discurso possivelmente oposto ao do personagem histórico. Do mesmo modo, Diógenes e Aristipo funcionam como personagens conceituais: um exprime o cinismo, o outro, o hedonismo. Suas figuras, à maneira de personagens de teatro, parecem lhes servir, mas quase sempre lhes prestam desserviço. Paradoxalmente, eu diria que Diógenes não era cínico, nem Aristipo hedonista, se nos limitamos aos mal-entendidos e às aproximações quase sempre associados às palavras e aos nomes próprios reduzidos a caricaturas.

De modo que é um equívoco limitar Diógenes e Aristipo ao papel de pequenos socráticos, até mesmo de socráticos menores. À maneira de Sócrates, e como ele, esses dois concentram um poder de fogo considerável como tais. Não há utilidade em associá-los a outra causa que não a deles: a amenidade provocadora, a tirada espirituosa, a brincadeira não devem esconder uma autêntica densidade filosófica. Sócrates padece de um excesso de textos errôneos que canibalizam sua verdadeira identidade; Diógenes e Aristipo padecem o excesso inverso, a falta de documentos que possam restaurar sua verdadeira fisionomia e restituir a espantosa energia de suas afirmações.

3

Perfumado na ágora. Fiel a meu princípio de que a anedota é a via principal que leva ao epicentro de um pensamento, gostaria de voltar ao perfume não tão inocente assim do Cirenaico. Pois muitas vezes viram-se as costas para Aristipo filósofo em nome desse tipo de história levada ao pé da letra, sem recuo. Em contrapartida, se decodificamos o sentido, a significação, a mensagem transmitida pelo filósofo com esse fato que equivale a um dito espirituoso, a uma tirada, então obtém-se uma teoria, desemboca-se num discurso coerente, sensato e digno de comentários críticos.

A anedota antiga equivale ao aforismo na ordem das idéias. A teatralização da filosofia manifesta uma maneira alternativa de praticar a disciplina que habitualmente se apóia na aula, esotérica ou exotérica, e na administração de um ensino a partir de palavras anotadas, ao modo de lembrete, em rolos que atravessam os séculos. Pode-se portanto filosofar numa escola, à sombra de um mestre que fala, a partir de textos; mas também na rua, na ágora, vendo um filósofo que, por razões de eficácia concentrada, quintessenciada, exprime-se menos pela fala e pelas palavras do que por gestos e outras cenografias, pensados para produzir efeitos pedagógicos.

O que diz então a anedota de um Aristipo perfumado na ágora? Mais do que a aparente provocação da malversação de um artifício feminino por um filósofo homem. É claro que esse comportamento significa igualmente o desprezo pelas conveniências, a indiferença para com o julgamento dos outros, o método irônico, a teatralização lúdica e outras opções caras aos filósofos do triângulo subversivo, mas não é indiferente que se trate, nessa história, de cheiro, de nariz e do registro habitualmente associado a essa parte do corpo: não suportar o cheiro, não poder nem com o cheiro, estar pelo nariz e outras expressões comuns...

Pois a desconsideração ou o esquecimento do nariz na história da filosofia merecem um estudo por si sós! Seria inútil procurar reflexões, mesmo que modestas, ou análises dignas desse nome concernentes aos cheiros, aos perfumes, aos aromas nas obras de filosofia dedicadas ao julgamento do paladar, à estética, à análise dos sentimentos, emoções ou percepções artísticas. Tudo para o olho! E uma complacência igualmente para com a orelha, pois esses dois órgãos colocam o mundo a distância, ao contrário do paladar, do tato e do olfato, que supõem a carne e o corpo em sua totalidade.

A imagem e o som dispõem de um status intelectual negado aos sabores, odores e percepções táteis: a boca, o nariz e a pele, não apenas a polpa dos dedos, já tão restritiva, supõem as mucosas e as secreções. Mas, sobretudo, esses três sentidos atestam a animalidade que subsiste no homem: tocar, fungar, farejar, mastigar, engolir, deglutir são operações que invocam a digestão e a defecação, a submissão às necessidades naturais. O nariz é o órgão dos animais que caçam, matam e comem.

Ele lembra igualmente a postura quadrúpede, com o focinho colado ao chão, as narinas abertas e a aspiração ofegante de um mamífero que busca o rastro de outro animal para se proteger dele, defender-se ou partir para o ataque. Nas veredas cobertas de capim, em que o olho funciona mal, o cheiro não engana: vestígios de urina, de excrementos, de glândulas que marcam territórios, são signos e sinais para encontrar e tomar lugar em um mundo em que reina a violência e onde a morte está permanentemente à espreita, em virtude das lógicas de predadores na ordem natural. Mais tarde, quando se levanta, deixa de andar de quatro e se torna bípede, o ancestral do homem libera as mãos, desenvolve o cérebro, constrói um córtex a ser acrescentado ao cérebro reptiliano; não sente os cheiros tão bem e o olfato perde a acuidade. Em compensação, sua visão se desenvolve: ele enxerga melhor. O olho elaborado substitui o nariz primitivo; o odor desaparece em proveito da imagem, idem para o tato que suplanta a audição.

De modo que os cinco sentidos são objeto de uma hierarquia entre os filósofos oficiais: atribui-se aos sentidos nobres um status oposto ao dos sentidos ignóbeis. Tudo bem quanto aos primeiros, aos quais se associam sem constrangimento práticas elaboradas e técnicas sutis que geram a arte das imagens e dos sons, a pintura e a música, todas elas atividades incontestavelmente ligadas à estética – cuja etimologia lembra a capacidade de... sentir*. Em contrapartida, seria inútil procurar, nas obras de filosofia, um elogio ao olfato, ao paladar ou ao tato, mais ainda uma celebração de atividades artísticas associadas:

---

* Em francês, *sentir* significa também "cheirar". (N. da T.)

ninguém reconhece a enologia, a ciência dos perfumes, a gastronomia como disciplinas ligadas integralmente às belas-artes.

Deambulando perfumado na ágora, Aristipo remete a todas essas considerações: reivindica sua animalidade e não esquece que provém da natureza; convida todos a fazer o mesmo e a lembrar sua genealogia imperfeita; ataca de maneira irônica os platônicos amantes de idéias puras e os remete aos perfumes, realidades impuras entre as impurezas; reivindica o artifício habitualmente associado ao feminino, na época, portanto, à passividade, pecado capital entre os gregos; sublinha que todas as ocasiões de se rejubilar são boas, inclusive aquelas que o social fustiga; enfim, habilita os sentidos, todos os sentidos, como meios de alcançar tanto o conhecimento quanto as verdades factuais, subjetivas e relativas – mais uma pedra no jardim de Platão...

4

Lúdico, agônico e cômico. Enquanto recusarmos à anedota força teórica e carga intelectual iguais às do diálogo, do tratado e da demonstração, enquanto contestarmos o poder de ensinar do jogo de palavras, das tiradas espirituosas, da provocação, dos gestos, estaremos condenados a não compreender o pensamento dos cínicos ou dos cirenaicos. Pois estes, no entanto numerosos, provêm da filosofia présocrática tanto quanto os sofistas ou o materialismo abderitano: contemporâneos de Sócrates, formando uma escola, uma sensibilidade coerente, poderiam figurar ao lado dos filósofos declarados adequados pelos doutores e guardiães do templo. Em vez disso, pequenos socráticos, eles rastejam no submundo da história das idéias onde é preciso procurá-los para trazê-los novamente à luz.

O conjunto das anedotas referentes a Aristipo de Cirene significa a mesma coisa: constituem uma espantosa máquina de guerra antiplatônica. Dentro de um espírito lúdico e cômico, portanto, recorrem a um método agônico para alcançar fins filosóficos. A historieta propõe uma edificação pessoal. Além disso, por marcar as consciências e as memórias, está ligada aos saberes mnemotécnicos que na época eram perfeitamente dominados. A ausência de livros, pelo menos sua extrema raridade, o número reduzido de pessoas capazes de os ler obrigam a exercícios que permitem memorizar quantidades consideráveis de informações. Na época, segundo essas técnicas perdidas, alguns sabiam de cor todos os versos de Homero. Coloco a hipótese de que essas anedotas que já não sabemos ler tinham as mesmas funções que outros exercícios mnemotécnicos contemporâneos.

Platão optou pelo diálogo, mais facilmente decodificável pelos contemporâneos; Aristipo escolheu a teatralização de suas teorias, embora também tenha escrito. Pois às vezes lemos que este ou aquele não escreveu nada, mas a verdade é que nada se encontrou do que ele havia publicado. A luta que opõe Platão a seus adversários diretos – o materialismo e o hedonismo, Demócrito e Aristipo, o átomo e o prazer – autoriza uma leitura diferente da obra desses dois filósofos: e se Platão, reativo, tiver escrito e pensado apenas para refutar esses dois pensamentos jamais citados mas que aparentemente sempre o preocupam?

Pois nunca Aristipo de Cirene é citado na obra completa do filósofo, digamo-lo socrático, por uma vez, salvo uma exceção: e por uma perfídia... Platão conta o fim de Sócrates, descreve seus últimos momentos, sublinha a ausência do filósofo de Cirene a seu lado, sua residência em Égina, não longe, e dá a entender, então, que ele poderia estar presente... A perfídia da denúncia volta-se contra Platão, pois dá a prova irrefutável de que ele conhecia Aristipo, por certo seu nome, mas também, obrigatoriamente, suas teses, seu ensinamento, suas idéias. Calar um filósofo que se combate equivale a queimá-lo, como Platão desejava agir com as obras de Demócrito. O platonismo coloca-se, portanto, como um anti-hedonismo caracterizado.

As anedotas, todas as anedotas, serão lidas, assim, menos no sentido fútil ou leviano do que na perspectiva de histórias a serem decodificadas no combate contra o platonismo – idem para Diógenes, ao qual voltarei. No teatro cirenaico, encontra-se então Aristipo às voltas com uma perdiz, um asno, depois uma mula, prostitutas, algumas agradáveis, outras muito desgastadas, legumes a serem descascados, no caso uma salada, uma cuspida, uma seqüência do bestiário com um golfinho, um cavalo a ser domado, mas também uma tempestade, uma mesa bem guarnecida, cortesãos e cortesãs, mas também, lembremos, perfume, danças e um vestido... São ocasiões para os doutos e os sérios esnobarem o personagem!

Daí a necessidade de praticar uma hermenêutica erudita e de partir em busca das significações perdidas. Assim descobriremos, por trás desses sainetes filosóficos, morais, verdades, ensinamentos, exortações, proposições sérias: a excelência da indiferença com respeito ao dinheiro e às riquezas; a condenação das honras e da consideração pelos outros; a recusa de todos os poderes, exceto o que obtemos sobre nós mesmos; a natureza soteriológica da filosofia; o papel fundamental da educação na estruturação de um temperamento filosófico; a necessidade imperiosa de domar as energias animais no homem; o valor desigual das existências; o ridículo de valores artificiais – como o orgulho esportivo; a crítica da intemperança alcoólica; a recusa de todas as formas de apego, sejam elas quais forem; a desconsideração da paternidade, etc.

Uma vez interpretadas, todas essas histórias mostram que há uma grande distância entre a idéia de falta comumente associada a Aristipo e sua realidade. Pois a má reputação do hedonista (tanto no passado como no presente) faz dele um personagem difícil, colecionador de mulheres, glutão, bebedor, amoral, imoral, destemperado, que desfruta sem consciência à maneira de um animal desprovido de todo senso moral e de toda consideração pelos outros. Essa caricatura agrada aos que pretendem desse modo poder dispensar-se de uma análise, de uma crítica e de um real trabalho sobre um corpus ao qual recusam o próprio direito de o ser. No palco socrático representa-se uma peça tão séria quanto nos tratados, dissertações, exposições e outras fórmulas reconhecidas pela profissão...

5

Proxeneta da sabedoria? O dinheiro, eis o primeiro casus belli! Pois à maneira dos sofistas, seus contemporâneos, Aristipo cobrava dinheiro por suas aulas... Isso nenhum platônico poderia suportar, uma vez que Sócrates, sua figura emblemática, seu representante de vendas a despeito dele, não exigia emolumentos para conceder sua sabedoria. Pior: recusava o dinheiro que lhe davam – assim devolveu o que Aristipo certo dia mandou lhe entregar... Não teremos a crueldade de indagar como Sócrates conseguia pôr acelgas e rábanos no prato de Xantipa, sua célebre megera, e de Lamproclo, Sofronisco e Menexeno, seus três filhos... Mas mendigar, obter dinheiro sem dar nada além de sua compaixão, valerá mais do que pegar dinheiro em troca de um trabalho? Decerto...

Aristipo não detesta nem gosta de dinheiro. Ao contrário dos profissionais da detestação que não conseguem confessar do que gostam secretamente, o Cirenaico considera o dinheiro um meio, no caso de não complicar sua existência, de não a tornar mais difícil do que já é, e não um fim que permita fruir sua busca e sua acumulação. Como homem livre, ele não é alienado nem pelo fato de o ter nem pelo de não o ter. Considera igualmente a riqueza e a pobreza, dois estados que coagem, entravam a liberdade e impossibilitam uma verdadeira autonomia. Ser obrigado a pedir equivale a preocupar-se com seus bens: a existência é curta demais para perder tempo com essas atividades das quais é possível prescindir.

Anedotas mostram Aristipo no convés de um navio quando se anuncia uma tempestade, jogando seu dinheiro pela balaustrada, em detrimento dos espectadores dessa cena incongruente! Será o gesto de um homem cúpido? Outros o surpreendem no momento em que recebe a retribuição de suas aulas e o questionam: ele confessa ensinar assim a seus discípulos que mais vale utilizar o dinheiro para fins terapêuticos – a filosofia praticada como arte de tornar sua vida feliz – que para desígnios mais vis. Como companheiro de Antífon o sofista, precursor da psicanálise, ele inventa o preço do tratamento – diante do que ninguém resiste hoje em dia, contanto que a transação se efetue perto de um divã...

Como homem livre, ele busca o justo meio – como quase todos os filósofos da Antiguidade. A afetação de miséria equivale, para ele, exatamente à ostentação das riquezas. Nem o mendigo nem o rico constituem os modelos de Aristipo. Nas roupas esfarrapadas não vê mais virtude do que nos trajes de brocado e seda. Se de fato o dinheiro não vale nada, ou pelo menos não grande coisa, como ele acredita, que pelo menos sirva para aquilo a que o destinamos: dispensar de contrariedades – lição hedonista sobre a evitação dos desprazeres...

6

Recusar todas as amarras. O legado ético de Aristipo se mostra em sua relação com o dinheiro: recusa tudo o que amarra, obriga ou entrava. O amor pelo dinheiro, assim como a simulação de pobreza, ocupa o espírito com tarefas inúteis. Esses falsos desígnios consomem uma energia útil para realizar outros trabalhos. Aristipo descarta tudo o que não conduz a esse projeto: como ético integrista, não se enreda em atividades inúteis para alcançar o soberano bem, o prazer. Assim faz com alegria seu luto das matemáticas, da física, da astronomia e de todas as atividades científicas em que se perde um tempo enorme. Niilista em termos de epistemologia, concentra todos os esforços na moral. Ela, é só ela.

Para Aristipo, portanto, não há necessidade de ser geômetra e pode-se entrar em seu edifício sem dispor de documentos científicos em boa e devida forma; tampouco se cultuam as cifras, os números tal como aparecem no *Timeu*, como conceitos operatórios fundamentais da cosmogonia platônica. Nenhuma reminiscência pitagórica, nem uma pitada de empréstimo dos materialistas de Abdera, nos quais a física atomista desemboca em uma moral quietista – lição guardada por Epicuro –: não, o pensamento do Cirenaico visa exclusivamente uma ética do júbilo que se alcança criando liberdade para si.

Sua posição com relação ao dinheiro nos mostra seu método: manter-se a boa distância, longe dos excessos, recusar os extremos e encontrar a felicidade numa prática comedida dos prazeres. Com as mulheres, ele age do mesmo modo: nem em excesso, nem excessivamente pouco. Seria errado privar-se delas; igualmente, seria enganoso dedicar a elas o essencial do tempo. Nem monge beneditino nem libertino depravado, mas filósofo radioso e solar: equivale a dizer homem livre, capaz de desfrutar de um momento feliz quando não é à custa de um desprazer futuro.

Lições de algumas anedotas: Aristipo sai de um bordel e, ao ser admoestado por ter entrado ali, retruca que o problema não é colocar os pés naquele lugar mas não saber sair dele; a quem o repreende por recorrer a cortesãs que já serviram muito, ele responde que, aos barcos que fizeram muitas travessias, pedimos uma só coisa: que nos levem a bom porto; a alguém que observa que ele vive com uma prostituta sendo sua coisa, ele replica que possui Laís mas não é possuído por ela; finalmente, certo dia ele leva três prostitutas a seu quarto e depois as deixa na porta, julgando a renúncia tão significativa quanto a passagem ao ato. Em todos os casos, Aristipo ensina a desconfiança com respeito à carne não por ela mesma mas porque se perde a liberdade com essas coisas carnais. A eumetria, mais uma vez...

Com respeito ao dinheiro, às mulheres, mas também ao poder, Aristipo pretende encontrar a distância certa. A Sócrates, que, a crermos em Xenofonte, discute com ele sobre a necessidade de ser um bom cidadão, o filósofo libertário expressa sua recusa: nem bom esposo, nem bom pai – considerava sua prole o cuspe que sai dele e sem maior importância que isso –, acrescenta a seu retrato que não pode ser bom cidadão. Na Atenas dita democrática, não se brinca com essas coisas. O virtuoso Sócrates, defensor dos deveres do cidadão em face de Aristipo que os rejeita, paga com a vida por ter filosofado contra a cidade...

Aristipo se desvencilha dos assuntos coletivos, nos quais julga que se perdem tempo, energia, bens preciosos mais bem utilizados para se aprimorar, para se construir autônomo e independente das palavras de ordem coletivas. Diante da alternativa proposta por Sócrates – seguir ou guiar, comandar ou obedecer, ser senhor ou escravo –, Aristipo responde: nem um nem outro. Parece-lhe tão odioso seguir quanto guiar, só lhe importa caminhar solitário na via que conduz à felicidade. Mais uma pedra no jardim platônico em que o filósofo é arrastado a se tornar rei – até mesmo o contrário...

7

Feliz quem como Ulisses... O essencial consiste em fruir o instante, em pedir ao presente o que ele pode dar, e nada mais. Saber viver, de certo modo. Também ser capaz de aproveitar o instante propício, o famoso *kairós*, aquela ponta de tempo, aquela densidade na duração, aquele momento sem igual e sem esperança de retorno durante o qual se trata de apanhar o que deve ser apanhado e de captar o que o deve ser, pois antes será cedo demais, depois, tarde demais. O hedonismo celebra o instante e é indiferente ao passado ou ao futuro: ir buscar em outra parte que não essa dimensão pontual do tempo as ocasiões de se alegrar, eis um erro.

Do mesmo modo, é um equívoco buscar ocasiões de prazer em outro lugar que não onde elas se encontram: contentar-se com as que chegam é suficiente. Alienamos nossa independência de espírito e nossa liberdade de agir ao partir à caça do que corremos o risco de não encontrar. Voltar de mãos vazias gera demasiadas ocasiões de frustração aos olhos da lógica hedonista, pois o tempo perdido não se recupera nunca. Aristipo lamenta que a maioria não saiba encontrar o júbilo onde ele se encontra: na adesão ao instante, na expansão de si limitada ao presente do qual é preciso tirar proveito como de uma oportunidade que não volta a se apresentar. O pecado pagão consiste em perder o presente.

De modo que Ulisses funciona como um modelo. Por que razões? Não se sabe. Talvez porque Platão o considere um contramodelo, um modelo por oposição, apresentando-o em *Hípias* como um mentiroso – por causa dos mitos e das fábulas homéricas? Mas principalmente porque o herói da *Odisséia* se preocupa com o presente, vive no instante e age no dia-a-dia sem perder de vista seu objetivo: a volta para Ítaca. Também porque sai vitorioso de todas as aventuras que podem ser lidas como metáforas da negatividade que atua no simples fato de ser. Ulisses é fiel às promessas que faz a si mesmo, manifesta virtudes sublimes: resistência, obstinação, coragem, capacidade de solidão, autocontrole, todas elas qualidades socráticas...

Ulisses tampouco se deixa amarrar pelo amor, pelo desejo, pelo sexo ou pelas mulheres: recusa os avanços de Calipso que lhe promete a eternidade desde que ele aceite viver com ela na ilha de Ogígia, depois constrói uma jangada em alguns dias e lança-se ao mar para realizar seu projeto – chegar ao lugar em que Penélope o espera. Nada nem ninguém obsta a seu desejo, nenhuma peripécia detém seu movimento. Ele age conforme seu bel-prazer, como ator de seu destino, como vontade determinada que os deuses e suas cóleras não impressionam.

8

O bom prazer de Aristipo. O que pensar desse bom prazer de Aristipo? Difícil dar uma resposta unívoca sobre a definição teórica do prazer. Os textos mudam com o tempo: o que Diógenes Laércio afirma três séculos depois de Cristo difere, às vezes, dos fragmentos coletados na doxografia estóica – essencialmente Cícero – ou na patrologia grega ou latina: Lactâncio, Gregório de Nazianzo, mesmo Agostinho praticam deliberadamente a caricatura: recusam totalmente Aristipo, acusado de ser um mestre de gozo para demasiados seres humanos no planeta, depois de ter justificado e legitimado o estupro, a luxúria, o vício bestial e grosseiro. Faltam as sutilezas. Os documentos freqüentemente levantam polêmica e, como faltam os contextos, os poucos fragmentos subsistentes sobre essa questão convidam à maior prudência. Resta uma certeza: o hedonismo do Cirenaico e sua invenção de um prazer digno desse nome, positivo, cinético, dinâmico e solar.

Assim, não se sabe como é a fluidez concernente ao corpo aristipiano: será feita apenas de matéria? animada por um princípio espiritual: uma alma imaterial, ou material? corruptível ou incorruptível? O desinteresse confesso do filósofo pelas questões científicas impede em sua obra uma fisiologia, uma patologia, uma anatomia, uma medicina que permitam abordar melhor a questão. Quando certos textos falam da igualdade de todos os prazeres, de ausência de diferenças entre os do corpo e os do espírito, quando outro afirma a superioridade dos júbilos corporais sobre todos os outros, o que se pode acreditar? o que pensar?

Nada que se apóie em um documento permite afirmá-lo, mas é possível avançar a hipótese de que, em Aristipo, o corpo é a alma e vice-versa; que a dicotomia platônica parece até não ter existência, pelo menos desprovida de implicações semelhantes às nossas, nós que vivemos hoje formados pelo imaginário dualista cristão. De modo que os prazeres da alma e os do corpo distinguidos artificialmente nomeiam júbilos semelhantes, uma vez que sentidos, vividos e percebidos pela mesma identidade corporal, a mesma subjetividade carnal. Pois lembremos que Aristipo sempre considera os cinco sentidos as modalidades do conhecimento e as vias de acesso à certeza – por sua vez conjectural e relativa ao sujeito que percebe e reproduz sua percepção.

Esse prazer corporal fornece a medida do ideal hedonista: designa aquilo a que se deve tender; do mesmo modo que o desprazer mostra o que é preciso evitar a qualquer preço. Trata-se de reativar esses movimentos naturais perdidos pela criança após uma educação malfeita. A negatividade coincide com a dor, o sofrimento, o penar, o mal. É bom tudo o que conduz o filósofo na direção do júbilo, desde que este não custe o preço de uma alienação. Nenhum prazer cirenaico deve ser obtido à custa de um desprazer presente ou futuro, que surge quando a liberdade do indivíduo se vê abalada. O gozo de Aristipo coincide com o de um libertário que não coloca nada acima da liberdade, inclusive, e sobretudo, o prazer...

9

Gozo com consciência. Contrariando a crítica clássica oposta em todos os tempos ao hedonismo, o gozo não ocorre contra a consciência ou a despeito dela: pois o primeiro necessita da segunda para existir verdadeiramente. O gozo dos animais – ler ou reler Lactâncio! – nunca interessou a Aristipo. Como seria aliás um prazer ao qual a consciência, a razão, a cultura e a reflexão não dessem nenhuma forma? O que seria um gozo não esculpido pela inteligência? Uma descarga nervosa percorrendo os músculos de uma rã descerebrada, um espasmo perdido no cosmo, um inútil dispêndio diluído no azul...

O prazer ao qual Aristipo aspira é pois desejado, almejado, escolhido, dominado, fabricado por seus próprios cuidados. Não excede aquele que o faz ocorrer e não o leva mais longe que ele, deixa-o aquém de seu ser, sempre habitando sua própria morada. O verdadeiro júbilo consiste em não ser nem consumido nem queimado pelos prazeres, mas aquecido por eles. A devassidão corporal e a orgia em que se diluem a consciência, a razão, e em que o corpo se perde não interessam a Aristipo mais do que a Platão. O hedonista não se priva do instrumento que lhe permite a construção de seu prazer: a consciência, clara e lúcida, vigilante e assentada, sempre ativa, perfeita e eficaz.

Daí uma definição dinâmica do prazer: não o sentimos na pura e simples ausência de perturbações, como ensina Epicuro dois séculos mais tarde. Ele não é negativo, mas positivo, ativo. Aristipo qualifica esse momento específico em que ignoramos o problema como estado intermediário: nem prazer nem desprazer, um entre-dois que nada basta para denominar prazer. Não ser infeliz não equivale a ser feliz; não sofrer não é usufruir; a ausência de negatividade não constitui uma positividade. A destruição dos desejos não constitui uma maneira de criar prazer – senão Platão e os cristãos estariam ligados ao hedonismo! Em contrapartida, tornar-se disponível para o presente e solicitar-lhe oportunidades ativas para conhecer os sinais característicos do prazer – *a volúpia que instiga agradavelmente os sentidos*, para falar como Cícero –, eis uma definição do hedonismo. Pura presença disponível no mundo, capacidade de acolher volúpias e alegrias, adesão ao real, são maneiras de se curar dos sofrimentos psíquicos, tarefas a que Aristipo designa a filosofia.

Na desordem de fragmentos cirenaicos, alguns permitem distinguir a felicidade do prazer: o segundo é pontual, local e isolado; particular, é escolhido por ele mesmo; corporal, abre-se e exibe-se no instante; supõe a prática exercida do *kairós*; sua dimensão é subjetiva, pessoal, ativa e instantânea; sua produção é sensual, no primeiro sentido do termo; nômade, arbitrário e sutil, invoca e necessita a parte fina da razão; comedido, libertário, eumétrico, enfim, supõe uma densidade, um tipo de arco elétrico, uma iluminação da carne.

Em contrapartida, a felicidade consiste na soma dos prazeres passados e futuros. Se a dimensão temporal do gozo coincide com o instante, a da felicidade refere-se aos três constituintes do tempo em seu conjunto: passado, presente e futuro. A lembrança de um prazer, a expectativa e o desejo de um prazer são maneiras de gerar uma alegria que estrutura e constitui a felicidade. A seu modo, Aristipo define o hedonismo como o método e o vetor, seu meio, sua potência, a ocasião do transporte das forças. Inventando o prazer, ele formula uma idéia definitiva e insuperável.

10

Os cirenaicos existem? A tradição que preside à escrita da história da filosofia ocidental engloba sob o epíteto *Cirenaicos* uma série de nomes, obras, fragmentos, reputações, anedotas e teses extremamente contraditórias. Tanto que é de perguntar – é minha hipótese – se o termo não serve mais certamente para reunir artificialmente indivíduos que têm como único ponto em comum o fato de terem nascido em

Cirene – hoje região líbia – do que para qualificar filósofos cujo corpus reúne visões de mundo semelhantes, próximas, que diferem apenas por algumas evoluções ou transformações.

Já nos arrepiamos diante da idéia de que Aristipo de Cirene pai, que engendrou Aristipo o Metrodidata em segunda geração – e Aretê (Virtude!), sua filha – possa não ser o filósofo que se diz! Alguns historiadores da filosofia concluem, de fato, que a ausência de Aristipo de Cirene na obra de Platão prova a inexistência das teses cirenaicas no momento em que ele escreve seu *Filebo*, diálogo contudo dedicado exclusivamente à questão do prazer! Vimos o quanto esse esquecimento procedia mais certamente de uma perfídia ideológica voluntária do que da inexistência de um corpus digno desse nome na época.

Em contrapartida, os fragmentos comprovam, o que subsiste sob a rubrica dos filósofos cirenaicos parece uma casa da sogra: Aristóteles, não o Estagirita mas o nativo de Cirene, Antípatro, Aristoxenes, Dionísio o Trânsfuga, Hegesias, Anicéris, Teodoro o Ateu, todos provêm das planuras verdejantes e irrigadas da Cirenaica, com certeza, mas o que têm em comum? O que ensinam que constitua uma escola estruturada, coerente e digna desse nome? Infelizmente nada. Pior: Hegesias, por exemplo, é tido como um pessimista nato, um desesperado de primeira ordem com retórica eficaz e pérfida, a tal ponto que a ele se deve uma epidemia de suicídios que levará Ptolomeu a proibir suas aulas. É difícil entender como Hegesias e os seus podem ser considerados cirenaicos a não ser por uma razão geográfica, a única aceitável!

É de concluir que, assim como Aristipo não se regozijava por ter engendrado filhos – entendia-se mal com os seus e, como vimos, pouco os estimava... –, não gostaria de constituir escola com discípulos fiéis e zelosos. Pois o hedonismo dificilmente suporta a cristalização de sua dinâmica em um ensino congelado, imóvel, morto. A vitalidade da sensibilidade que reivindicava a subjetividade e o relativismo obriga a reconhecer a posteridade nas infidelidades, nas transformações, nos reajustes, nas reformulações, nos usos livres de seu patronímico e de suas anedotas. Aristipo faz escola perdurando, citado em sinal de cumplicidade e de benevolência nos livros de alguns filósofos como um ponto de ligação, uma oportunidade de conivência. Sua influência real ainda está por ser escrita...

QUARTO TEMPO

Prazer do desejo resolvido:
a constelação cínica

VII
DIÓGENES
e "desfrutar o prazer dos filósofos"

1

Os latidos do conceito. Cirenaicos e cínicos compartilham inúmeras posições ideológicas e filosóficas. Com base no antiplatonismo e numa forma teatral, subversiva e lúdica, são alvo indistintamente das mesmas anedotas que provam seu íntimo parentesco. A distinção entre as duas escolas muitas vezes parece arbitrária, emblemática, mais suscetível de facilitar a entrada de um pensamento vivo em um compartimento do que de dar conta corretamente de seu sabor e seus arabescos. A doxografia mostra-os conhecendo-se, falando-se, compartilhando as mesmas mesas, freqüentando as mesmas aulas ou os mesmos personagens, quando não os mesmos anônimos: um afeminado, um corcunda, um vendedor de peixes, um carregador, um careca ou piratas, e todo o mundozinho de Atenas.

O inimigo comum continua sendo Platão, o Diretor de veleidades piromaníacas. E muitas histórias subsistentes a respeito deste ou daquele se esclarecem à luz do contexto antiplatônico. De certa maneira, a luta se trava contra o idealismo de Platão em nome de seu pretenso mestre, Sócrates, o homem livre, o mágico do verbo, o falante fabuloso, o fauno irônico que percorre as ruas da cidade como interrogante jocoso e não se preocupa em visitar as profundezas de cavernas hipotéticas. Antístenes, Diógenes e Aristipo têm em comum a execração teórica e física de Platão. Quando o encontram, eles o criticam, ridicularizam, fustigam, agridem – a que este último responde no mesmo tom, quando não é a ele que se deve a declaração das hostilidades... Diógenes pergunta – e me regozija que tais palavras tenham sido ditas – *para que pode servir um filósofo que passou toda a vida nessa atividade sem nunca inquietar ninguém...*

Os protagonistas do triângulo subversivo compartilham pois um antiplatonismo desconstruído por um gesto que inclui humor, ironia, caçoadas, jogos de palavras e outras facécias verbais construídas com base nas homofonias. Primeiro Antístenes, pai fundador da escola cínica – chamado de "o Cão Verdadeiro" –, afirmava como puro nominalista que via mesmo cavalos, por certo, mas não cavalidade platônica. A idéia de cavalo não existe pois só existe sua realidade. Mais tarde, e com base no mesmo princípio, alguns afirmarão que o conceito de cão não late. Pois em um mundo de idéias puras falta a vida ao passo que triunfam fantasmas, fantasias e ficções...

Mais tarde, o discípulo de Diógenes – chamado de "o Cão Régio" – efetua variações semelhantes sobre o mesmo tema. Daí a anedota do filósofo da lanterna que fez muito a favor – e contra! – a reputação do cínico! Cabeludo, barbudo, descalço, alforje de lado e bengala na mão, o casaco duplo envolvendo o corpo ligeiramente malcheiroso, não longe do tonel – ou melhor, uma ânfora, pois o tonel é uma invenção gaulesa –, onde passa as noites, Diógenes caminha pelas ruas de Atenas, à luz do dia, uma lanterna na mão, rodando a bengala, apontando o objeto na direção dos passantes e dizendo que procura um homem...

Sabe-se que Diógenes é capaz de arrastar um arenque na ponta de uma linha para merecer o status de discípulo de Antístenes, de elevar um queijo à dignidade de objeto filosófico, de dar lições de desprendimento com ajuda de uma escudela que tira da bolsa e lança no fosso da história, de invocar cornos e o silogismo para zombar das práticas logicistas do Grande Inimigo, de calçar luvas de boxe ou de sair de marcha a ré da palestra para provar a excelência de uma posição filosófica, mas tanto para os cínicos como para seus irmãos cirenaicos freqüentemente faltam os contextos e ficamos apenas com o rebotalho da anedota. Ora, tudo isso faz sentido, a história da lanterna mais do que qualquer outra.

De fato, Diógenes não procura tanto um homem em especial, tal como poderia encontrar ou reconhecer na multidão, mas busca ironicamente o homem de Platão, a humanidade quintessenciada – pois, é claro, não se encontra idéia mais do que forma inteligível, dar de frente com um conceito é uma possibilidade tão pequena quanto a de encontrar um hipogrifo ou um centauro! Tampouco existe um Homem digno desse nome por suas qualidades desenvolvidas, trabalhadas e sublimadas... O ideal não existe, nunca o encontramos – daí a busca infrutífera com a lanterna. Em contrapartida, esta ilumina tantos indivíduos particulares e singularidades quanto possível: o marceneiro, o retor, o músico, o esportista, o coletor ou o sicofanta.

O próprio Platão é vítima de outra facécia cínica numa ocasião em que perora em público e define o homem, mais uma vez o homem, como um bípede sem penas. Sem se perturbar nem sair do sério, Diógenes balança perto dele uma galinha depenada e a apresenta como seu *homem* – obrigando o filósofo das idéias puras a precisar seu conceito, acrescentando: de unhas chatas... Em todo caso, o ambiente filosófico não deixava de ser curioso na ágora de Atenas! Fustigavam-se então as idéias puras, o idealismo e o intelectualismo platônico com melhores argumentos do que discursos intermináveis.

2

Elogio do peixe masturbador. É difícil imaginar Platão se masturbando em praça pública! Ele, que louvava os méritos de todos os recatos possíveis e imagináveis, não teria deixado, numa cidade governada segundo os bons princípios, de pôr Diógenes na cadeia, até mesmo de lhe oferecer uma cratera cheia de cicuta. Pois o filósofo cínico, como se sabe pela anedota que atravessou os séculos, agia assim em público e usava seu bacamarte como um objeto filosófico. Mas, podemos estar tranqüilos, era por uma boa causa: a edificação dos cidadãos!

A lição poderia ser dada com menos teatro, ênfase ou deboche irônico, mas as conclusões continuariam sendo as mesmas: tratava-se de fazer o elogio da *phýsis* contra o *nómos*, de oferecer o caminho a seguir para praticar como bom filósofo capaz de compreender a necessária indexação de seu comportamento pela natureza, de recusar a cultura, de tomar os animais como modelo e descartar as objurgações da lei, da moral, do bem e do mal, do vício e da virtude promulgadas pela ordem social e retomadas em coro pela maioria. Certa vez, um peixe fez a demonstração disso.

No porto de Atenas, de Sinope ou de Corinto, Diógenes de fato avistou – um gode? um bacalhau? um barbudo? uma raia? uma tainha? – um peixe que, atormentado pelo desejo, esfregava-se numa pedra; logo sentiu-se melhor e foi capaz de retomar o curso normal de suas atividades filosóficas. (A título de informação, peixe não se masturba, mas a fêmea desova o alevino que é coberto pelo sêmen de um macho, dando lugar à fecundação, mas não estamos falando de Aristóteles, não se trata de ictiologia mas de metáfora...)

Daí, algum tempo depois, o onanismo que conhecemos. De fato, Diógenes deplora que não se possa satisfazer o desejo sexual com a mesma inocência e a mesma simplicidade que o animal marinho. Ou que os homens, seus congêneres, que aplacam a fome ou a sede colhendo olivas da árvore ou refrescando-se na fonte, quando têm vontade. Lição de sabedoria: mais uma vez, seguir a natureza, recusar a cultura, não se preocupar com as conveniências, não ligar para o olhar e o julgamento dos outros, primeira condição para alcançar uma verdadeira sabedoria. Como bons discípulos, Crates e Hiparquia obedecem e, à guisa de exercícios práticos, copulam em praça pública e contribuem para a gesta cínica, já repleta de acontecimentos...

O que diz a anedota, essencialmente? Que não se pode encontrar a felicidade seguindo o caminho traçado pelo *nómos*, que é preciso, em contrapartida, seguir as exortações naturais e depois assumir a solidão do trabalho filosófico, que condena ao olhar desaprovador da maioria, incapaz de compreender por que, como determinado gesto surge no curso habitual de um mundo em que todos, como escravos, se contentam em obedecer às injunções da sociedade. Como cidadão do mundo, porém mais ainda como habitante do universo, do cosmo, Diógenes revela um de seus segredos hedonistas: a felicidade é questão de solidão e seu preço é a falta de compreensão dos espectadores não engajados nesse trajeto difícil.

3

Um materialismo canibal. Reivindicando nitidamente o caminho árduo, o trajeto reto e rápido para chegar à virtude, o cinismo instala-se do lado da austeridade e das filosofias que usam a ascese como método para chegar à verdade. Ascese não é ascetismo: ela supõe esforço, tensão, trabalho, vontade, exercícios temíveis para chegar ao autodomínio. E as almas virtuosas, apressando-se em confundir o hedonismo e identificá-lo com o caminho fácil, o abandono, a descontração, o desleixo, concluem que a ascese e o hedonismo se excluem, um impossibilitando o outro. Imenso erro, pois o hedonismo supõe a ascese, força a ela. O cinismo mostra esse caminho e dispensa todos os que pensam obter o prazer pelo abandono a seus desejos, quando se trata primeiro e sobretudo do domínio, do controle, da condução. O hedonismo obriga à força e rejeita todas as fraquezas.

O corpus cínico permanece vago. Dispomos de uma quantidade ínfima de fragmentos que permitam conclusões a esse respeito. Apenas conjecturas, hipóteses, suposições. Um estranho texto de Diógenes Laércio – descartado *sem explicação* pela crítica universitária com um gesto de desprezo em uma nota rápida como que, na verdade, independente do corpus... – traz à cena um Diógenes que louva os méritos do consumo de carne humana! A anedota poderia passar: onanista e peidomaníaco, o filósofo facilmente acrescentaria o canibalismo a seus méritos, mas o problema é a justificação...

Pois Diógenes afirma nessas poucas linhas um materialismo malvisto na tradição filosófica: sustenta o princípio, muito pouco platônico mas coerente com o materialismo, de que tudo está em tudo e por toda parte. De modo que o pão, a carne e os legumes não se distinguem tão nitidamente quanto se poderia esperar a priori, pois no pão encontra-se carne, nos legumes, pão. Mais ainda e melhor: todos os corpos se interpenetram por intermédio das *partículas invisíveis* – a expressão está lá... – que enveredam por pistas e passagens abertas pelos poros. O conjunto se une sob forma de vapor. De que maneira melhor professar um materialismo dentro das regras?

Comer o próximo torna-se então um exercício filosófico: nada impossível, antes de tudo porque outros povos do planeta agem desse modo, mas também porque tudo se reencontra e, assim, a economia geral do mundo é preservada. A matéria do cadáver de meu próximo é reciclada, não se perde, é modificada, transformada e devolvida ao grande jogo das partículas em movimento. O canibalismo – ou a omofagia – torna-se um argumento em favor do atomismo;

o inverso, aliás, também é verdadeiro... Impossível ser mais antiplatônico!

Desse modo, Diógenes fala de um corpo, seu corpo, o corpo. Não há alma, não há carne separada, há uma única e mesma matéria, suporte do exercício filosófico e da prática ascética. O corpo é a alma, agir sobre um supõe solicitar o outro. Enrolar-se na areia no verão, na neve no inverno são práticas que visam enrijecer a carcaça, por certo, mas também a alma. Trabalhando os músculos, a pele, a respiração, agindo sobre a alimentação e fazendo-a de maneira frugal, empenhando-se rigorosamente em pautar-se pelas lições de persistência e de sobriedade dadas pelos animais – as rãs e os camundongos, caros a Diógenes... –, o filósofo acredita-se liberto, produz-se como demiurgo de si mesmo.

Nessa ordem de idéias, Diógenes vê-se paradoxalmente fazer o elogio de Medéia, habitualmente malvista e reduzida ao paradigma de mulher histérica, enceguecida pelo ciúme, vingativa, que, para lavar a afronta de um adultério banal, é capaz de matar sua rival e estrangular os próprios filhos para impedir sua herança. Longe da condenação moral habitual, Diógenes celebra a maga aparentada de Circe como mulher sensata que transfigura os corpos fracos, desgastados e cansados dos homens de que ela se ocupa em indivíduos fortes e vigorosos, por meio do exercício da palestra e da sauna. Enquanto muitos vêem em suas atividades apenas os caldeirões em que ela cozinha alguns homens para com isso rejuvenescer outros, Diógenes celebra o autodomínio por meio da solicitação do próprio corpo.

Corpo e alma reconciliados no esforço, por ele e para ele, o filósofo cínico exorta a um autocontrole radical: os desejos, os instintos, as pulsões, trata-se sempre de chegar ao autodomínio. Para isso, exorta também a uma purificação dos prazeres: alguns devem ser banidos, deve-se fugir deles como da peste, outros surgem exatamente no momento da operação que consiste em se defender das paixões más. Daí uma dietética não dos desejos, como mais tarde em Epicuro, mas dos próprios prazeres. Da negação de certos prazeres surge outro prazer, mais refinado, mais sutil, mais denso: só o filósofo é capaz de conhecê-lo.

4

Prazeres do ter, prazeres do ser. O confronto de alguns textos permite compreender melhor o funcionamento interno do pensamento cínico. Certamente, Antístenes assimila o prazer ao soberano mal, exorta a evitar todos os gozos, sejam quais forem, estigmatiza a volúpia identificada com a indolência. Mas, ao mesmo tempo, ele freqüenta prostitutas e se justifica dizendo que, quando sente necessidade de prazer sexual, resolve o problema pegando a primeira que encontra – para a maior felicidade das feias e das sem-graça, geralmente deixadas de lado... Considerar essas duas informações evita o contra-senso, o mal-entendido ou a incompreensão que surgem quando se faz a distinção entre bons e maus prazeres.

Os maus prazeres, os do homem comum, procedem do ter: casar-se, fazer filhos, fundar uma família, correr atrás de dinheiro, cobiçar honras, aspirar a riquezas, visar reputações, esperar fama, freqüentar poderosos ou celebridades, viajar, fazer política, que são vícios, perversões e objetivos que apodrecem a existência. A busca desses falsos valores leva com certeza ao desencanto, à desilusão, aos desgostos. Ficções, poeira nos olhos, gracejos, disparates e companhia...

Em contrapartida, os bons prazeres, os do filósofo, têm relação direta com o ser. Os mencionados filósofos, aliás, podem saborear os mesmos prazeres que os outros – assim, as mulheres da vida envelhecidas de Antístenes, mas também doces ou boas mesas às vezes associadas a Diógenes de Sinope –, porém de maneira diferente, com estado de espírito diferente daquele do homem comum. Aos que o reprovam por passar tempo nesses lugares, como inúmeros filósofos decididamente grandes consumidores de casas de prostituição, Diógenes replica que o sol entra nas latrinas sem por isso deixar de ser ele mesmo e, principalmente, sem se sujar...

O verdadeiro prazer consiste em fazer pouco do prazer – digamos em outras palavras: o prazer do filósofo implica o desprezo do prazer do indivíduo comum. O autêntico supõe alegria incessante, ausência de aflição, paz de alma, serenidade, espírito jovial e outras provas dinâmicas do júbilo em ação. As falsidades aumentam o penar, aprofundam o desejo e alimentam a necessidade com base no princípio do eterno retorno do pior. A quem lhe diz que *viver é um mal*, Diógenes responde: *não, viver não, mas viver mal*. Depois dá suas receitas para uma existência bem-sucedida.

Prazeres triviais contra prazeres sutis, a distinção nasce nessa época, permanece atual: o hedonismo remete à construção dos júbilos, exige a feitura delicada de edifícios elaborados para alcançar emoções lapidadas. Será preciso explicar que ele é o contrário da obediência aos mais baixos instintos dos animais e supõe o inverso da submissão às palavras de ordem gregárias do momento? – sendo que as nossas remetem ao consumismo que atravessa os séculos e se transforma conforme as necessidades. Só a filosofia permite fazer a triagem, distinguir os prazeres que alienam dos que libertam e comprovam a feliz garantia de um trabalho bem-sucedido consigo mesmo.

QUINTO TEMPO

Salvos pela polêmica:
três mosqueteiros hedonistas

VIII

FILEBO

e "a vida feliz"

1

Lutador e dramaturgo. Se é verdade o que Diógenes Laércio diz sobre Platão – e não há argumento que testemunhe o contrário... –, o filósofo participou de uma competição de luta nos Jogos Ístmicos e iniciou a vida escrevendo versos, por certo, mas também tragédias. Sustento que sua formação inicial de lutador e seu tropismo pelo teatro não o deixam durante seu tempo de magistério na Academia. E que, por conseguinte, freqüentemente ele escreve seus diálogos como homem de palco e pensa como lutador, apesar da opinião da tradição que lhe é conferida...

Seus diálogos, de fato, ajustam-se sem dificuldade à encenação. Os cenários reduzidos ao mínimo, a ação quase inexistente, os personagens transformados em porta-vozes de uma tese simples, até mesmo simplista, um endossando o papel do bom – quase sempre Sócrates –, os outros o dos maus, o bem triunfando sobre o mal, a inteligência sobre a imbecilidade: tudo depõe por um Platão autor moderno, dramaturgo de sucesso confortavelmente aplaudido nos palcos contemporâneos...

Mantendo no espírito a idéia de que Platão pensa como esportista fascinado pelo modo agônico e redige como polemista mau jogador animado pela preocupação de ganhar lutas tanto mais fáceis porque ele arranja adversários muito aquém de sua medida para vencê-los facilmente, compreendemos as precauções que devemos observar quando nos indagamos sobre os interlocutores de Sócrates, seu eterno testa-de-ferro, seu escravo conceitual para sempre. Filebo e Protarco, que lhe servem de saco de pancada com o qual ele se entusiasma desenfreadamente, têm muito pouca relação com filósofos hedonistas dignos desse nome...

Informados dessas precauções úteis, seria proveitoso lançarmos sobre Górgias, Protágoras e outros sofistas um olhar diferente; o mesmo vale para Alcibíades e, é claro, para Sócrates, confiscado por Platão em todas as circunstâncias. A distância entre a figura histórica real e aquilo que, de acordo com Deleuze, eu chamaria de *personagem conceitual* mostra uma profundeza insondável. A ausência de detalhes sobre este ou aquele leva a crer que o filósofo da Academia professa palavras de evangelho: tomemos antes o travestismo platônico por uma cortina de fumaça nociva colocada entre real e ficção. Com uma pessoa, ele cria um personagem; com ajuda de uma figura, constrói um comediante: no palco filosófico Platão fabrica tragédias com Sócrates e, muito freqüentemente, comédias, até mesmo farsas com outros atores...

O que dizer de Filebo, então, que dá nome ao diálogo do filósofo – lutador encarregado de encarnar o prazer? E de Protarco? A história das idéias não conserva o nome desses dois, ao contrário de outros interlocutores mais ou menos famosos encenados nos diálogos. Segundo a etimologia, Filebo designa o que gosta de jovens, e Protarco, o chefe, o que governa. A ironia de Platão manifesta-se claramente na escolha desses dois nomes de batismo, pois um dá nome ao diálogo, por certo, mas aparece uma vez para dizer que vai desaparecer imediatamente; quanto ao outro, vai desabando ao longo da conversa com Sócrates e mostra menos um temperamento de guia do que uma natureza insignificante...

Filebo parte para ir atrás dos meninos? Nesse caso, merece a qualidade de hedonista ao preferir a ação jubilosa à conversa sobre o prazer... Protarco trava uma luta digna desse nome? De modo nenhum. Por mais que Sócrates desenvolva seus argumentos, encadeie suas digressões, use de astúcia em suas análises, lance poeira aos olhos classificando, distinguindo, definindo, opondo, ele executa uma performance de ator, desempenhando o papel do retor, do dialético, do filósofo que conquista a adesão com uma facilidade desconcertante. Com um ausente e um indigente, o hedonismo corre pouco risco. A refutação anunciada mais parece um acerto de contas. O *Filebo* mostra um Sócrates que mira uma bala entre os dois olhos de Protarco antes de, grande senhor, abrir mão de apertar o gatilho...

2

O hedonista assassinado. Protarco desempenha do início ao fim o papel de tolo. Suas intervenções pesam uma dezena de linhas em um diálogo de cento e cinqüenta páginas. E suas intervenções brilham por um ridículo consumado: não compreende, pede para repetir, repete por sua vez, pergunta para ter certeza de que compreendeu, deixa perguntas sem resposta, responde ao mesmo tempo, ou tarde demais. Quando toma a palavra, aquiesce, consente, valida, diz estar de acordo: *claro, com certeza, evidentemente* – seu registro não vai além do assentimento beato. Se o hedonismo se configura em tais inutilidades, não há dúvida de que se aspire a seu contrário...

O espírito de Aristófanes parece mais manifesto que o de Platão... Como imbecil consumado, como presa ideal, ele endossa a tese hedonista já no início do diálogo e termina fazendo do prazer o maior dos impostores. Entre dois, ele balança, ao sabor das ondas, levado pelo verbo socrático – pelo menos platônico. O filósofo do ideal ascético assume o melhor papel para evitar a conversa, o diálogo e o debate. Ao escolher um personagem conceitual indigente, potencializa sua tese de indigência. Mas o procedimento mostra seus limites!

Sócrates move-se num cenário em que os outros desempenham um papel igual ao de uma mesa ou de uma cadeira. Curiosamente, ele se veste com as roupas dos inimigos de Platão: os sofistas. A psicologia não deu nome a esse complexo estranho e recorrente que consiste em o indivíduo censurar no outro o que se recusa a censurar em si mesmo. É pena, pois essa patologia satura o cotidiano dos delinqüentes relacionais – numerosos. Platão sofre desse sintoma espantoso atribuindo a seu porta-voz as características que censura em Górgias, Protágoras e os seus: paixão doentia pela forma, obsessão da retórica por si mesma, mania de astúcia dialética, evitação da questão e concentração em problemas adjacentes.

O confisco socrático da palavra faz-se em detrimento da questão: o prazer. Sócrates, de fato, passa um tempo enorme dissertando sobre digressões inúteis para o avanço de uma reflexão sobre a questão. Tantas páginas sobre o semelhante e o dessemelhante, o finito e o infinito, o limitado e o ilimitado, tantas digressões sobre os intervalos e as graduações entre essas ocorrências dualistas, tantas dissertações indigestas sobre a causa, classificações arbitrárias, séries, de primeiro, segundo e terceiro tipo, tantos detalhes sobre as espécies e os caracteres – que é de compreender o silêncio de Protarco assistindo a uma aula pontificante, em forma de demonstração de força verbal formal e de eficácia sofística.

Beato, tolo, bobo e silencioso, Protarco deve também compor com a defesa – virtual! – de uma tese redutora e caricatural. Ele encarna o imperativo categórico hedonista: o prazer identifica-se com o bem. De modo que ele depõe a favor da vida feliz. O prazer aparece como algo diferente da supressão ou do desaparecimento da dor. Segundo Filebo, o prazer não é negativo, com base no modelo explorado mais tarde por Epicuro, mas positivo: supõe a busca ativa das satisfações e a construção do júbilo. O soberano bem, o bom e o prazer avançam identificados e identificáveis.

Por que razões, em vez de discutir essa tese, Sócrates, empregado em cena por Platão, caricaturiza a opção hedonista para se contentar, de maneira muito esperada e habitual por parte dos anti-hedonistas, em invocar os animais, figuras emblemáticas do gozo sem consciência, bruto e brutal, bestial, instintivo, inumano? Um partidário do ideal ascético, assim que ouve falar em prazer, lembra os animais do galinheiro, os bois e os cavalos, conforme recomenda o fim do diálogo... Quem entre os filósofos hedonistas da Antiguidade, contemporâneos de Platão ou anteriores a ele, defendeu essa tese do cio animal para qualificar a excelência do gozo? Ninguém, a não ser os polemistas preocupados em evitar a leitura dos textos e a consideração de argumentos dignos desse nome.

3

Para além da caricatura. Platão exagera, e sabe disso. Boxeador, lutador e polemista de má-fé, tanto aqui como em outros lugares ele caricatura posições filosóficas que conhece para evitar criticá-las seriamente, e não dá chance aos interlocutores de defender realmente sua posição. Probidade intelectual? Que seja, para os outros... Pois Platão conhece Aristipo de Cirene, para falar apenas dele. Sua perfídia depõe contra ele, pois, como vimos, no *Fédon* ele menciona o nome do filósofo para assinalar sua ausência ao lado de Sócrates e sua presença em Egina, que não era longe – portanto, poderia ter estado presente sem problemas... E, por ocasião de uma viagem à Cirenaica, Platão certamente cruzou com Aristipo ou com os dele. Seja como for, na corte de Dionísio de Siracusa – onde o autor da *República* imagina um rei-filósofo a seu gosto –, o filósofo hedonista e o antigo esportista trocam muitos ditos e gracejos ásperos! Sabe-se que eles se conhecem...

Como podem os homens evitar as teses em um contexto como esse? Um diálogo dedicado exclusivamente ao prazer sem uma só palavra, uma só referência, nenhuma citação, nenhuma remissão que permitam identificar o hedonista emblemático com o Cirenaico? Por que não Aristipo em lugar de Filebo ou Protarco, à maneira de Protágoras ou Górgias, figuras históricas comprovadamente alistadas na teatralização platônica? Não é possível saber por que razão Demócrito o materialista e Aristipo o hedonista, dois grandes inimigos teóricos de Platão, não figuram em lugar algum na obra como interlocutores à altura...

Encerrados nessa caricatura, esses hedonistas de pacotilha – Filebo e Protarco – não merecem um segundo de trabalho, evidentemente... Se são obrigados a endossar a censura por celebrar o animal como modelo filosófico; se são obrigados a permanecer mudos diante da habilidade dialética e retorcida de seu interlocutor encarregado de seus mais belos adornos em cena; se servem apenas para fazer rir ou sorrir o espectador, o leitor do diálogo; se oscilam entre a ausência, identificável com a covardia, a recusa à luta, a imbecilidade crassa, a imperícia intelectual, como dedicar ainda uma parcela de tempo a examinar seu caso?

4

Panfleto com traje de cena. O *Filebo* parece um panfleto vestido com traje de cena. Nada mais do que isso. Pois as teses cirenaicas merecem uma análise, uma crítica, um exame digno desse nome. O corpus aristipiano permite, de fato, confrontos sobre as definições de prazer, por certo, mas também sobre o método – a cenografia do gesto ou a do verbo –, o conhecimento – sensual ou intelectual –, a natureza do real – material ou imaterial –, os fins da sabedoria – prática ou teórica, até mesmo mística –, o corpo – amigo ou inimigo –, o dualismo – verdade ou erro –, a intersubjetividade – celibatária ou comunitária –, a política – recusar ou apoiar o poder –, e outras questões sobre as quais Platão e Aristipo propõem dois mundos irredutíveis.

Só sobre o prazer seria possível travar uma discussão realmente, e de maneira profunda. O subtítulo do diálogo, aliás, leva a crer que ela acontecerá. Em vão. Platão manda Sócrates dizer que há dois modos de existência, fazendo então Protarco, comandado por Filebo, prender-se na armadilha de uma definição estreita do hedonismo: uma vida de prazer e uma vida de reflexão. Deixando o dono do jogo reduzir a questão a esse maniqueísmo prático para levar avante o debate – ou melhor, para assassinar o interlocutor –, Protarco vê-se obrigado a vestir roupas que não lhe pertencem.

Depois de opor esses dois gêneros de vida e de legar o primeiro a seu interlocutor, Sócrates vira a situação recusando a alternativa, mas apenas por sua conta. Pois ele procura um terceiro gênero de vida que recusa a oposição entre prazer e reflexão e supõe a mistura, depois confessa sua preferência por essa opção, deixando Protarco na expectativa, antes de constatar sua adesão completa. A formulação dessa alternativa obriga o filósofo hedonista a defender a tese de uma vida de prazer que exclui toda reflexão – armadilha eficaz e temível, na qual o adversário cai, evidentemente...

Dominando a situação e conduzindo seu interlocutor por onde quer, só resta a Sócrates abandonar a alternativa a seu contraditor fantoche e evitar a armadilha montada por ele: assim, opta por uma terceira via que poderia muito bem ser a dos hedonistas. Que partidário da filosofia do prazer tem interesse, de fato, em fazer crer que conhece esse único mestre e ignora a razão, a medida, o cálculo e o equilíbrio? Uma vida de prazer sem a memória e a inteligência, a reflexão e a análise que o permitam é letra morta. É uma brecha pela qual Sócrates envereda, deixando Protarco a ver navios!

5

Espancamento de um bode expiatório. Contrário a uma oposição que implica a escolha entre duas impossibilidades (uma vida de prazer sem reflexão, uma vida de reflexão sem prazer), um hedonista digno desse nome, um verdadeiro adversário de Platão, numa cena filosófica real e não trucada, recusaria o maniqueísmo, descartaria o dualismo redutor e reivindicaria para si essa opção de uma terceira via. Não deixaria sua idéia ser roubada vendo escapulir o astuto, trocista e fanfarrão: travaria discussões sobre as partes respectivas a serem deixadas ao prazer numa vida de reflexão e vice-versa; dissertaria sobre os prazeres que impedem a reflexão, os que nascem da conversação, da pesquisa e do trabalho da inteligência; não oporia, como Sócrates, os prazeres bons, relacionados à alma, ao infinito, ao ilimitado, aos prazeres maus, associados ao corpo, ao finito, ao limitado; impediria a remissão sistemática do hedonismo aos galinheiros e estábulos...

Autor de uma série de livros, de diatribes, de chries consagradas à virtude, à educação, a Sócrates, à fortuna, aos exilados, aos náufragos, etc., acaso Aristipo teria consagrado tanto tempo à análise, à reflexão, ao pensamento e ao intelecto se concluísse sumariamente pela excelência de uma vida de garanhão ou de touro? Teria se entusiasmado com as definições de prazer – catastemático, dinâmico e positivo –, interrogado sobre as modalidades do conhecimento – perspectivismo e relativismo –, debruçado sobre o tema da aparência e da verdade – subjetividade e individualidade – se considerasse o porco um modelo ético? Não creio...

Impedindo os hedonistas de defenderem sua tese, atribuindo-lhes uma inconsistência teórica a priori, caricaturando-os, encerrando-os em armadilhas retóricas produzidas sob medida, não reconhecendo a grandeza, a excelência e a qualidade filosófica de seus interlocutores, reduzindo-os a personagens ridículos, usando sofisticarias elaboradas para lutas falseadas e ganhas de antemão, Platão mostra feições bem diferentes das que a tradição relata. Aquele que queria queimar as obras de Demócrito pensando assim isentar-se de um confronto com as teses e conclusões do materialismo abderitano procede do mesmo modo com os hedonistas cirenaicos. O lutador escolhe seus adversários entre os fracotes – personagens conceituais do diálogo – para evitar encontrar com armas iguais um concorrente de sua categoria – Aristipo de Cirene. A recusa do combate trai a falta de probidade. O espancamento de um bode expiatório não pode substituir devidamente um combate: Platão é exímio nas reconstituições de sua lavra, em cena, com esbirros e sicários a seu serviço. Um homem de teatro, outro, o dirá mais tarde: *vencendo sem perigo triunfamos sem glória...*

IX
EUDÓXIO
e "o objeto de desejo para todos"

1

Um discípulo heterodoxo de Platão. Alguns imaginam que o Filebo de Platão esconda menos Aristipo de Cirene e as teses cirenaicas do que Eudóxio de Cnido (395-343?/408-356 a.C.) e suas opções hedonistas. Faltam provas para identificar verdadeiramente e com certeza o interlocutor visado por Platão. Além disso, talvez o personagem conceitual esconda uma mistura abrangendo uma síntese das posições hedonistas que preocupam os espíritos na Atenas da época… O mais engraçado é que Eudóxio é tido por amigo, discípulo de Platão… Examinemos mais de perto.

Eudóxio encontra primeiro os sofistas, já que ninguém pode evitá-los na Grécia, onde mobilizam multidões e não passam despercebidos. Pobre, originário de Cnido, na Ásia Menor, Eudóxio faz a viagem para encontrar filósofos. Demasiado carente para morar na cidade, aloja-se no Pireu e vem todos os dias a

Atenas para ouvir as performances de Protágoras e de alguns outros – talvez também de Pródico... Quatro quilômetros na ida, a mesma distância na volta, no caminho Eudóxio tem tempo para meditar os ensinamentos ouvidos, as diatribes proferidas ou os assuntos do dia.

Ao se tornar um sábio consumado, depois das viagens ao Egito, é exímio em um número considerável de campos: matemáticas, astronomia, política, legislação, medicina, engenharia. Imbatível em números irracionais, em grandezas incomensuráveis, também é uma autoridade em matéria de movimento dos astros, depois de ter inventado instrumentos de medida e de cálculo que lhe permitem dar razão aos argumentos teóricos do *Timeu* de Platão sobre as relações entre os planetas. Viajando ao redor do mundo, faz anotações, redige como geógrafo, pensa como etnólogo e reage como homem que tem curiosidade por tudo.

Seu pensamento procede de um número igualmente considerável de influências. A Escola que abre filia-se ao materialismo democritiano sem por isso renegar a cosmogonia platônica. Imagina-se o discípulo problemático que ele foi para Platão, dado a chefe de bando! As relações entre os dois passam por altos e baixos. No início, Platão não dá a Eudóxio o lugar que este julga merecer na Academia. Depois de seu périplo pelo Oriente, onde encontra o Faraó, Eudóxio torna-se uma figura fundamental do pensamento ateniense. Platão lhe dá poder, a ponto de ele chegar a dirigir a Escola enquanto o autor da *República* tenta converter Dionísio de Siracusa, na Sicília – onde ele se bate com Aristipo de Cirene... –, à filosofia. Antes de ser vendido como escravo como único pagamento por seu talento!

Talvez Platão tenha se convencido do talento de Eudóxio quando, de volta da viagem ao Egito, ele deu uma lição – de geometria, mas também uma lição humana... – ensinando-lhe como distribuir uma assembléia em semicírculo num banquete. Faltam detalhes da anedota, mas ninguém duvida de que o filósofo astuto humilhou o pensador instalado em sua soberba, antes de se tornar um aliado mais útil como amigo do que como adversário ou inimigo. Da recusa de juventude à direção da Academia, o episódio de geometria aplicada talvez valha como uma ocasião de reconciliação...

2

Um platônico hedonista! Platônico e hedonista! A proeza merece atenção... Evidentemente, o platonismo de Eudóxio não pode ser ortodoxo: não há dualismo maniqueísta, não há ódio ao corpo acompanhado de celebração da alma, não há paixão pela pulsão de morte, não há desconsideração da carne sensual, mas uma posição ontológica e metafísica em ruptura. O que se sabe de essencial para compreender a articulação dessas duas opções filosóficas a priori contraditórias consiste na negação por Eudóxio da separação entre um mundo sensível e um mundo inteligível.

Para o filósofo hedonista, a Forma é imanente às coisas sensíveis. Ela não reside fora de sua materialidade, mas nela. Não há nenhuma participação do sensível terreno no inteligível celeste, nenhuma degradação da idéia na matéria, nenhuma transcendência dos princípios genealógicos, mas uma leitura que avança um passo na direção de Aristóteles. Pois o autor da *Metafísica* não renegaria a consideração da Forma como qualidade potencial da Matéria. Afirmando simplesmente essa opção metafísica, Eudóxio restaura a realidade em suas prerrogativas. Sendo assim, pode instalar sua ética hedonista sobre uma base digna desse nome.

Então, será de espantar que as teses hedonistas de Eudóxio de Cnido sejam conhecidas apenas por algumas linhas... justamente de Aristóteles? O Estagirita não dedicou longos desenvolvimentos ao prazer: algumas linhas na *Metafísica* (B. 1. 996. A. 29), pouco mais na *Retórica* (I. 1. 1370. A. 1372. B.). Em contrapartida, escreveu em *Ética nicomaquéia* matéria por meio da qual é possível conhecer as posições desse discípulo heterodoxo de Platão, sob forma de quatro teses em suma bastante simples, secas e nem um pouco desenvolvidas.

A posteridade reteve de Eudóxio seu temperamento comedido. De modo que os leitores de Aristóteles evitam considerar sua apologia ao hedonismo uma defesa pro domo. Como sua sinceridade atua a seu favor, alguns lêem em sua defesa desinteressada do prazer identificável com o soberano bem uma prova da validade dessa proposição. De fato, nada permite encontrar na biografia do filósofo algo que desabone seu pensamento: não há travestismo de mulher, não há perfume na ágora, não há farras extravagantes – é um platônico apresentável às famílias.

3

Magro butim na escarcela filosófica. Estas são, então, as quatro breves teses hedonistas de Eudóxio: o prazer é um bem, pois todos os seres, racionais ou não, tendem para ele; a dor e o sofrimento valem para todos como repulsores e afecções a serem evitadas, por conseguinte seu contrário, o prazer, é um bem; o prazer é um fim em si, vale por si mesmo e não tem necessidade de um objeto associado para merecer que se vá ao seu encontro; enfim, o prazer acrescentado a uma atividade justa ou comedida que torne esse bem mais desejável, uma vez que o bem só pode ser aumentado por si mesmo, o prazer é realmente um bem. Aí está, é isso...

Certamente, seria conveniente haver um desenvolvimento, explicações, análises, comentários. Evidentemente, o arqueólogo do pensamento hedonista aspira a fragmentos menores do que esses, pois parece difícil reconstruir uma posição hedonista sem mais detalhes. Do mesmo modo que o mergulhador de sorte vislumbra, mas vagamente, uma ânfora ou uma cratera, uma moeda ou uma estátua votiva, o leitor descobre um corpus hedonista, mas reduzido ao mínimo. A ser classificado do lado dos pensamentos que celebram a alegria, o gozo, mas como? Sob que formas? Em que quantidades? Dentro de que limites? Nada se sabe...

No dédalo aristotélico, segue-se o comentário crítico feito pelo Estagirita sobre os argumentos de Espeusipo, platônico puro defensor do corpus ortodoxo. Nos detalhes das sombras apresentadas, pode-se ler que Espeusipo manifesta uma clara oposição ao hedonismo – como platônico que se preze. Em contraposição, Aristóteles afirma sua maior proximidade de Eudóxio. Não que ele confesse um hedonismo franco e claro, e mais porque a *Ética nicomaquéia* propõe um eudemonismo menos inimigo do hedonismo do que parece.

Aos olhos de Aristóteles, o prazer não é um mal em si, mas relativamente à atividade à qual é associado: evidentemente, o prazer de prejudicar o vizinho é indefensável, em contrapartida o de filosofar define-se como o melhor. Na verdade, que hedonista verdadeiro afirmaria o contrário? Certamente não Aristipo de Cirene, nem os outros que instalam o prazer nas alturas e fazem dele o soberano bem, incapazes que seriam de usufruir seu júbilo à custa de uma alegria ruim ou de uma paixão má. Eudóxio hedonista e Aristóteles eudemonista combatem em campos vizinhos. Em todo caso, do mesmo lado da barricada diante da qual Platão se instala em suas posições anti-hedonistas.

X
PRÓDICO
e "a felicidade"

1

Fortuna do "Y". A filosofia antiga utiliza de maneira recorrente um *tópos* sobre os três gêneros de vida: a vida teórica de pesquisa desinteressada, a vida de ação política e a vida crematística, dedicada aos negócios. Todos os autores que recorrem a essa tripartição hierarquizam os fins que comandam a escolha do gênero de vida. O que permite ao homem alcançar mais seguramente a felicidade? Safo, Píndaro, Arquíloco, Anacreonte, Tirteu, Teócrito empenham-se nisso, e também Platão, que se inscreve nessa história separando as vidas dedicadas à alma, ao corpo e às riquezas: vida contemplativa, vida de gozo, vida ativa – antes de acabar opondo uma existência reservada ao pensamento, à reflexão, e outra que tende para a ação, o teórico e o prático.

Fazendo eco a essas classificações, os filósofos dissertam sobre o "Y" jônico (pois o "Y" corresponde ao épsilon grego continental na Ásia Menor) pelo que ele representa de simbólico: dois braços, duas possibilidades, uma escolha, uma bifurcação, uma encruzilhada. A letra propõe um símbolo, um meio mnemotécnico, um memento, um truque filosófico: no ponto de junção, tudo ainda parece possível; para além, duas direções se desenham, com a conseqüência dos distanciamentos cada vez mais manifestos. No início, nada claro nem muito nítido; depois, gradualmente, a diferença cresce cada vez mais nitidamente. In fine, dois universos...

Na perspectiva dessa charada, os pensadores gregos freqüentemente opõem uma vida de prazer a outra consagrada à sabedoria. De um lado as prosperidades da virtude, do outro as desgraças do vício. De maneira radicalmente oposta, no mais puro maniqueísmo irreal, instalam-se frente a frente dois modos de existência: um dá ao corpo todo o poder, o outro se constrói com base na celebração e no bom uso da alma. Modelo ideal – como se no cotidiano as coisas se apresentassem de maneira tão separada! –, esse dispositivo retórico convida à reflexão, permite confrontar pontos de vista, enceta um trabalho que requer aprimoramentos e detalhamentos. Pródico de Céos fornece um dos mais célebres exercícios desse tipo...

2

Sob peles de animais. Pródico de Céos – século V a.C. – geralmente figura na nebulosa dos filósofos sofistas ao lado de Protágoras – de quem foi discípulo –, Górgias e outros nomes menos famosos. Com sua terapia verbal, sua invenção da psicanálise, seu talento e seus métodos para evitar o desprazer, Antífon de Atenas está incontestavelmente ligado ao arquipélago hedonista. Mas Pródico? Ninguém jamais o classificou no campo dos filósofos do prazer e do júbilo. As obras dedicadas aos sofistas o apresentam como pensador austero, asceta, e a maioria dos comentadores reproduz esses lugares-comuns. No entanto...

No entanto os comentadores dão pouca atenção a um punhado – ínfimo, por certo, mas elas existem – de informações a cuja luz a investidura hedonista não parece uma heresia caracterizada... Uma ou duas anedotas permitem pensá-lo, três ou quatro fragmentos, algumas considerações circunstanciadas, uma reputação transmitida pelos doxógrafos. É pouco, com certeza, mas o suficiente para que na ausência de textos a favor ou contra induza-se ainda assim uma tendência, uma inclinação, um tropismo...

Julguemos: testemunhos relatam sua maneira de ensinar. Em primeiro lugar, descreve-se sua voz grave, surda, trovejante, sua dicção singular, tornando suas frases quase inaudíveis – difícil para levar a cabo uma carreira de retor hábil, sofista dotado ou falador emérito! Em seguida, uma imagem: no cubículo que serve de quarto de despejo emprestado por Hipônico, Pródico ensina Pausânias, Ágaton – desculpem a escassez, encontraremos toda essa elite nos diálogos de Platão –, mas numa postura abracadabrante: debaixo de uma pilha de peles, enrolado em cobertores...

Tais afetações de luxo, de languidez – pecado grego –, de abandono, de desdém lembram menos as aulas de um ateniense austero, turiferário das virtudes ascéticas, do rigor e da virtude virtuosa do que a encenação de um ator que nunca escondeu, aliás, seu gosto pelo dinheiro e pelas facilidades que ele proporciona. Sob peles de animais, no calor úmido de um leito em que se abandona, Pródico não se assemelha em nada ao asceta celebrado pelo paradigma heleno. Filostrato, que relata essas anedotas em sua *Vidas dos sofistas*, o diz claramente: Pródico entregava-se aos prazeres. Ignora-se quais, mas o retrato se define...

O prático amante de gozos é ao mesmo tempo teórico à maneira sofista. Pródico é considerado, de fato, exímio na definição, no estudo das acepções verbais. Cuidava do que se relacionava às coincidências entre o que a modernidade chama os significantes e os significados. A posteridade conserva um de seus objetos, e trata-se... do prazer. Que ele divide em múltiplos sentidos antes de fazer que lhe correspondam termos realmente adequados: a alegria, a delícia ou o bem-estar, que as traduções designam igualmente pelos termos volúpia, deleite, navegações possíveis nas águas hedonistas.

3

O mal-entendido de uma boa reputação. De fato, Pródico escapa às classificações desonrosas graças a um mal-entendido, ou seja, a boa reputação de que goza por causa de um excerto de antologia de sua lavra apresentado sob o título de *A escolha de Héracles*, como se constituísse por si mesmo uma obra programática do filósofo. Nada de móveis ou leitos fundos e macios! Esquecidas as cobertas sob as quais ele se larga! Acabou-se a reputação de entregar-se aos prazeres! Descartada com um piparote a descrição que relata seu gosto pelo dinheiro! Pródico escreve um texto no qual se vê um elogio da Virtude – isso basta! Será possível ler essas páginas também como um puro exercício de estilo, um suporte retórico, um exercício de sofística? Pouco importa, vamos deixar isso de lado e incluir o filósofo na coorte dos professores de virtude, dos vendedores de moral. Dessa reputação ele não se salvará...

Nas linhas que subsistem, nada autoriza a concluir que Pródico seja partidário de um termo ou de outro: a vida fácil de prazeres ou a vida virtuosa e austera. Pois lendo *Os memoráveis* de Xenofonte, que relata seu espírito sem que seja possível ter acesso ao texto e, sobretudo, sem que se conheçam as condições em que foi escrito, o contexto, descobre-se mais um tipo de prosopopéia, uma alegoria, uma fórmula capaz de possibilitar a controvérsia, o debate. Pois a prosopografia permite colocar em cena uma pessoa que encarna uma idéia e traz um discurso – Boécio o lembrará. Aqui, duas mulheres que representam e simbolizam Gozo e Virtude; e o alegorismo prossegue até produzir um conjunto coerente. Nessas páginas atuam a retórica e seus procedimentos caros à tradição sofística e mais particularmente a Pródico, conhecido por ser exímio nesse tipo de exercício.

O texto conheceu uma fortuna considerável no período antigo e para além dele. Fala com simplicidade e clareza, em preto-e-branco, deduz o complexo e o diverso a duas unidades opostas nitidamente identificáveis, suprime o detalhe, o refinamento, a sutileza em favor de uma artilharia pesada: não há conceitos, idéias, demonstrações longas ou em grande quantidade, não há desenvolvimentos metódicos, lógicos, não há deduções, mas um confronto entre duas teses facilmente detectáveis. Vida de abandono à facilidade dos prazeres e vida de tensão para a construção de um destino.

Pródico não toma partido, não se mostra partidário de uma tese mais do que de outra. Mas vê-se nele uma postura prescritiva, como se os sofistas fossem exímios na moral moralizadora! Como se tivessem se apresentado avançando, como Platão, catecismos, evangelhos, sabedorias práticas! O que dizer da menção na Suda, no verbete Pródico, de uma morte em Atenas, condenado a tomar cicuta sob a acusação, como Sócrates, dc tcr corrompido a juventude? Não se sabe mais sobre essa questão, nem se a anedota é verdadeira, nem o que sua falsidade estaria encobrindo... Mas, para um filósofo de boa reputação, a punição parece severa!

4

Escolher entre duas mulheres. O que diz essa prosopopéia? O que se esconde por trás dessa alegoria? Segundo Xenofonte, Pródico põe em cena duas mulheres no próprio momento em que Héracles deixa a infância, entra na adolescência e é obrigado a fazer as grandes escolhas que permitem orientar-se na existência e conduzir a vida em uma direção em vez de outra. Esse momento crucial corresponde ao ponto em que o tronco do "Y" vai se abrir, se fender e deixar brotar dois galhos voltados para o céu em direções opostas. Uma vida, duas existências possíveis.

Felicidade ou Virtude. Já no primeiro momento da oposição, o comentário e a análise dessa figura mostram essa evidência: a felicidade não é virtude, nem virtuosa, nem forçosamente moral; assim, também, a virtude parece voltar as costas à felicidade, sua prática não acarreta nenhum júbilo. Uma ou outra: fruir os prazeres da vida ou sofrer a caminho da excelência. Não uma e outra: encontrar um júbilo certo em praticar em vista das virtudes. O exercício retórico tomado como tal, sem a discussão sofística que certamente o acompanha, não deixa espaço para a argumentação, obriga a tomar posição, a eleger.

O que dizer das duas mulheres que supostamente encarnam idéias-força? Uma, a Virtude, manifesta um ar altivo: porte nobre, graça real, tez de grande pureza, olhar cheio de pudor, atitude reservada e vestes brancas, é claro... A outra, a Felicidade, não consegue esconder sua natureza: impregnada pelos prazeres da carne, sensual, voluptuosa e sofrendo de languidez, maquiada para parecer mais branca, mais rósea, força a postura para dar a impressão de uma retidão enfraquecida, seus olhos têm um brilho provocante, sua roupa revela mais coisas do que esconde e, como predadora fêmea, não cessa de olhar à sua volta. Eis os personagens, os atores em cena.

Agora os papéis: Felicidade e Virtude avistam Héracles ao mesmo tempo, mas a primeira acelera o passo para chegar primeiro à sua presa. A segunda continua em seu ritmo, calma, segura de si, determinada, chegando em sua hora. E Felicidade faz para o jovem rapaz o devido discurso do mais simplista dos hedonismos: a existência deve estar inteiramente voltada para os prazeres; encontra-se a felicidade simplesmente com meios muito fáceis; os problemas não têm importância nenhuma; só importa a satisfação imediata. Seguem-se então receitas simplistas: buscar os pratos mais elaborados, os vinhos mais finos, as volúpias mais sensuais, os espetáculos e concertos mais encantadores, os perfumes mais cativantes, as sensações mais densas, os rapazes mais excitantes, os leitos mais adaptados aos exercícios associados... Propõe ocupar-se de tudo se porventura o jovem abandonar-se a ela, não sem ter o cuidado de esclarecer que seus inimigos a chamam Depravação...

Nobre, perfeita, Virtude chega então à altura de Héracles liberado pela primeira chegada. Ou a primeira correu, ou a segunda anda devagar, ou parou no caminho, mas, em vista da extensão da prosopopéia, a sincronização merece um ajuste... Está ela, então, junto do adolescente. Propõe-lhe o outro galho da árvore grega: só o valor importa; o método requer e supõe trabalho, esforço, sofrimento, dificuldade; trata-se portanto de praticar com excelência, realizar proezas nobres e grandiosas, honrar os deuses para obter seus favores, merecer a afeição dos amigos por meio de ações adequadas, conquistar o reconhecimento da cidade por ter efetuado ações de bravura, trabalhar para merecer recompensas, aprender a guerra para ter direito à liberdade, exercer o corpo para que ele nos obedeça. Trabalho, família, pátria – e mérito!

Não se vê Héracles escolher, ele não discute, não o surpreendemos pedindo detalhes, solicitando explicações a Felicidade ou a Virtude: assim que aparecem, já desaparecem. O texto propõe apenas essas duas versões à maneira da frente e do verso de uma mesma medalha: como realizar a felicidade? O que fazer da existência? O que é uma vida boa? Evidentemente, Héracles parte de braço dado com a Virtude, caso contrário como manifestar, mais tarde, as qualidades que sabemos que tem: bravura, força, determinação, coragem, inteligência, sagacidade, energia, heroísmo? Asfixiar serpentes no berço, matar aves canibais, trucidar centauros, desviar rios, combater monstros, capturar animais enfurecidos, mas também dirigir seu carro maravilhosamente, atirar ao arco como mestre, cantar e tocar lira, eis uma lista espantosa de recompensas a serem imputadas apenas à Virtude.

Verdade? Pois a biografia de Héracles também o mostra portando-se bem à mesa, tomando vinho em quantidade e não recusando o sexo, ou seja, talvez partindo também de braço dado com Felicidade, que nem por isso ele chamaria de Depravação! A lição? Recusar o encerramento nos termos da alternativa, recusar a obrigação de uma escolha exclusiva de outro modo de existência, querer as duas vidas: devemos imaginar Héracles bígamo...

SEXTO TEMPO

Sob o signo do porco:
o epicurismo greco-romano

XI
EPICURO
e "o prazer supremo"

1

Fisiologia da filosofia. Muito antes de Nietzsche, que experimenta e teoriza essa evidência no prefácio a *Gaia ciência,* Epicuro afirma que filosofamos com um corpo e que ninguém se torna sábio a partir de um estado corporal qualquer. Uma fisiologia da filosofia em pleno século IV antes de nossa era, eis um rasgo de gênio notável – mais um – por parte de um filósofo que consegue cristalizar sozinho um pensamento que, apesar do aspecto fragmentário com que nos chegou, tem um peso considerável em matéria de resistência ao regime de escrita platônico, cristão e idealista da filosofia ocidental. Corpo glorioso, no sentido pagão do termo!

Ao mesmo tempo que indica que a sabedoria não vem de um corpo qualquer, Epicuro acrescenta: nem a um povo qualquer. De modo que ele anuncia também outra idéia forte de nossa modernidade, a importância genealógica das condições de exercício de uma obra, seu contexto, o que a torna possível sem que, no entanto, ela se reduza a isso. O marxismo fartou-se de efetuar esses exercícios de redução da ideologia, do pensamento, da arte às condições econômicas do momento. Ele reagia, num excessivo movimento de pêndulo, à mania da *philosophia perennis*, às teorias do gênio ou do milagre.

Ouvindo Epicuro, deve-se portanto levar em consideração o corpo que pensa uma proposição teórica e depois a encarna nas condições históricas precisas. A idéia, suspeita-se, age eficazmente em oposição a um platonismo que apaga a biografia, dissimula o corpo à maneira de uma prova incômoda, recusa o momento histórico ou geográfico para levar em consideração apenas as idéias puras, o céu inteligível e a causalidade ideal – cifras, números, idéias, formas... O real epicurista provém da terra, de um real encarnado, de uma causalidade fenomenal redutível a encadeamentos racionais.

Do corpo, portanto: a teoria atomista propõe uma explicação do pensamento apoiada exclusivamente numa física simples. O movimento dos átomos no vazio. Como o conjunto dos acontecimentos que constituem essa realidade é do âmbito dessa causalidade material, o mesmo vale, evidentemente, para a reflexão, a palavra, a linguagem, a filosofia. Tudo supõe arranjos singulares de componentes singulares, eles próprios singularmente constituídos. Átomos mais finos do que outros, mais voláteis, mais rápidos em sua queda, vibrações, turbilhões, voragens e outras danças barrocas, choques, encontros, declinações, agregações: o pensamento de um homem supõe seu corpo, sua carne, sua alma, sendo que o todo exprime em palavras diferentes uma mesma realidade atômica e material.

O pensamento epicurista provém, portanto, do corpo de Epicuro. Hoje essa idéia parece banal, sobretudo depois da demonstração neurobiológica comprovada do homem neuronal ou freudiana do homem libidinal, mas, quatro séculos antes da era comum, ela rasga o céu filosófico à maneira de um raio notável e duradouro. A carne pensa, o corpo reflete, a matéria elabora, os átomos cogitam. E esses processos complexos fomentam-se dentro do invólucro de um ser redutível a seu nome. A identidade de um filósofo coincide muito exatamente com sua fisiologia, sua biologia, sua anatomia.

O que se sabe desse corpo filosófico? De seu mau estado, sua fragilidade, sua ignorância, durante a vida toda, do que Nietzsche chama de a *Grande Saúde*. Doente, débil, frágil, incapaz de excessos imediatamente nocivos à sua carcaça de hidrópico, seus inimigos o censuram por não ter deixado a cama durante anos por ócio, fleugma congênita ou preguiça conceitual, ao passo que permanecia amarrado a ela pela dor, crucificado pelo sofrimento. Será de admirar que tal homem construa um sistema colocando acima de tudo a arte de não sofrer? De escapar às aflições? De conhecer o prazer da ausência de perturbações?

Metrodoro, discípulo querido associado à sua lembrança em seu próprio testamento pelo mestre do Jardim, dedicou uma obra à fisiologia do filósofo intitulada *Sobre a fraca constituição de Epicuro*. Livro também perdido, lamentavelmente, mas no qual provavelmente seria possível encontrar uma reflexão sobre esse fato e sobre o conteúdo da sabedoria epicurista. O próprio Epicuro era o autor de *Sobre a doença e a morte* – hoje perdido. A obra como sublimação e compensação, o pensamento intimado a dar os meios de viver de modo feliz uma existência colocada a priori sob o signo da dor, dos livros, do ensino e da prática associados no intuito de construir uma terapia, uma medicação, uma medicina da alma, portanto do corpo: haverá algo mais verdadeiro como justificação de uma visão filosófica do que sua aspiração soteriológica? Pensamos para viver, sobreviver – apesar de tudo...

Epicuro vive de pão e água, até mesmo de um copo de vinho por dia. A um discípulo que lhe oferece provisões para fazer a festa, ele pede – a anedota é conhecida – um potinho de queijo... Quando chega o dia, o banquete se constrói em torno do modesto presente. Sua dietética entendida como ética, e vice-versa, permite-lhe mal e mal levar uma existência bem realizada até os setenta e dois anos. Amarrado à cama durante quinze dias, os últimos, por uma crise de cálculos (ah! Montaigne, zelosamente fiel!), ele toma um banho, reúne os amigos, toma um pouco de vinho, faz suas recomendações sobre a continuidade a ser dada a sua Escola, depois morre, tranqüilamente, calmamente, longe das extravagâncias freqüentemente associadas às mortes de filósofos na doxografia antiga. Fim do filósofo, início da lenda...

2

Má época, má reputação. Esse corpo em ruínas interage com uma época também precária. A carne não é nada sem sua inscrição numa época. Epicuro procede dela, igualmente: nativo da ilha de Samos, portanto não ateniense, já inicia com a desvantagem de provir da periferia cultural; seu pai professor primário conhece a cultura dominante, por certo, mas sua função trai uma posição dominada, pois seu trabalho geralmente cabe a escravos especializados; sua mãe recita preces rituais e vai de uma casa a outra, de um lugar sagrado a outro, e seu filho a acompanha; ele chega a Atenas, não como conquistador que almeja a Cidade sonhada, mas como exilado, uma vez que os colonos de Samos foram expulsos de suas terras, com a obrigação de cumprir seu período militar.

Pobre, exilado, provinciano – se é que podemos utilizar esses termos e cometer o anacronismo... –, mantido afastado das escolas filosóficas atenienses e dominantes (platonismo, aristotelismo), Epicuro não se entregará, é de supor, às fantasias platônicas: a superioridade de Atenas, o aristocratismo visceral, o elitismo reacionário, o conservantismo político, o esoterismo pedagógico, o espiritualismo dualista, o teísmo arquitetônico, a sociedade política fechada, imóvel, o conselho ao príncipe, o filósofo-rei e outras baboseiras de um Platão apelidado por Epicuro de "Todo de ouro" e constantemente recusado, conforme comprova o conteúdo de sua filosofia.

A época vale o status social do pensador: nenhuma maravilha. Tendo perdido a batalha de Queronéia (338), Atenas vê sua hegemonia ser contestada, depois desaparecer. Morto Alexandre (323), seus generais brigam pela liderança. Falta de trabalho, ausência de manobras para administrar a miséria e a pobreza generalizada, deportação para as colônias de indivíduos que logo se tornam vagabundos, vadios, mendigos e delinqüentes, engajamento de indivíduos abjetos nas tropas mercenárias que, por um punhado de lentilhas, assassinam seus congêneres; a Grécia caminha para o fim, aliás depois de Epicuro a filosofia deixa de ser grega e torna-se romana.

Epicuro cria sua escola, constitui sua doutrina e a ensina nesse contexto: fisicamente frágil, socialmente desclassificado, movendo-se num momento político decadente, ele compra o Jardim, na periferia de Atenas, assim como se move na periferia dos filósofos oficiais, e o transforma em enclave de resistência. Mudar-se mais do que mudar a ordem do mundo, a idéia se tornará fórmula sob a pena de Descartes; ela triunfa no projeto epicurista. Quando o mundo desmorona, quando a cultura antiga desaparece, nas horas de crepúsculo, as auroras se anunciam: o epicurismo desabrocha numa época em ruínas. A construção de si como única resposta à desintegração de um mundo faz lembrar outros períodos da história...

Inventor de novas possibilidades de existência, criador de novas virtudes, propagador de idéias inovadoras, revolucionando a filosofia, o pensamento, descendo à terra e para todos uma prática oficial outrora confiscada pelas elites, sintetizando as correntes subversivas e alternativas – o atomismo abderitano, o hedonismo cirenaico, a ascese cínica, o antiplatonismo militante –, Epicuro só podia mesmo desagradar. Quando vivo, teve de enfrentar uma reputação brutal: Tímon foi o primeiro a associá-lo a um porco. A imagem irá perdurar, popularizada pela quarta *Epístola* de Horácio, com seu *porco epicurista*. Nas ruínas de Bosco Reale, descobrem-se porquinhos votivos sobre copos de prata. Em Herculano, na Vila de Pisão, um mamífero semelhante é exumado... A iconografia associa quase sempre esse animal róseo e rechonchudo aos discípulos de Epicuro.

Por que razões? Gregório de Nissa afirma que o animal, por causa de sua compleição fisiológica, não consegue levantar a cabeça e contemplar o céu. Para ele é impossível, portanto, ser um animal platônico capaz de uma ascensão dialética que o transforme em animal extático voltado para a contemplação das idéias puras; continua sendo uma criatura grosseira, condenada a fuçar a terra mais suja, coberta de imundícies e repugnante, enquanto se alimenta dos excrementos em que chafurda. No bestiário filosófico, o porco é confinado à terra, ao baixo mundo, ao real, ao imediato.

Segundo a perspectiva neopitagórica de um Platão, por ocasião das reencarnações, as almas condenadas – de certa maneira as dos libertinos, dos desfrutadores, dos que fizeram uso do próprio corpo como de um amigo cúmplice – irão assombrar um animal intemperante: o porco. O *Timeu* até explica como o mau uso, quando vivo, das partes do corpo necessárias à reflexão e à meditação modifica a fisiologia, atrai as partes baixas para o chão, as patas se encurtam, o cérebro atrofiado se aproxima da terra, o focinho se alonga, as ventas se obrigam a uma abordagem do mundo essencialmente olfativa, portanto animal.

3

Uma filosofia porca? Epicuro o asceta, traído por seu corpo, obrigado a fazer da necessidade uma virtude, pode ser, de fato, o monstro que se diz? Pois as variações sobre o tema da bestialidade não se fizeram esperar. A lenda de um filósofo monstruoso nasce enquanto ele está vivo. Evidentemente, os estóicos preparam o terreno, eles que trabalham no refinamento do solo cristão, tanto que seu dolorismo entra em simbiose e constitui a religião da pulsão de morte que conhecemos. A patrologia estigmatiza amplamente o epicurismo como uma filosofia do gozo grosseiro, bestial, trivial. A despeito da vida do filósofo e de seu ensinamento, os dois funcionam em íntima relação.

Julgue-se, pois: ele escreveu cartas licenciosas – de fato redigidas por Diotimo o Estóico –; ele se deita com todas as mulheres de sua escola; prostitui o próprio irmão; coleciona prostitutas e não resiste à tentação libidinal; saqueia a filosofia dos outros – o atomismo de Demócrito de Abdera, o hedonismo de Aristipo de Cirene –; não é cidadão ateniense – que horror! –; freqüenta os poderosos; profere obscenidades constantemente; vomita duas vezes por dia por causa dos excessos à mesa; gasta fortunas em alimento cotidianamente; à noite, exerce prática de sectário; detesta todos os outros filósofos; nunca estrangulou nem esfolou nem comeu crianças pequenas, por certo, mas os cristãos serão acusados disso quando chegar sua vez de serem caluniados.

Para bem caluniar, é preciso travestir a realidade, infligir-lhe ligeiras distorções, partir da verossimilhança, dando um jeito para que pareça verdade. Uma hipótese possível, uma vontade de prejudicar, uma perversão, é preciso pouco para lançar o rumor, construir a reputação, prejudicar de verdade, profundamente. Pois algumas dessas acusações procedem de fatos verdadeiros, por certo, porém propositalmente mal interpretados.

Assim, o Jardim acolhe mulheres, ao contrário dos defensores da filosofia oficial, e elas são consideradas iguais aos homens; isso basta para imaginá-las menos filosofando do que servindo de repouso aos guerreiros após a meditação: basta um passo para transformar o dono do Jardim em proxeneta, e por que não de seu próprio irmão; por certo, quantias importantes eram consagradas ao orçamento de alimentação, mas tratava-se de faturas da escola, não de Epicuro pessoalmente; para explicar que ele próprio consumisse tantos víveres, era preciso de fato inferir os vômitos que permitissem as orgias à mesa; o Jardim era isolado, afastado de Atenas onde a noite chega rapidamente, mesmo no verão: seria preciso deixar de filosofar ao fim do dia? Amigo dos poderosos? Quando, onde, com quem? Ao contrário de Platão, ele não tem em seu ativo uma prática cortesã junto a um Dionísio do momento...

Mais exatamente: Epicuro, de fato, não era um cidadão seleto, ateniense bem-nascido, mas filho de pobre, originário de Samos, pequena ilha satélite e não feudalizada; igualmente, não brilhou por referir-se a seus antigos predecessores com reverência, por certo, mas por outro lado é acusado também de ter recheado seus manuscritos de citações; perdidos esses textos, não sabemos se eles depõem num sentido de uma explicação com este ou aquele – Demócrito ou Aristipo, por exemplo; também afiava a língua, diz-se, contra os membros da corporação filosófica, mas trata-se de uma prática agônica habitual nesse meio em que as escolas seguem menos o modelo da coexistência do que o da competição: viver como platônico, como cínico, como estóico ou como epicurista envolve outros interesses além daqueles das puras práticas teóricas...

Proxeneta, ladrão, beberrão, glutão, namorador, estrangeiro, grosseiro, oportunista, obsceno, devasso, caracterial: são muitos defeitos para um só homem! Demais para que todos se desenvolvam em uma mesma carcaça conhecida por ser frágil, fraca e doentia... Longe das camas macias cheias de mulheres, das tetas e vulvas de porca recheadas regadas com os melhores vinhos de Falerno, dos homossexuais, das cortesãs nuas e dos dedos na garganta para levar a cabo as orgias dignas do Trimalcião de Petrônio, Epicuro afirma teoricamente e vive praticamente um hedonismo ascético cujos detalhes poderiam convir aos monges das ordens mais austeras...

O crime beneficia os defensores do ideal ascético, platônicos e estóicos, logo reunidos na construção do cristianismo: eles visam o monopólio sectário da filosofia e vêem com muito maus olhos o recrutamento importante de Epicuro e de suas escolas aonde acorrem multidões para se engajar numa secessão com relação ao mundo político no qual oficiam os defensores da Academia e do Pórtico. Tanto que o mesmo sucesso do filósofo quando vivo irá perdurar por muito tempo, pois existem ainda práticas epicuristas no século II d.C. na Ásia Menor. Ou seja, quinhentos anos de uma prática ininterrupta – razão para tentar a maldade de muitos filósofos adeptos das teses das casas concorrentes! Invejas humanas, humanas demais...

Reduzir o epicurismo a uma filosofia do ventre, portanto do baixo-ventre, tem mais a ver com as afirmações de Ateneu em *Deipnosofistas* do que com a realidade: senão, o que dizer dos elogios enfáticos de Epicuro à prudência, ao comedimento, à prática da filosofia, à amizade, ao riso, variações sobre o tema da doçura de viver e do puro prazer de existir que põem em cena e em jogo muito mais do que prazeres grosseiros, animais e triviais: nessa ética rigorosa, o querer ocupa a parte essencial. Por ele se constrói, por via da razão, da reflexão, da análise, do raciocínio, do saber, da cultura, do julgamento, um prazer digno desse nome. Nada a ver com o dos porcos...

4

Quatro, isto é, três ou sete. Singularmente, nunca se vê a coisa enfatizada na literatura universitária e erudita: a etimologia do patronímico do filósofo – *epikouros*, aquele que socorre, *epikourein*, socorrer, *epikouria*, socorro, assistência – indica que Epicuro parece destinado ou determinado por seu nome a trabalhar pela salvação: a sua, depois, na mesma ocasião, a dos outros... O dicionário Littré esclarece que a palavra qualifica aquele que, na guerra, supre as necessidades de alimento, constitui as tropas de socorro, os reforços, os auxiliares adicionais a fim de preservar os outros de um perigo particularmente ameaçador. Como empreender uma carreira de filósofo hedonista sob melhores auspícios?

Apoiado pela onomástica, impelido por um inconsciente que o determinaria à sua revelia, diria a psicanálise – um René Major, por exemplo, para quem, mesmo ignorado por seu proprietário, o significado do patronímico determina o conteúdo da existência... –, Epicuro parte para guerrear contra tudo o que gera medo, temor, dor, sofrimento. O conjunto de sua obra procede desta única preocupação: erradicar a negatividade e definir a positividade como realização dessa paz da alma e do corpo. Nada mais. O epicurismo vai à luta para atacar os mitos, as crenças, as ficções, as religiões, os dogmas, os lugares-comuns, as ilusões, e outros bovarismos consubstanciais a todas as épocas. Exímio na medicina preventiva, Epicuro trata à maneira chinesa, fazendo o necessário para evitar o surgimento da doença. Conservar a saúde, não a perder, parece mais fácil do que a recuperar. Um bom terapeuta afasta as causas do mal sabendo que assim gera o bem, na verdade nunca muito distante, de modo nenhum inacessível.

Parece ser o primeiro a inventar essa filosofia entendida exclusivamente como medicina, como terapia da alma e do corpo. Evidentemente os fragmentos deixados pelos abderitanos, pelos cínicos, pelos cirenaicos e um punhado de filósofos hedonistas não bastam para elaborar uma teoria coerente e conseqüente do filósofo-médico, mas a idéia atravessa toda a filosofia antiga – e persiste depois do fim desse mundo em vários pensadores pragmáticos e existenciais, Montaigne, Schopenhauer ou Nietzsche, por exemplo. O filósofo não produz conceitos ou pensamentos pelo prazer de os ver funcionar de maneira ajustada, como um mecanismo inteligente e bem lubrificado, mas visa a encarnação, a produção de efeitos concretos em uma vida bem real, a de todos os dias.

Para apoiar a metáfora do filósofo-terapeuta, a tradição fala do *Tetraphármakon* epicurista, do remédio quádruplo. A extrapolação se faz a partir de um tipo de poção mágica antiga confeccionada a partir de quatro ingredientes: cera, sebo, pez e resina. Imagina-se mais um excipiente do que um composto realmente eficaz no terreno da farmacopéia, mas, bem... Ocorre que esse quádruplo remédio não existe explicitamente no corpus de Epicuro. Em nenhum lugar específico o filósofo enuncia esses quatro tempos fabricados para facilitar a memorização de uma obra inteira. Quando se acredita vê-lo aparecer, ele mergulha no meio de uma receita de sete proposições, em outro lugar de três...

Nas três cartas que restam de Epicuro, o filósofo já comunica seu pensamento de forma sintética, a fim de que seus destinatários – Pítocles, Heródoto e Meneceu – possam dispor de uma quintessência, de um resumo fácil de memorizar. Dos trezentos rolos escritos pelo mestre do Jardim, restam então essas três missivas e alguns aforismos conhecidos, como *Máximas capitais* e *Sentenças vaticanas*. Dever-se-ia então consentir também nessa extrema redução de quintessência que é o quádruplo remédio? Não se correrá o risco de deixar apenas as espinhas contundentes de um pensamento organizado como uma máquina simplista, até mesmo simplória, e de ver os mecanismos finos desaparecerem na operação de síntese?

De fato, esse Tetraphármakon encontra-se claramente exposto em Filodemo de Gádara, nos séculos II e I a.C., em seu texto intitulado *Contra os sofistas*, depois gravado por Diógenes no famoso muro de Enoanda, na Ásia Menor, trezentos anos mais tarde. O próprio Cícero retoma a fórmula mnemotécnica como sendo sua em *Dos fins*. O quádruplo remédio parece pois mais epicurista do que de Epicuro. Embora a exegese universitária veja a *Carta a Meneceu* construída com base nessa grade de quatro barras, localize a coisa nas quatro primeiras *Máximas capitais*, até mesmo a identifique apenas na décima primeira, deve-se evitar afirmar que o pensamento epicurista entra totalmente nessa forma concretada.

Reduzido à maneira de um molho que se coze longamente, o pensamento de Epicuro resume-se pois, às vezes, provavelmente até com freqüência, a estas quatro teses: (1) não há nada a temer dos deuses; (2) nem da morte; (3) é possível suportar a dor; (4) e alcançar a felicidade. De modo que, depois dessa síntese extrema, podemos voltar à análise que permite considerar – insisto nessa outra ordem – o pensamento de Epicuro construído em torno de uma física ética (1), de um ateísmo tranqüilo (2), de uma algodicéia pagã (3) e de um ascetismo hedonista (4). O objetivo confesso? Viver como um deus entre os homens...

5

A salvação pelo tratamento atômico. Como eco, afinal, fiel às teses de Leucipo e de Demócrito, Epicuro enuncia uma física de conseqüências éticas. Uma vez que todo o real procede de um arranjo de átomos em relações de velocidade no vazio, tudo se reduz a essa verdade simples e evidente. Afora a matéria, nada existe. Mais uma vez adversário e até inimigo de Platão, Epicuro afirma que os critérios da verdade residem nas sensações e nas afecções. Átomos do corpo que apreendem os átomos desprendidos da matéria, os simulacros, tudo invoca e supõe a conjunção atômica. Não há universo invisível, não há criaturas ideais, deuses ou conceitos, não há alémmundos inacessíveis aos sentidos mas apenas concebíveis – e olhe lá – pela alma, parte imortal e eterna de um corpo mortal, o real coincide muito exatamente com o que se vê, sente e percebe, o que nossos cinco sentidos nos informam.

O epicurismo combate as aproximações teóricas que recorrem às explicações mitológicas. Também aqui não podemos deixar de pensar nas fabulações platônicas: Prometeu e Epimeteu em *Protágoras*, o andrógino do discurso de Aristófanes ou o nascimento do amor em *O banquete*, a atrelagem alada em *Fedro*, a caverna na *República*, a Atlântida do *Timeu*, os Infernos do *Fédon*, até mesmo Giges, as cigarras, Er, Teut, ficções destinadas a suprir a falta de causalidade racional, científica, de certa maneira, a que Epicuro aspira.

Pois ele propõe explicações múltiplas, não contraditórias, todas ligadas a hipóteses redutíveis a encadeamentos lógicos. Sobre a composição de um arco-íris, a natureza de um relâmpago, as razões do raio, a origem das chuvas, a formação das nuvens, o comportamento de uma estrela cadente, a construção dos mundos, a composição da matéria, Epicuro avança idéias imanentes. Nenhuma invoca ficções, fábulas ou outras histórias destinadas a crianças. Numa exortação conclusiva, ele quer que o mito seja excluído. Pensamento forte, sempre atual...

Para acrescentar uma pedra ao jardim platônico, o filósofo dos átomos também recusa – sem os nomear! – aqueles que estudam a natureza a partir de axiomas vazios, desprezando totalmente a observação. É de pensar evidentemente nos algarismos e números, nas formas arquetípicas explicitadas por Platão no *Timeu*, no deus e outros demiurgos, nas causalidades transcendentes, nas explicações abracadabrantes longe de toda ciência, ainda tingidas pela mitologia, até mesmo pela teologia herdada dos mais antigos pré-socráticos. Aos olhos de Epicuro, que não o diz nestes termos, Platão pensa à maneira de um Anaximandro ou de um Xenófanes, mais próximos de uma poética do que de uma dialética dos acontecimentos...

A proposição física epicurista oferece uma globalidade conceitual compacta: não há lugar para a dúvida, a indagação, o inexplicável ou o inexplicado que alimentariam religiosidade, fantasia ou mitos. Não há nenhuma zona de sombra genealógica dos deuses. Átomos e vazio, movimento – leitmotiv de que tudo decorre. Sair dessa explicação leva direto à parede intelectual. Reduzido ao que o constitui, iluminado em seus mínimos recantos, o mundo aparece por aquilo que é: uma máquina, um mecanismo, uma mecânica trabalhada por fluxos, movimentos, energias, forças, o conjunto vibrando à maneira de um imenso corpo vivo.

Balanço e resultados das lições físicas dadas por Epicuro nas cartas a Pítocles sobre a natureza e a Heródoto sobre os fenômenos celestes: a infinidade do todo; aquela, portanto, dos compostos, também aquela dos mundos; a eternidade do movimento; a inexistência dos inícios; a verdade dos simulacros; sua invisibilidade em relação a sua velocidade; a corporeidade da alma; sua materialidade, portanto; a disseminação das partículas finas da alma no agregado do corpo à maneira de um sopro; a alma como sede da sensibilidade; a íntima ligação da alma com o corpo, de fato, o continuum material na descontinuidade das estruturas atômicas; o desligamento da alma material e do corpo material como definição da morte. Material semelhante permite uma autêntica soteriologia, especialmente sobre a questão da morte.

6

Morte da morte. Contrariando a fábula do *Fédon* de Platão, que ensina a imortalidade da alma, sua imaterialidade, o dualismo, a separação entre o corpo e a alma, com base no princípio da disjunção entre o inteligível e o sensível, o céu e a terra, Epicuro desdenha os que afirmam a inconsistência material da alma. Pois, para considerar infernos e paraísos, danações e culpas, punições e destinos post-mortem, para temer os deuses ou o que se assemelha a eles, para ter receio dos castigos depois da morte, é preciso acreditar nas tolices religiosas. Platão inventa uma mitologia útil para manter os homens no medo, na angústia e no terror. Esses medos e temores fornecem uma humanidade maleável, medrosa, fácil de conduzir. Alienada, por certo, mas dócil, disponível para a obediência, a submissão e a renúncia a si mesma. Epicuro não quer homens assim: ele os quer autônomos, curados das superstições, libertos.

A morte não deve ser temida. Metempsicoses e metensomatoses, essas velharias orientais aclimatadas sob o céu grego por Pitágoras e reativadas por Platão, pertencem ao âmbito das fábulas; o preço da intemperança na terra não é a reencarnação como animal vergonhoso em outra vida; não há outras perspectivas post-mortem que não a decomposição atômica, a desagregação dos compostos; concordemos com a eternidade da matéria e a imortalidade dos átomos, por certo, mas os arranjos se desfazem depois se refazem, o que nos constitui desaparece e nada resta do que definia nossa identidade; não há o que temer, pois, desses jogos atômicos, nenhuma punição a esperar, nenhuma culpa a expiar. A física epicurista condena toda metafísica: o que acontece manifesta-se nos limites de uma lógica atômica.

Como então a morte constituiria problema? O que temer dela? Uma vez que bem e mal residem nas sensações e a morte supõe a privação destas últimas, ela nada é para nós, nem um bem nem um mal... Ela está presente? Nós já não estamos; eu estou presente? Ela está ausente. Não concerne nem aos vivos para os quais não existe, nem aos mortos para os quais já não existe... Então de que adianta inquietar-se? Por que sofrer por aquilo que não existe? De que adianta antecipar-se a um sofrimento presentificando um eterno ausente? Só o pensamento da morte existe e pode causar sofrimentos à alma, mas, a própria morte, nunca a encontramos.

Não viver não é um mal, tampouco a não-vida. A questão não é tanto a de esperar a morte quando estamos vivos, de certa maneira a de destilar a morte na vida cotidiana, infectando todos os dias com um pensamento pernicioso; a questão é, mais, a de viver bem. Ter que morrer coloca mais problemas do que propriamente morrer. Mas temos poder sobre essa idéia nefasta. Ter que morrer devolve esse acontecimento à sua única dimensão: o futuro. Epicuro descobre a exortação cirenaica a habitar intensamente o presente e a não perturbar esse momento com a lembrança do passado ou o medo do futuro, pois o que foi já não é e o que será ainda não é, verdades evidentes que obrigam a concluir por uma prática eficaz unicamente do presente.

A vida vale menos pela quantidade do que pela qualidade. Breve mas densa e filosófica, ela pesa mais do que longa e inocente. Viver bem leva a morrer bem. E a tarefa do filósofo consiste menos em parasitar seu cotidiano com a pulsão de morte do que em organizar uma perpétua celebração da pulsão de vida. Aos que se queixam do inconveniente de ter nascido, Epicuro ensina que só cabe a eles dar fim a seu calvário. O suicídio assim aflorado e justificado como maneira de escapar à tirania do negativo mostra em que sentido Epicuro inflectiria seu pensamento se o praticasse numa época em que as condições da morte, o aumento considerável da esperança de vida, a nova relação com o sofrimento desenham uma paisagem intelectual diferente. O caso é que o método que permite superar essa idéia e evitar sofrer seus efeitos no cotidiano mantém sua incrível eficácia...

7

Santidade dos deuses indolentes! Habitualmente, o ateísmo define a pura e simples negação dos deuses – ou de Deus –, até mesmo a afirmação de sua inexistência. No caso de Epicuro, ao contrário do que os guardiães do templo universitário ensinam, seria possível falar de um *ateísmo tranqüilo*. A expressão se encontra em *Périclès et Verdi* [Péricles e Verdi], de Gilles Deleuze, e caracteriza um pensamento no qual a questão do(s) deus(es) deixou de constituir problema. Ao contrário do ateísmo intranqüilo de alguns – Sade ou Bataille, por exemplo –, cujos insultos exagerados ao céu denunciam o quanto ainda são piedosos, amarrados pelas forças religiosas e coagidos pelos esquemas crentes, o ateísmo tranqüilo desdenha a existência do(s) deus(es) contanto que eles mesmos também não se preocupem de modo nenhum com os homens. Pouco importa que o céu seja vazio ou não, desde que aqueles que o habitam não se ocupem dos assuntos humanos. É o caso de Epicuro, que propõe deuses a tal ponto indolentes que se tornam santos para os ateus!

No sentido estrito, evidentemente Epicuro não pode se classificar na categoria dos ateus, uma vez que afirma sem rodeios a existência dos deuses. A *Carta a Meneceu* explica como devem ser considerados: seres vivos incorruptíveis e bem-aventurados. Só importa o plano de imanência, os deuses bem podem existir, movem-se no mesmo universo que os homens e não apresentam nenhum problema para eles. Em metafísica, o risco vem menos do ateísmo ou da existência dos deuses do que da leitura horizontal ou vertical do mundo: as divindades imanentes apresentam menos riscos do que as visões de mundo atéias ou transcendentais...

A consciência que se tem dos deuses basta para provar sua existência, afirma Epicuro. Por outro lado, a multidão se engana quando os imagina acessíveis às preces humanas. Evidentemente o filósofo lembra as visitas feitas quando criança ao lado da mãe que recitava os encantamentos sagrados como profissional... As divindades não dispõem do destino dos indivíduos em suas mãos, é ridículo pensar que se muda o curso das coisas por meio das invocações quando a solução está na mobilização de sua própria energia. A impiedade define a crença trivial e vulgar na ligação do destino dos homens e do pretenso querer dos deuses.

Na verdade, os deuses funcionam à maneira de um ideal da razão kantiana: modelos para guiar a meditação e a ação epicuristas. Isentos de dores, bem-aventurados, impassíveis, auto-suficientes, autônomos, indiferentes a tudo o que não é eles, desprovidos de paixões, tanto convidam os homens a se ocupar deles como desdenham absolutamente seu futuro e seu destino. Tais concepções impedem uma religião. Pior, arruínam as crenças gregas da época que, apoiadas no temor dos mortais a essas forças imortais e capazes de maldade, possibilitavam um clero ou um poder político que agia em nome dos deuses e legitimava a ordem, a opressão, a obediência pela invocação de divindades recrutadas à força, contra seu consentimento – e por razões óbvias...

Além do mais, o plano de imanência em que os deuses se movem é, por certo, o mundo dos homens, mas não o planeta Terra: não há risco de vê-los na esquina de uma rua ou em praça pública. A cosmogonia epicurista supõe mundos infinitos, com variações qualitativas e quantitativas de matéria: entre esses mundos, encontramos os deuses. Materiais, habitam nos intermundos, nos pontos de junção de universos contíguos, sem formas particulares, fabricados com átomos específicos, eles desfrutam do puro prazer de existir e, verdadeiros mementos, indicam-nos a direção se a sensatez nos tenta...

8

Do bom uso da dor. O que fazer do mal num mundo sem deuses, ou melhor, num mundo em que os deuses são indiferentes a esse problema dos homens? Do mal e das variações sobre o tema: dor, sofrimento, dificuldade, negatividade, aflição? Aliás, o que esse termo esconde em Epicuro? A palavra nunca aparece, o epicurismo não é de modo nenhum uma filosofia prescritiva que diga o Bem e o Mal e depois desenvolva um arsenal conceitual para salvar os adeptos do primeiro e condenar os aficionados do segundo. Epicuro pensa menos em termos de bem e mal do que em termos de bom e mau. Nessa ordem de idéias, o bom designa tudo o que permite a realização do projeto filosófico, o mau o que o obstrui, retarda ou impossibilita. Para além do bem e do mal, o pensamento do Jardim propõe um utilitarismo hedonista em nome do qual o mal se sobrepõe ao sofrimento. O bom caracteriza quer a ausência de sofrimento, quer sua supressão. Fora isso, nada de verdadeiro...

O mal não vem do pecado, o sofrimento não tem sua razão em uma culpa que convenha expiar. A filosofia de Epicuro evita todas essas fábulas que culpabilizam os homens e remetem a genealogia da negatividade a uma dívida contraída por eles na idade áurea e que deve ser quitada durante toda a vida, transformando sua existência em um vale de lágrimas, em dores, em sofrimentos, a fim de redimir seu erro. Essa leitura transcendental e idealista não convém de modo nenhum ao pensador dos planos de imanência: o mal equivale ao sofrimento que se reduz a condições existenciais identificáveis na vida cotidiana.

Onde? Quando? No desequilíbrio atômico, na perda de matéria, na destruição da natureza. Epicuro o sabe, o experimenta no cotidiano e é partidário mais de uma definição conceitual desligada do real do que de uma extrapolação teórica a partir de sua prática. Seus cinco sentidos lhe ensinam, seu corpo lhe diz: o sofrimento passa antes pelo arranjo atômico álgico. A fome e a sede, por exemplo, indicam a necessidade de recompor a forma material adequada à ausência de dor. A dor da falta de alimento reclama a repleção que acalma o sofrimento, o interrompe, o faz parar e gera o prazer de recobrar a serenidade natural.

Nem todas as dores se satisfazem de maneira tão simples. A vida seria feliz e alegre se tivesse como únicos sofrimentos os que estão ligados à falta de bebida ou comida. Epicuro o sabe, seus cálculos e sua hidropisia o torturam bastante para que ele não ignore que inimigos mais vingativos do que fome e sede podem atormentar uma carne. Ainda mais numa época em que nem a cirurgia nem a farmacopéia do médico têm grande poder no que diz respeito a anestésico ou antálgico. Quando Canguilhem define a saúde pelo *silêncio do corpo*, exprime-se mais como epicurista contemporâneo do Mestre do que como médico pósmoderno – pois o câncer, por exemplo, deixa o corpo em silêncio mas, enquanto isso, mata...

A teoria epicurista da luta contra o sofrimento atribui o papel principal, portanto, ao querer, à decisão e à vontade do doente. Mais uma vez a razão pode ser suficiente, portanto a filosofia. De que maneira? Por uma reflexão sobre o mecanismo da dor, seguida por uma decisão sobre o uso possível dessa informação. O bisturi não pode excisar ou extrair o cálculo que acarreta enormes sofrimentos? Então o filósofo entra em cena: se essa dor for radical, ela me aniquilará; se ela não me mata, deve ser suportável. Ou o mal é denso, mas breve no tempo, pois a morte ocorre imediatamente; ou, leve em intensidade, ele pode perdurar sem aniquilar o corpo do doente que o sofre. A lição não parece distante daquela dos estóicos que, em vista das condições da medicina, não tinham escolha... A algodicéia epicurista revela a possibilidade de uma verdadeira filosofia vivida e praticada como terapia.

9

Dietética e aritmética dos desejos. Com o último período do quádruplo remédio, atinge-se o auge da ética hedonista, uma vez que ele concerne ao que resta a fazer para produzir o prazer. Essa teoria visa uma prática, Epicuro não pensa nada que não seja imediatamente realizável na perspectiva de uma construção pacificada de si. Dominada a morte, suplantados os deuses, controlada a dor, resta dar as regras simples da alegria. Nesse momento da análise, avalia-se quanto o conjunto do sistema epicurista converge para esse ponto focal, o prazer, e de que maneira a doutrina do Jardim propõe uma arquitetônica da razão empírica...

Refletir sobre as condições do prazer passa antes por um trabalho intelectual sobre os desejos. O que são eles? O que os define? A que se assemelham? É possível classificá-los? Distingui-los? Segundo que critérios? Eles são bons ou maus em si? Ou situam-se além do bem e do mal? Devemos julgá-los relativamente a alguma coisa? Mas a quê? Que finalidades? Como responder aos desejos? Aliás, todos merecem uma satisfação? Só uma taxinomia possibilita uma pragmática dos prazeres.

O momento conta na história da filosofia como um dos mais famosos, justamente com o quádruplo remédio. É prova de que, evidentemente, apesar dos riscos, a redução do complexo ao simples às vezes produz os melhores efeitos... O discurso epicurista sobre os desejos permanece, de fato, entre os clássicos ao lado de algumas passagens obrigatórias: a esfera parmenidiana, o rio heraclitiano, a lanterna e o tonel cínicos, a alegoria da Caverna platônica, etc.

Epicuro distingue pois os desejos naturais e necessários, os naturais não necessários e os não naturais não necessários. Todos podem de fato estar classificados sob uma dessas três rubricas. Nenhum escapa disso – pelo menos segundo Epicuro...

Os primeiros referem-se à sede e à fome, naturalmente presentes nos homens – e nos animais –, e necessitam de uma satisfação sob pena de perecer. Privar-se de beber ou de comer leva à morte por via de dores e definhamento. Beber e comer restauram a harmonia perdida. Do mesmo modo a proteção contra o frio, pelo fogo e pelas roupas, ou contra os perigos da natureza, pela moradia. Epicuro não diz com precisão, mas pode-se extrapolar legitimamente: o que possibilita o bem-estar do corpo, evita a corrosão das temperaturas baixas, protege dos animais, das intempéries, pode ser classificado sob essa rubrica.

Os segundos correspondem, por exemplo, à sexualidade: também comuns a todos os mamíferos, dados desde o primeiro momento da existência, inegavelmente naturais, em contrapartida eles não parecem necessários – pelo menos aos olhos de Epicuro, que não leu Freud e ignora que uma frustração pode induzir mais estragos e sofrimentos do que prazeres! Os epicuristas que se seguirão – Lucrécio, mas também Horácio e os poetas do círculo campaniense – tomarão liberdades com respeito a esse desejo, que eles tenderão a considerar natural, por certo, mas também necessário. Às vezes o próprio Epicuro, em determinadas afirmações, leva a pensar que não está longe de considerar que a sexualidade pertence ao âmbito dos desejos que é possível satisfazer, contanto que não se sigam dissabores. Naturais e quase necessários, diremos...

Finalmente, últimos desejos, os que são ignorados pelos animais, inventados apenas pelos humanos, que são as honras, as riquezas, a autoridade, o poder, a ambição, a glória. Desejos vãos, sem objetos, vazios, ignoram os limites e nos levam para além do razoável: não naturais e não necessários, pois a ausência de satisfação deles não acarreta nenhuma dor, nenhum tipo de sofrimento. Pior, uma vez realizados eles voltam idênticos, intactos, exigindo a mesma energia que se não tivessem sido satisfeitos. Trabalho puramente perdido, tal como encher o tonel das Danaides, a resposta a esses desejos induz permanentemente a reiteração de negatividade. Não naturais e não necessários são os vinhos luxuosos, as mesas opulentas, as casas dispendiosas, as roupas caras, as práticas eróticas elaboradas, a paixão amorosa, os refinamentos sensuais, que provêm do ápice da cultura e da civilização ao passo que o epicurismo permanece tanto quanto possível um naturalismo – de que Rousseau irá lembrar-se. Pois o desejo desses objetos vãos e vazios aliena, obstrui o espírito, impede a liberdade, a autonomia e a serenidade.

Uma vez estabelecida essa taxinomia, pode-se fazer um cálculo, pois o prazer reside na satisfação apenas dos desejos naturais e necessários. A felicidade, o soberano bem, a alegria, a finalidade hedonista supõem a ausência de perturbações, a paz, a serenidade da alma, a saúde do corpo, a harmonia mantida ou recuperada. Conhecer a lógica dos desejos com que estamos lidando, reconhecê-los em sua diversidade confusa e misturada, saber como responder a eles, evitá-los, nada ignorar das conseqüências de uma satisfação ou de uma recusa a satisfazer são operações que permitem alcançar a verdade hedonista.

Por certo, mas e se essa tripartição, como o quádruplo remédio, funcionasse maravilhosamente de maneira intelectual porém mais dificilmente na realidade, renitente, rebelde, resistente a entrar em um dos três escaninhos epicuristas? E a filosofia? A amizade? A arte? São desejos naturais? Não, os animais os ignoram e só os humanos aspiram ao sentido, à doçura e ao prazer estético... Os universitários fazem contorções e convocam Lucrécio para tapar os buracos na obra de Epicuro sobre essas questões: Lucrécio, de fato, louva os méritos de uma vida natural – diz-se –, a vida das origens, quando os homens têm prazer em almoçar na relva comidas simples, em cantar ou em conversar com amigos seletos... Mas esse quadro idílico nos apresenta a humanidade em sua origem, a cultura em seu início, já longe da natureza! Esses desejos fazem parte do mundo da cultura, não da natureza...

Não naturais, por certo, mas necessários? Não: nem naturais nem necessários, pois há quem conheça a felicidade sem filosofar, sem praticar as belas-artes e ignorando todas as alegrias da amizade... Ninguém morre por não praticar a filosofia – senão, que hecatombe! –, a arte ou a amizade – a essa altura, a humanidade desapareceria em sua quase totalidade... Impõe-se portanto a conclusão: há desejos não naturais nem necessários no entanto desejáveis! Porque geradores de prazeres consideráveis... O desejo de ser epicurista, de pensar no Jardim, de se aproximar de Epicuro, de comunicar-se com pessoas de qualidade, de ler os filósofos, de comentá-los, de partilhar ou confrontar pontos de vista: são desejos não naturais e não necessários, até mesmo artificiais e facultativos, no entanto ricos em potencialidades hedonistas. Epicuristas, mesmo: restaurar uma ordem, fabricar uma harmonia, construir uma serenidade, trabalhar sobre a ataraxia...

10

Prazer do hedonismo ascético. O prazer austero de Epicuro deixa muito atrás de si as caricaturas. Ele próprio teve o cuidado de dizer tudo o que separa essa definição do gozo como produto da ascese do abandono grosseiro às satisfações animais e triviais. Por que contra-senso foi possível ele tornar-se tão verdadeiro a ponto de o dicionário avalizar duas definições da mesma palavra, destinando-a tanto ao discípulo de Epicuro como ao bon-vivant afeito à bebida, à mesa e à cama? A palavra prazer apresenta dificuldades, incomoda, gera reações epidérmicas, o que ela abrange interroga e inquieta todos sobre sua relação com o mencionado prazer.

Só os que lidam mal com seus desejos e têm dificuldade com o prazer têm interesse em recusar a palavra e suas ocorrências, em caricaturar, em impedir o debate, em usar de artimanhas para evitar o confronto, em recusar a validade ou até a própria possibilidade das teses hedonistas. A má reputação de Epicuro informa menos sobre a verdadeira natureza da filosofia do Jardim do que sobre a inibição, os complexos e a miséria corporal de seus adversários: platônicos e estóicos na linha de frente, seguidos pelos cristãos, revelaram consideravelmente, a contragosto, a insatisfação em que se encontravam com relação à sua carne, a ponto de terem tal necessidade de detestá-la, de mortificá-la, de odiá-la... O anti-hedonismo revela sintomaticamente o ódio a si mesmo, concentrado, transfigurado, deslocado, desviado, depois dirigido para um objeto fantasístico suscetível de recolher toda a negatividade acumulada na própria pessoa: o prazer.

Pois o prazer epicurista está muito aquém dos perigos que lhe são atribuídos ou das forças destruidoras de que é supostamente portador. O manual de instruções do Jardim é extremamente parecido com as regras monásticas: a única diferença importante é o plano de imanência do epicurismo. Fora essa questão, a ética poderia ser compartilhada: redução dos desejos, leitura ascética do prazer, prática da doçura e da temperança, exercício espiritual efetuado na comunidade, igualitarismo na clausura, frugalidade e sobriedade, austeridade, despojamento. Por que ignorar a tal ponto o conteúdo do pensamento epicurista e fazê-lo dizer o contrário do que enuncia, a não ser por causa de uma repulsa com respeito ao próprio princípio do hedonismo?

Por certo, a ataraxia epicurista é muito semelhante à felicidade dos ascetas, ao soberano bem dos renunciantes, mas uma característica da doutrina marca a diferença, e ela é considerável: a recusa da dor, a luta contra o sofrimento. Pois o ódio ao corpo, ensinado por Platão, depois o culto à dor dos estóicos, extremamente orgulhosos diante do mal que dizem suportar ao passo que na verdade o amam secretamente, não podem satisfazer um discípulo de Epicuro. Tudo bem quanto ao ascetismo, o rigor e a austeridade compartilhados com os adversários, mas dois universos se opõem quanto à questão do sofrimento: uns lhe conferem uma positividade uma vez que ele possibilita o triunfo da vontade do sábio, os outros o instalam claramente do lado da negatividade, até o consideram a negatividade absoluta... E o hedonismo apresenta aqui suas mais belas cartas de nobreza: não compor com o que faz mal ao corpo e à alma, não compor nunca...

O sofrimento tem um papel fundamental em Epicuro: designa a falta e reclama o prazer. Seu desaparecimento supõe a repleção, a reconstituição e o prazer de ter recuperado sua natureza harmoniosa. Ninguém escapa a esse movimento natural, ele manifesta a lei. Epicuro faz tudo para trabalhar pela evitação do desprazer e cria o prazer na mesma oportunidade, justamente nessa evitação e por ela. Os deuses? a morte? o medo? a doença? o sofrimento? a angústia? São variações sobre uma negatividade a ser destruída. O lugar dessas más afecções? O corpo. O motivo de salvação? O corpo. A medida da dor? O corpo. A do gozo? O corpo. O carrasco e a vítima, o salvador e o faltoso? O corpo. Ele e nada mais – um corpo reduzido a seus componentes atômicos.

11

Uma prudência utilitarista e pragmática. Na perspectiva terapêutica que é a sua, como filósofo-médico, Epicuro – sigamos aqui a tese de Jean-Marie Guyau – inventa o utilitarismo. Evidentemente, Epicuro considera o bem idêntico ao bom, que por sua vez abrange o que parece útil para evitar o sofrimento e criar prazer. Inversamente, o mal e o mau caracterizam o que gera o sofrimento.

Por exemplo: seria inútil buscar matéria para pensar uma estética epicurista digna desse nome. Não há indícios, mesmo que discretos, contra o Belo em si do platonismo, nada sobre a arte, a música, a pintura ou a poesia, a não ser um ou dois incisos: a poesia homérica vende mitos e ficção, tudo numa embalagem atraente similar às seduções das Sereias de Ulisses, o teatro encanta mais ainda o sábio do que o homem comum, esse tal sábio não compra objetos de arte caros, discute sobre música com competência, consagra estátuas, escreve e deixa uma obra, faz leituras em público, por certo, porém nada de mais preciso.

A arte existe menos em geral do que em particular. No absoluto, ela não tem nenhuma importância, mas deve ser considerada relativamente, sob o ângulo utilitário: defensável quando permite escapar ao sofrimento, excelente quando possibilita um prazer, não apresenta nenhum interesse como tal. À maneira de Platão, que faz dela uma oportunidade de ter acesso ao Belo em si e de contemplar as idéias puras, Epicuro submete a estética a uma função pragmática e útil: ela acalma a alma e o corpo, apazigua e proporciona doçura e gozo, vale pelos efeitos produzidos – sua validade reside em sua utilidade, o fato de ter êxito e produzir efeitos, no caso, de dar satisfação.

A partir dessa dupla preocupação – a utilidade catártica e a eficácia hedonista –, Epicuro inventa um tipo de prudência com respeito ao mundo, ao real, aos outros e a si. Não se trata de não refletir, de obedecer aos impulsos, de ser joguete de suas pulsões. O filósofo, o sábio meditam, refletem, pensam, calculam: dietética dos desejos e aritmética dos prazeres supõem um ajuste permanente da teoria à prática, dos fatos à doutrina, da epifania de todos os acontecimentos à reação mais apropriada para vivê-la como ocasião de júbilo e não como fator de dificuldade.

Essa prudência leva a enxergar a prática imediata como a mais capaz de gerar um benefício imediato, por certo, mas também futuro. Um hedonista digno desse nome calcula seus prazeres e não obedece a um desejo por ser desejável tal como é. Consente nele e o encaminha para a satisfação se, e apenas se, a soma dos desprazeres não excede a dos prazeres. O que alegra no momento será recusado se supõe um preço a ser pago em conseqüência. Todo gozo que põe em perigo a ataraxia é declarado não desejável e a ser descartado. A renúncia, a privação estão entre as vias de acesso ao prazer quando essas escolhas permitem conservar a paz da alma, a serenidade do corpo, a harmonia e o equilíbrio obtidos pelo trabalho sobre si mesmo.

Na mesma ordem de idéias, uma dor, um sofrimento momentâneos que produzam uma satisfação mais tarde serão preferíveis a um prazer imediato gerador de uma dor futura. Essa preferência pelo pior que leva ao melhor nunca é destacada quando se trata de Epicuro. No entanto, a ênfase nesse ponto permitiria avaliar a verdadeira natureza do epicurismo: uma força considerável, uma inteligência das situações, um pensamento projetivo, qualidades que configuram uma ascese rigorosa e revelam uma ética exigente. Os abusos da mesa, da cama, os excessos de todos os tipos, as paixões libidinais, pequenos prazeres faltosos e imediatos que serão pagos amanhã, mais tarde, um dia, com dores diversas: degradação e fadigas do corpo, doenças crônicas e genéricas, envelhecimentos precoces, desperdício das energias úteis, histerização das relações sexuadas e outras variações sobre o tema da vida cotidiana impotente...

Essa dialética similar a um tipo de artimanha da razão – preferência pelo negativo para gerar positivo – legitima os aprendizados, os investimentos dolorosos no momento mas produtores de prazeres sublimados a seguir: aprender a falar e dominar uma língua, investir tempo, trabalho e energia na prática de um instrumento musical, até mesmo praticar a filosofia e se construir visando a sabedoria com ajuda de exercícios espirituais rigorosos, esses são exemplos que permitem avaliar como o hedonismo supõe um mecanismo mais sutil, mais conceitual, mais imaginativo, menos sumário do que pensam seus detratores.

12

Cinético, dinâmico, catastemático? Geralmente a história da filosofia registra que Epicuro optava por um prazer imóvel, estático, em repouso, enquanto Aristipo de Cirene praticava um prazer dinâmico. De um lado, Epicuro e sua ataraxia: ausência de perturbações, falta de sofrimento, de dor, negação da negação – em termo técnico, aponia; de outro, Aristipo e seu gozo permanente, sem limite, ativo, voluntário. Um prazer negativamente definido no Jardim: não sofrer, não temer, não faltar, não padecer; um prazer positivamente buscado em Cirene: a alegria, o júbilo, o contentamento ativos e militantes, expansivos, demonstrativos. Os pãezinhos e a água do primeiro, o perfume caro do outro, o hedonismo ascético epicurista contra o hedonismo jubiloso cirenaico.

De fato, as coisas parecem menos distintas do que afirma a tradição. A doxografia cirenaica oferece poucos textos que sejam úteis para decidir o debate. Mas acreditar Aristipo defensor de um só prazer ativo, dinâmico, resulta do mal-entendido geralmente associado à má reputação do hedonista do perfume. Ao continuar com o nariz enfiado nos textos de

Diógenes Laércio e Cícero sobre essa oposição, que se tornou clássica, entre prazeres catastemáticos em repouso do Jardim e prazeres cinéticos da escola cirenaica, deixa-se de lado a parte de dinamismo hedonista em Epicuro e a capacidade de usufruir a evitação do desprazer em Aristipo, o que, evidentemente, supõe uma verdadeira consideração do futuro por parte daquele que é apresentado como um descerebrado que só pensa no momento presente. Um e outro parecem oferecer menos duas concepções opostas do que duas variações sobre o mesmo tema. Seu hedonismo mostra uma diferença de natureza e não de intensidade.

Pois o filósofo asceta frágil e doentio rejubila-se com prazeres instantâneos: a doçura, a amizade, a conversação, a filosofia praticada, a alegria, o contentamento, que são prazeres em movimento; do mesmo modo, o filósofo do dispêndio e da grande saúde, na medida em que propõe um método filosófico para alcançar o prazer, não vive como os animais apenas na dimensão imediata do tempo. Epicuro conhece a cinética do júbilo, Aristipo não ignora o gozo de um tipo de ataraxia ou de aponia geralmente apresentadas como marcas registradas epicuristas. Dois temperamentos se opõem, mais do que duas concepções radicalmente antinômicas: para convencer-se disso, basta não ignorar a biografia de Epicuro nem os textos de Aristipo, ao passo que a tradição ignora a vida do primeiro e desconhece a teoria do segundo...

Só a vontade de reproduzir as categorias clássicas da história platônica da filosofia justifica esse dualismo que opõe os prazeres estáveis epicuristas aos prazeres dinâmicos cirenaicos. Epicuro não pôde contentar-se com essa dimensão negativa do hedonismo, nem Aristipo apenas com a medida instantânea do júbilo. A prática do Jardim ateniense e o corpo de doutrina transmitido a Cirene impedem essa separação artificial. Ao que parece, Epicuro deve a Aristipo mais do que admite e do que se ensina depois dele.

A consideração do instante pretensamente cultivada por Aristipo e pelos seus não pode, por si só, justificar em sua escola a existência de uma teoria do conhecimento, de uma exortação à ascese, de uma proposição existencial e da constituição de uma sabedoria prática... Se usufruir o momento presente é o bastante, de que adianta todo esse arsenal soteriológico que, infelizmente, está esfarrapado e despedaçado? Se esse corpus teórico existe, é prova de que o Cirenaico levava em consideração o porvir e o futuro – ao contrário do animal, incapaz de se desprender do instante, com o qual tantas vezes foram comparados os discípulos de Cirene.

Ao observar a vida dos indivíduos agrupados em torno do Mestre do Jardim, vê-se a prova de que a verdade de uma escola não se reduz unicamente aos textos, aos documentos e aos livros copiados por gerações de glosadores com o espírito crítico adormecido. O primeiro que copia o primeiro erro feito por um compilador mal-intencionado ou mal informado produz uma verdade revelada que gerações se limitam a reproduzir – quase sempre com a ajuda da Universidade. A verdade em história da filosofia reduz-se com muita freqüência à soma dos lugares-comuns cristalizados pelo hábito e pela preguiça intelectual.

Epicuro não se contentou em escrever ou suscitar textos – aliás perdidos em sua maioria –, ele também viveu! Do mesmo modo, Aristipo não se limitou a atravessar a história da filosofia entre duas boas palavras, vestido de mulher e perfumado na ágora. Também propôs um relativismo ético, um subjetivismo metodológico, um niilismo epistemológico, uma patética sensualista, uma sabedoria existencial, uma política crítica, que são gadgets quando usufruir o instante é suficiente! Só a vida e a obra em contraponto podem lançar uma nova luz sobre os pensamentos que geralmente são estudados internamente, como objetos separados de seus autores. Caso contrário, a *vida filosófica* teria sentido? Nossa época, homens e filósofos conjuntamente, com muita freqüência considera a expressão um oximoro...

13

A alma é o corpo, e reciprocamente... A mesma observação vale quanto à oposição entre Epicuro e Aristipo sobre os prazeres da alma e os do corpo. A tradição afirma que no Jardim consideram-se as dores da alma superiores às do corpo, ao passo que em Cirene considera-se o inverso. Pois o filósofo dos pãezinhos limita o sofrimento físico apenas ao instante, ao passo que as dores da alma conhecem ainda as aflições e tormentos vindos do passado ou do futuro; prova igualmente dos dizeres do pensador perfumado: os castigos infligidos aos culpados se exercem sobre seu corpo.

Se os cirenaicos defendem a hipótese de um prazer vulgar, grosseiro – no imediatismo animal e dinâmico –, bestial, deve-se mesmo pensar assim... ao passo que os epicuristas, mais finos, mais toleráveis apesar de seu hedonismo – eles parecem tão ascetas que consistiriam em amigos quase convenientes para os platônicos e estóicos tolerantes... –, só podem celebrar a superioridade de sua carne sobre o espírito, da carne sobre a parcela de divindade deposta pelos deuses no homem. Epicuro acha que os maiores prazeres encontram-se do lado da alma, Aristipo... do lado do corpo!

Para avançar assim tais argumentos, é preciso partir dos considerandos habituais do dualismo que opõe as duas instâncias irreconciliáveis: um corpo material, uma alma espiritual. Tudo bem para os pitagóricos e platônicos, para os quais, efetivamente, as duas ordens existem separadas, distintas, cada uma pertencendo nitidamente a seu mundo. Criado, corruptível, obstrutivo o primeiro, incriada, eterna, imortal, incorruptível a segunda. De um lado uma punição em forma de túmulo, do outro uma chance que possibilita uma eventual salvação. Sensível e inteligível. Mas o que significam esses pares de oposições para o materialista? Para um filósofo que afirma a composição atomista do universo e de toda realidade?

O que é então um prazer corporal para Epicuro? E um júbilo da alma? O que sente o prazer da alma no corpo a não ser o corpo – portanto a alma? Comer é um júbilo corporal, filosofar, uma alegria do espírito, pensam os dualistas: mas que partes separadas, distintas e irredutíveis sentem, ressentem e possibilitam essas sensações em uma matéria única? Epicuro o afirma permanentemente em sua luta antiplatônica: o mundo das idéias pertence à mais pura das ficções, só existem os fenômenos e os sentidos para apreendê-los. Ver as *Cartas* a Pítocles e a Heródoto...

A alma distingue-se do corpo como a cabeça do tronco, os olhos da boca, as mãos dos pés: como partes distintas de um mesmo organismo, cada uma tendo suas funções, por certo, mas ligadas, relacionadas. A identidade da alma reside em sua composição: átomos, por certo, porém mais sutis do que os do estômago, tal como os neurônios do cérebro se distinguem, para os modernos, das células estomacais... A sutileza, o refinamento, o calor das partículas que compõem a alma permitem efetivamente nomear esta última, mas não como órgão separado, apenas como uma convenção de linguagem.

De modo que, para um materialista hedonista como Epicuro, os prazeres do corpo coincidem com os prazeres da alma pois só ela, por sua constituição atômica e sua função orgânica, torna possível a consciência deles, portanto sua existência. Ignoramos demais a teoria aristipiana para afirmar claramente um monismo, mas nada testemunha no sentido de um dualismo, da existência de duas instâncias separadas e, sobretudo, de uma alma imaterial, eterna e em relação com o divino, o céu inteligível... Tudo nos cirenaicos testemunha pela unidade imanente do real.

Como, então, a não ser por razões ideológicas, polêmicas, falar em prazeres do corpo separados dos prazeres da alma? O que a carne epicurista registra a alma atômica decodifica: desejos, prazeres, sofrimentos, dificuldades, júbilos... Só um artifício retórico e uma posição antinominalista permitem recorrer aos dois tempos do dualismo para fazê-los funcionar no sentido de um crédito e de um descrédito: elogio da alma, condenação da carne. Voltamos a encontrar o fio condutor de uma escrita platônica da história da filosofia, incapaz de dar conta corretamente do que escapa à sua lei: a imanência, o materialismo, o atomismo, o relativismo, o ateísmo. Falar de Epicuro como platônico permite manter as noções de alma e de corpo definidas segundo a ordem idealista e não segundo os princípios formulados pelo filósofo de Samos.

14

Gênio da vida filosófica. E se a obra de Epicuro se encontrasse na vida filosófica que ele permite? Longe dos textos, rolos e papéis a serem lidos como documentos secundários, porque existem apenas em função da preparação para a existência sublimada, o Jardim oferece uma microcomunidade selecionada que só merece ser estudada como objeto filosófico. Por certo, a tradição não convida a isso e prefere comentar vagamente pela centésima vez o quádruplo remédio, a classificação dos desejos ou a natureza dos prazeres em Epicuro, achando por demais trivial a questão da existência, da vida ou do cotidiano. No entanto o verbo não tem sentido se não se faz carne, as palavras não servem para nada se não anunciam ou enunciam um tipo de vida, um estilo existencial, uma conversão no registro do dia-a-dia. Antiplatonismo mais uma vez e sempre...

Ora, o Jardim me parece um tipo de personagem conceitual, uma configuração, uma comunidade na qual se concretizam as idéias que um filósofo digno desse nome pratica para o além delas mesmas. Enquanto a Academia ensina uma palavra, uma teoria que parecem muito longe de produzir efeitos no terreno concreto, o Jardim deixa de lado o discurso sobre ele mesmo para brilhar na prova da excelência das teses formuladas previamente. Menos preocupado em modificar a ordem do mundo do que em se modificar, o discípulo de Epicuro rompe com o mundo trivial da família, do trabalho, da pátria, toma o contrapé de toda a sociedade que louva os méritos do dinheiro, das riquezas, da honra e do poder. O que faz o homem comum correr e gera uma vida mutilada, isso é que repugna ao aspirante sábio. Mas viver no mundo como se estivéssemos fora do mundo causa problema: a comunidade o resolve oferecendo aqui e agora uma solução viável.

O Jardim remete ao paraíso terrestre, situado para alguns antigos do lado do Tigre e do Eufrates. Resumo do mundo, oferece um laboratório, um exemplo, o que poderia ser uma sociedade, uma cidade, um planeta inspirados nesse modelo. Se ele existe na mitologia – Zeus desposa Hera no jardim das Hespérides –, os gregos descobrem seu encanto depois das conquistas de Alexandre na Ásia (início do século IV). Ora, Epicuro cria seu Jardim cerca de vinte anos depois, em 305-306, num período em que a conjuntura política sombria pode encontrar seu antídoto na secessão efetuada sob proteção, nessa microssociedade seleta.

O mundo se rompe? A civilização desmorona? As guerras, as fomes, a prevaricação minam o cotidiano? A política e os políticos decepcionam? Os bens materiais alienam, enganam e balizam caminhos sem saída? O trabalho não desabrocha? A família corresponde a algo diferente do que a sociedade ensina desde a mais tenra idade? As relações com a maioria se traçam freqüentemente sob o signo da hipocrisia, do ciúme, da inveja, da traição? A intersubjetividade sexuada cria problemas mais do que os resolve? Normal, o mundo caminha assim e por muito tempo...

Alguns esperam sua mudança, têm esperança na revolução e na virada induzida pelas pressões sociais ou pelas forças políticas. Alguns se contentam em espreitar a mudança de comportamento dos outros, culpados e faltosos por não corresponderem à idéia que fazem deles. Há os que professam, ensinam, falam, enfiam as lições na direção dos outros como as pérolas e vivem como esquizofrênicos: filósofos pelo verbo, comuns, muito comuns, humanos, demasiado humanos nos detalhes de sua vida cotidiana. E o mundo persiste em seu ser: uma selva em que a violência o disputa com a fraude, a força com as trapaçarias...

15

O Jardim, uma anti-República de Platão. E depois há uma outra solução: um Estado jubiloso no Estado decadente, um enclave poupado pela negatividade, um porto de paz no qual não se promete a felicidade para amanhã, em um outro mundo, mas aqui e agora, com o corpo que se tem, sendo o que se é, no quadro geográfico recortado pela vontade dos homens, na periferia de Atenas. O Jardim de Epicuro é a Anti-República de Platão. Pois a Cidade do autor do *Fédon* é perfeita porque ideal e inexistente, ela resplandece, mas sob falsos ouros, ela brilha, mas à maneira de cenários de teatro inabitáveis... O epicurismo cria realidade, mesmo modesta, enquanto o platonismo fabrica ficção – grandiloqüente, além do mais...

Platão deseja a hierarquia, a ordem, a submissão dos produtores à casta do filósofo-rei, sendo que as duas comunidades só se relacionam por intermédio da ordem guerreira? Epicuro realiza uma comunidade igualitária em que os homens valem tanto quanto as mulheres, os escravos tanto quanto os homens livres... a República legitima a mentira contanto que seja pelo bem do Estado – pois o indivíduo não existe só para a comunidade? Epicuro acredita exatamente o contrário! Os fragmentos coligidos por Diógenes Laércio sustentam um filósofo que aconselha manter a máxima distância do político e fustigam o tirano. Platão aspira a organizar a vida privada, legiferar sobre a vida sexual dos indivíduos, punir quem se recusa a submeter sua liberdade pessoal ao estatuto de cidadão do Estado Leviatã? Epicuro acredita no contato entre indivíduos anuentes para construir intersubjetividade livre. O cidadão ateniense rege a comunidade servindo-se da coação, da autoridade, da polícia? O de Samos apela para a amizade. Platão gera os totalitarismos modernos – ler ou reler Popper? –, Epicuro as resistências de sempre.

No campo, longe do mundo, afastado das vilanias produzidas pelas cidades – Horácio o lembrará, Petrarca também... –, o filósofo constrói sua liberdade, fabrica sua autonomia peça por peça, momento por momento, pacientemente. Jovem ou velho, a filosofia sempre traz imensas satisfações: nunca é cedo demais ou tarde demais para praticar a disciplina epicurista. A exortação propagou-se sem realmente produzir muitos efeitos entre os filósofos: viver escondido, não se expor, não tornar públicos os detalhes de sua existência, revelar o acessório para melhor silenciar e ocultar o essencial, falar para organizar seu silêncio, revelar para melhor dissimular o que deve ser mantido sob proteção. O contrário de uma vida em gaiola de vidro conforme obrigaria a República de Platão...

Enquanto Platão, como pitagórico fiel, dá às mulheres um papel secundário (assegurar a reprodução das famílias, a célula básica de toda sociedade, procriar, educar as crianças, realizar as tarefas domésticas e caseiras, pelo menos supervisioná-las com as escravas mulheres a seu serviço), Epicuro elimina toda diferença entre os sexos. Não há misoginia, não há sexismo, não há falocracia, não há redução do feminino aos ovários, mas uma prática livre e comum da filosofia, entre iguais. A tradição conservou o nome de algumas mulheres pretensamente filósofas entre os pitagóricos – Teano, Perictione, Phintys, Melissa e Myia –; elas brilhavam na indigência professando a submissão ao marido, a excelência do silêncio, a perfeição na obediência, a tolerância às dissipações do esposo e outras tolices atinentes à domesticidade conjugal.

A história do epicurismo conserva os nomes de Mammarion, Hedéia, Erotion e Nikidion, Leontion e Temista, pretensas cortesãs com as quais, segundo seus adversários, o hedonista Epicuro teria copulado, evidentemente... O mais provável é que tenham filosofado com Metrodoro ou aqueles a quem foram dedicadas as três famosas cartas – Pítocles, Heródoto e Meneceu – na mais perfeita igualdade. Isso não podia entrar no cérebro de um grego médio da época, convencido, como todos os homens de cabeça estreita do planeta, de que o feminino e a filosofia vivem em dois planetas definitivamente estranhos um ao outro.

16

Poderes do contrato hedonista. O que rege o Jardim, mas também as relações entre os indivíduos, quer façam ou não parte da comunidade, é o contrato. Três Máximas capitais falam disso, ou seja, um punhado ridículo de palavras, todavia um tesouro. A filosofia política epicurista repousa sobre este único tripé conceitual. O resto é questão de interpretação, de extrapolação, como ocorre com freqüência no corpus antigo. O pensamento político moderno – Hobbes e Rousseau, evidentemente – consiste, poderíamos quase dizer, no comentário dessas três frases lacônicas que ensinam: a existência de um direito natural em virtude do qual se reconhece imediatamente o que é útil para evitar fazer mal uns aos outros ou padecê-lo; a ausência de dano ou injustiça – para todos os seres vivos – se nenhum contrato é concluído entre as partes atingidas – povos ou indivíduos; a justiça não tem existência em si, mas relativamente ao mencionado contrato. Pensamentos cardeais, essenciais e geniais.

Eles tornam possível o contrato hedonista que rege toda intersubjetividade: sem ele triunfam o estado de natureza, o vazio, a vacuidade jurídica. A injustiça não existe em si, mas relativamente ao que foi entendido e definido previamente entre as duas partes como constituindo o justo, portanto o injusto. É o caso da fidelidade que supõe a promessa à qual se pode faltar mas se, e somente se, foi professada claramente, entre indivíduos livres, anuentes, excluídos da comunidade dos delinqüentes relacionais. Ou de toda outra virtude – e vício também... – que não remeta à medida ideal platônica, mas à realidade existencial das partes integrantes e envolvidas.

O hedonismo no Jardim, ou em qualquer outra parte quando se pretende viver segundo sua lei, reclama essa condição prévia: manifestar suas intenções, não dissimular seus projetos, formular as expectativas, elaborar juntos a regra do jogo, depois decidir obrigar-se a elas. Eis a maneira de evitar o desprazer e, por conseguinte, produzir prazer: uma técnica simples, clara, nítida, que não admite variações. Avalia-se como é difícil que o quádruplo remédio contenha toda a riqueza do pensamento de Epicuro quando se aborda essa única questão da economia do contrato na gênese de um hedonismo generalizado...

O contrato hedonista impede o transbordamento dos efeitos da inconsciência e da ausência de sabedoria do outro sobre a tranqüilidade do sábio. Viver como filósofo em um mundo que ignora e desdenha a pretensão à sabedoria de alguns supõe um manual de instruções da relação com o outro. Depois da dietética dos desejos, essa aritmética dos prazeres fundamenta a possibilidade encarnada, concreta, de uma existência colocada sob o signo de Epicuro. Quando se afirma que este último convidava seus discípulos a rememorar seu pensamento fazendo como se vivessem incessantemente sob seu olhar, provavelmente ele pensava menos em seu rosto – apesar da abundância de entalhes, perfis, estátuas e representações figuradas de Epicuro que subsistem... – do que nessas lições sobre o princípio do vade-mécum existencial.

Quando a excelência do hedonismo se realiza, quando o contrato hedonista possibilita a comunidade, o sinal disso é a amizade. Entre amigos, o sopro dos deuses passa e difunde as felicidades e os prazeres da ausência de perturbação, mas também do gozo de estar juntos. A doçura, virtude essencial em Epicuro, encontra então seu pleno desenvolvimento: vontade de gozo a dois, interesse bem compreendido do gasto e da profusão afetiva compartilhados, capital de força inestimável, redução da solidão solipsista em que cada um vive, a amizade vale pelas potencialidades magníficas que ela supõe.

O contrato que possibilita essa virtude da escolha funciona também em sentido inverso e pode igualmente gerar o afastamento. No quadro de uma relação com um indivíduo incapaz de contratar – maior embora menor afetivo, intelectual, mental ou psíquico –, mais dotado para a pulsão de morte do que para a pulsão de vida, talentoso para criar os desgostos, os aborrecimentos, os sofrimentos, genial na arte de gerar dores e dificuldades, mas visceralmente incapaz de produzir alegria, felicidade e prazer, o sábio destituirá, descartará o importuno – ou a importuna...

Pois não é possível contratar com todos; o universo não pode ser o campo de batalha de todas as intersubjetividades. A comunidade é possível apenas onde estamos; ela se desloca potencialmente conosco: o Jardim não pode constituir prisão ou asilo, fortaleza ou hospício. O filósofo não se limita ao contexto estrito da comunidade filosófica, talvez ele o seja até mais e melhor fora, ao transpor as portas do Jardim.

Daí a necessária sagacidade: não se filosofa nem se vive uma vida filosófica sozinho, mas tampouco com qualquer pessoa. Para aqueles que não podem entrar decentemente na comunidade seletiva epicurista, pontual ou duradoura, geograficamente localizável, sedentária, ou em relação com os fluxos intersubjetivos, nômades, resta o último recurso dos materialistas, dos subversivos e dos mestres da imanência: Rir – e fruir em outro lugar...

XII
FILODEMO DE GÁDARA
e a comunidade hedonista

1

Excelência da catástrofe. Às vezes o pior gera o melhor: assim, a morte produz sobrevivências, a destruição ocasiona conservações, até do nada surge o ser. Exemplo? A catástrofe vulcânica do Vesúvio que mata, afoga Pompéia e Herculano em cinza, fogo e gases asfixiantes. Nada sobrevive: os ricos e os escravos, os homens e as mulheres, os animais domésticos, petrificados para sempre, reúnem-se às coisas, aos objetos. Por isso, artimanha da razão, esse tempo interrompido testemunha para sempre, tornando contemporâneo o que deveria ter passado, ido embora, escoado. A morte marca aquele dia do ano 79 de nossa era, por certo, mas ela paga seu tributo com uma memória ainda legível até hoje, portanto preciosa por várias razões...

Plínio o Velho morre em Pompéia, ninguém ignora – a carta de seu sobrinho a Tácito conta o acontecimento detalhadamente –, mas Filodemo de Gádara e um punhado de outros filósofos epicuristas – Demétrio Lacon, Carneiscos, Polístrato – são favorecidos nesse dia por uma sorte extraordinária: suas obras escritas são seladas numa ganga de lava com cerca de vinte metros de espessura, imobilizadas mas protegidas dos estragos do tempo, portanto disponíveis para os séculos futuros. Para isso será preciso que os homens descubram, quase mil e setecentos anos depois – em 1753 –, que Herculano e Pompéia foram salvas porque destruídas. Os cadáveres de homens se avizinham dos pensamentos escritos: os vivos morrem, os mortos inscrevem-se na eternidade. Pelo menos enquanto ela durar...

Quando a arqueologia empenha-se em fazer essas duas cidades falarem, ela obtém informações consideráveis para reconstituir a vida dos vivos: petrificada instantaneamente, a vida cotidiana revela seus segredos para além dos séculos. As oficinas e os estabelecimentos comerciais, as prostitutas e seus clientes, os prisioneiros amarrados, assim como os animais domésticos, os fornos de padeiros e as bancas de peixeiros, os lugares de culto, as casas de tolerância, os domicílios particulares, as construções públicas: desse caixão de cinzas esfriadas ergue-se uma população. Em meio a ela encontram-se provavelmente filósofos que vivem numa vila criada mais de um século antes por outro filósofo, Filodemo de Gádara.

Quando, no século XVIII, foram realizados trabalhos em Resina, cidade reconstruída sobre Herculano soterrada, a fim de fazer sondagens visando um poço, fragmentos de cavalos de bronze, estátuas de romanos de toga, entre eles Augusto, e partes de um teatro foram trazidas à superfície: acabava de ser descoberta a cidade antiga recoberta pelas lamas vulcânicas do Vesúvio. Em 19 de outubro de 1752, os operários descobrem a biblioteca de Filodemo sob a forma de 1.838 rolos de papiro impossíveis de examinar por causa de sua fragilidade. Horácio, Ovídio, Lívio e Plínio o Velho são reencontrados, Epicuro confirmado... E Filodemo descoberto.

O processo de Biaggio permite desenrolar lentamente as folhas. A face não escrita recoberta por uma cola especial permite soltar a folha, que se destaca do resto fazendo aparecer claramente os caracteres gregos em que são redigidas as obras de Filodemo: ficam-se conhecendo então tratados dedicados à moral concreta – a vida, a morte, as riquezas, a saúde, a cólera, a lisonja, a franqueza, os estilos de vida, a política –, à estética – retórica, música, poesia –, à lógica – sobre os signos e a indução –, à teologia – a piedade, os deuses, a religiosidade – e à história das idéias e da filosofia. O conjunto fornece uma variante do epicurismo datada do século I a.C.

2

O arquiteto, o mecenas e o filósofo. A Vila, que passa a ser chamada "dos Papiros", revela-se repleta de estátuas de monarcas helenísticos, de bustos de filósofos – três de Epicuro, mas também Demócrito, Pitágoras, Empédocles, Zenão de Cício... –, de poetas – Homero, Safo –, de retores – Isócrates, Demóstenes –, de estátuas e estatuetas diversas – um Mercúrio, uma Dançarina ou o emblema dos epicuristas, um porquinho. Sua decoração suntuosa inclui também pinturas, objetos preciosos e indica um patrocinador importante. De fato, trata-se de Lúcio Calpúrnio Pisão, cônsul em 58, padrasto de César em pessoa. Não se sabe o nome do arquiteto, mas o lugar revela uma amizade entre um filósofo e um rico proprietário, no caso homem político.

Nos meios aristocráticos romanos, essa cumplicidade entre um pensador e um homem de ação, um homem do livro e um indivíduo engajado na cidade, faz parte dos hábitos. Consultor privado, negociador, o pensador oferece tanto conselhos de vida quanto opiniões sobre a política. Trabalha num grupo ou numa família e é mantido para esses serviços. A ligação entre Filodemo e Pisão parece proceder dessa lógica: um sabe, o outro aprende, o primeiro pensa, reflete, teoriza, convida à vida filosófica, o segundo lhe garante abrigo e mesa, assegura sua intendência.

No caso desses dois homens, o cotidiano e o excepcional, a vida do dia-a-dia e a construção da vila, sua mobília, sua decoração, sua biblioteca fornecem oportunidades práticas de amizade epicurista. A Vila dos Papiros, obra de arte total, concretiza na pedra e nos volumes da arquitetura o projeto de uma comunidade filosófica situada sob o signo de Epicuro. Testemunha o fato de que a filosofia, na época antiga, é questão existencial, prática e visível em todos os setores da realidade. A casa hedonista – e a comunidade que a acompanha – equivale à criação de um conceito ou à elaboração de um personagem conceitual: aliás ela é um personagem conceitual...

A Vila de Pisão é tida como uma das mais suntuosas do mundo latino. As estruturas arquitetônicas grandiosas, as decorações magníficas, pinturas preciosas, bibelôs de valor, obras de arte da melhor feitura e de grande qualidade significam uma nova forma de viver o epicurismo. O espírito do Jardim, mas provavelmente não à risca: uma comunidade existencial de amigos, por certo, mas sem a austeridade ascética à qual o Mestre exorta rigorosamente. Com essa casa excepcional, assiste-se a uma maneira de viver o epicurismo. Ela conta a passagem ao ato filosófica e mostra a realização do gênio latino: a preocupação com o real, a paixão pelo concreto, a vontade pragmática.

O que diz essa vila? A passagem da cultura helênica à civilização romana. Nesse lugar da Campânia, fala-se grego, escreve-se grego, mas pela primeira vez imagina-se a possibilidade de falar e escrever outra língua para filosofar: o latim. Fim do privilégio grego, fim do mundo helênico, advento de um universo novo portador de potencialidades novas. De maneira ínfima, em pontilhado, o gênio se desloca para Roma, centro único de um mundo que muda lentamente de eixo. Antes dessa nebulosa epicurista, a filosofia não existe no território romano. Cícero o estóico, Lucrécio o epicurista preenchem essa época.

3

Longe de Epicuro, o epicurismo. A comunidade epicurista constituída em torno de Pisão e Filodemo talvez responda a instalações de outras microssociedades filosóficas nas paragens. Na época, as escolas concorrentes travam batalhas inclementes. As polêmicas livrescas e teóricas o comprovam. Aliás, elas nos valem a memória dos pensamentos visados, mesmo que deformados, mesmo que aproximados: maltratando os epicuristas, Cícero, por exemplo, contribuiu para salvar vários textos, idéias e fragmentos do corpus incriminado... Essas polêmicas também se travavam possivelmente em outros terrenos, especialmente o das sociedades filosóficas inspiradas pelos modelos prínceps: Academia platônica, Pórtico estóico ou Jardim epicurista... A arquitetura filosófica, ou a guerra continuada por outros meios!

O epicurismo se expande muito cedo. Quando Epicuro ainda é vivo, as comunidades florescem um pouco por toda parte: em Lâmpsaco, Mitilene, Apaméia e Antioquia na Ásia Menor, ou no Egito, em Alexandria, contam-se emanações do Jardim. O Mestre dispõe, além do mais, de discípulos aos quais envia correspondências, entre elas as (três) famosas cartas conservadas. A Campânia é um ponto de penetração desse pensamento em território itálico. O poeta satírico Lucílio, por exemplo, evoca banquetes atenienses nos quais se fala de átomos e simulacros, prova de que o pensamento de Epicuro atravessou o mar Adriático.

Em meados do século II antes da nossa era, Alkios e Philiscos, dois gregos sobre os quais não se tem nenhuma informação, propõem-se a implantar a filosofia de Epicuro em Roma. Talvez fizessem parte do grupo de filósofos expulsos da capital italiana em 173 a.C. porque as autoridades julgavam que seu elogio filosófico do prazer corrompia a juventude e celebrava a indolência, virtude oposta às aspirações da sociedade romana da época... Na Bacia do Mediterrâneo, o epicurismo goza de real prestígio.

Filodemo, por sua vez, vem de Gádara, cidade da Síria, onde ele nasceu em 110 a.C. Seu mestre, Zenão de Sidon, inculca-lhe os princípios epicuristas em Atenas. Sua biblioteca talvez provenha de sua cidade natal ou de sua estada na Grécia. A verdade é que sua chegada à Vila de Pisão permite-lhe constituir um autêntico instrumento de trabalho filosófico. Esse oriental helenizado romaniza um pensamento e lhe dá meios para se transformar conservando e ultrapassando um certo número de ensinamentos do Mestre. Atravessando o mundo mediterrâneo de leste a oeste, Filodemo aclimata um pensamento plástico, dinâmico e vivo. Realiza um ajuste no qual se resolve o mistério do deslocamento semântico que parte da ascese grega original e chega ao júbilo romano suave dos anos do último século pagão.

Evidentemente, o rigor doutrinal genealógico se flexibiliza passando os limites do Jardim e mudando de época. O epicurismo torna-se popular. Para o melhor e o pior. O porco de Epicuro, do qual Horácio se vale, qualifica mais o sectário romano do século I a.C. do que o discípulo grego do século III. Também no topo do Estado a filosofia materialista e hedonista encontra adeptos: o séquito de Cícero, o próprio César e alguns oficiais de sua guarda – mas também Cássio, um de seus assassinos; à parte também, os poetas elegíacos; na base, pessoas de baixa condição, modestas. O epicurismo penetrou em todos os meios.

4

Elogio da vida filosófica. Nada do que constitui essa casa filosófica escapa ao projeto da expressão e da encarnação do epicurismo. A forma arquitetônica favorece o conteúdo, por certo, mas também as existências que se desenrolam em seu interior. O arranjo das estátuas em pares, em individualidades que se correspondem, propõe uma meditação sobre o melhor tipo de vida: aos soberanos opõem-se os poetas e os filósofos; em confronto com a vida ativa dos homens engajados no poder e na cidade, encontra-se a vida contemplativa do pensador preocupado em construir sua existência como uma obra de arte equilibrada, harmoniosa, auto-suficiente.

A alternativa Epicuro/Zenão formula, no próprio espaço filosófico, a escolha entre a alegria de viver epicurista e a austeridade estóica, a ataraxia individual e o sentido do Estado, o pensamento grego e a razão latina. A mesma observação vale para o par Hermarco/Demóstenes, que permite encenar, frente a frente, a vida privada do sábio e a vida pública do orador implicado na cidade. O conjunto do programa decorativo da Vila convida a esse tipo de reflexão que procede da lógica binária do "Y" – o famoso *tópos* grego classicamente ilustrado por Pródico de Céos. Filodemo, autor de um livro intitulado *Dos modos de vida*, pôde colocar em perspectiva seu pensamento sobre o tema e esse arranjo estético interior: o livro e a estatuária expressam diferentemente uma mesma idéia – a boa escolha consiste na vida filosófica.

A Vila dos Papiros oferece o exemplo de uma invenção de possibilidades de existência alternativas à franca implicação na cidade. Ela funciona como a comunidade de Epicuro, sobre a qual não dispomos de nenhuma informação: como era esse tal Jardim no subúrbio noroeste de Atenas? Qual sua área? Provavelmente grande, pois sabe-se por Diógenes Laércio que o custo do terreno e da construção elevava-se a oitenta minas – mais do que o preço de uma trirreme, navio de guerra de trinta e sete metros de comprimento que comporta duzentos homens... Quantos homens e mulheres havia lá reunidos? Como se empregava o tempo? Como se distribuía entre o trabalho intelectual, a discussão, as refeições, o descanso? Que financiamentos – investimento e funcionamento? Que orçamentos para que funções? Nada subsiste a respeito dessas questões, no entanto essenciais...

As escavações arqueológicas mostram claramente uma área muito grande, um custo alto e uma vista privilegiada sobre o golfo de Nápoles. Prova de que o epicurismo não rima obrigatoriamente com o despojamento intransigente dos cínicos – por exemplo. Da ânfora diogeniana à Vila de Pisão, a distância se mede em números consideráveis. A mesma distância que entre a vida solitária de Diógenes e o exercício coletivo de Epicuro... A construção do Jardim se realiza graças a ricos doadores conquistados para a causa filosófica – como Leônteo e Idomeneu. Para a vila campaniense, o mecenato de Pisão explica tudo.

Esclareçamos, aliás, que Mecenas, que dá nome à atividade que se imagina, manifesta sua prodigalidade como contemporâneo desse círculo campaniense. Descendente de uma famosa família etrusca, cavaleiro de nascença, ouvido pelo imperador Augusto – epicurista, por sua vez –, ele sustenta generosamente Horácio, a quem oferece sua fazenda na região da Sabina, Virgílio, que lhe deve sua independência e o tema das *Geórgicas*, depois alguns outros atores da vida literária da época. O preço? Apoio ao regime imperial nas obras assinadas por seus nomes... Caído em desgraça perante Augusto depois da execução de seu cunhado, Mecenas retira-se dos negócios e recolhe-se a uma existência de intelectual hedonista. A história lhe atribui a invenção das piscinas aquecidas em Roma...

5

A obra-prima? O emprego do tempo. Como eram os detalhes dessa vida filosófica? O que se fazia das horas, umas após as outras, naquele mosteiro pagão – no qual os cristãos, parece-me, inspiram-se por várias razões? Filodemo de Gádara redigiu epigramas que nos informam sobre a natureza desse epicurismo de carne e osso. O exercício poético versificado tem suas normas, por certo, e alguns imaginam o número de pés mais coercivo do que a idéia. Mas a poética do filósofo comprova: o conteúdo e a forma devem equilibrar-se. De nenhum modo deve-se evidenciar um em detrimento do outro. Se o sírio age conseqüentemente, seus poemas podem informar e testemunhar de toda boa-fé.

A biblioteca dessa vila funciona como cérebro, como coração, como inteligência do lugar. Nela podem-se encontrar os textos canônicos e fundadores, os pensamentos essenciais. Os elegíacos, os retores, os filósofos lá repousam, à espera de uma consulta, de uma leitura. Os hóspedes passam, lêem, meditam, tomam notas, refletem, confrontam seus pontos de vista, relacionam suas visões de mundo com as dos grandes antigos. A teoria epicurista é minuciosamente examinada antes dos exercícios espirituais, dos trabalhos práticos e das atuações. O livro visa a ação, o texto anuncia a concretização.

O trabalho solitário adquire sentido na troca solidária. Depois do encaminhamento pessoal, os amigos se encontram e discutem, trocam. O belvedere que encima a vila oferece oportunidade para uma prática cerebral de troca: fala-se, confrontam-se posições, expõem-se opiniões – diante de um panorama que os amantes do sublime, Longino à frente, podem considerar um exemplo: os parceiros assistem ao espetáculo da vastidão a perder de vista do Mediterrâneo. Irisações solares, malvas, azuis, verdes e pretas da água mágica e magnífica, óleos lustrados pelo sol poente ou cristas ondulantes e espumosas nos dias de muito vento, traçados das embarcações pesadas que escavam no mar um sulco de água profunda, quando não visões de apocalipse – Lucrécio as lembrará em seu *De natura rerum* – dos navios mal calafetados quebrados pelas ondas e reduzidos a um amontoado de tábuas desconjuntadas, teatro de morte para os marinheiros que não sabem nadar... São lições sobre a eternidade, o tempo, a morte, o semelhante ao mar, a seus caprichos, e o dessemelhante de seus acasos, o mesmo das luzes e o outro de suas variações, a caducidade, a duração frágil – ilustrações da temática epicurista...

A teoria, muito bem. Mas a prática, melhor: é pouco provável que essa idéia seduza a comunidade filosófica oficial que avaliza a separação, a ruptura, a fratura entre o texto e a vida. E isso desde as origens do pensamento dominante. Comentadores, professores, verbosos, escribas, retores, lógicos, pesquisadores, pontífices da palavra não faltam à disciplina. Práticos, em contrapartida, parecem mercadoria mais rara. Homens que acham e vivem em conformidade com seus achados, indivíduos requisitados pelo pensamento e convertidos à sabedoria, o desempenho merece que nos detenhamos neles. Filodemo e os seus testemunham nesse sentido.

E sua tensão visa uma obra-prima singular: a construção de si, a escrita e a produção de sua identidade, a escultura de sua subjetividade à maneira de uma obra de arte – um mármore como o Doríforo ou o Hércules de Policteto ou a Amazona de Fídias, três obras expostas na Vila de Pisão. Para alcançar esse fim, o meio é o emprego do tempo, o bom uso de cada segundo concedido entre dois nadas, aquele do qual procedemos, aquele para o qual nos dirigimos a toda velocidade em vista da eternidade. E essa preocupação teórica passa por definições triviais: o que beber e comer? Quando? Com quem? Trabalhar, sim, mas de que maneira? Sobre que assunto, que objeto? Descansar, evidentemente, mas em que proporções? Distrair-se, dormir, pensar no próprio corpo, por certo, mas em que medida?

Os epigramas respondem. Encontra-se neles um elogio da doçura de viver, da amizade, das refeições feitas em comum, das mulheres e da relação com elas – as jovens, as mais velhas, bem conservadas, portanto abençoadas pelos deuses... Sabe-se, além disso, do gosto dos filósofos epicuristas e de seus comparsas pelos jogos e pelas conversações, depois pelo repouso em comum. Frugalidade das mesas, dos vinhos e dos alimentos, nem o excesso luxuoso, nem a afetação de pobreza, uma boa distância entre a ostentação dos ricos e a dos pobres, frente e verso de uma mesma medalha...

6

A doçura de viver. Dois epigramas permitem reconstituir refeições epicuristas. Nada a ver com os filés de urso, o queijo ao vinho cozido, as cabeças de escargots, os porcos recheados com morcelas e lingüiças, os doces priápicos, o Falerno despejado em taças de prata maciça, tudo coroado finalmente por falos artificiais de couro besuntado com pimenta ralada e urtiga pilada, tal como encena o *Satiricon*. A caricatura dos discípulos de Epicuro entregando-se aos banquetes e o deboche do tipo Trimalcião que obrigam a vomitar para ingurgitar mais e mais dispensam uma observação mais detida: tanto no Jardim como na Vila de Pisão, a refeição frugal predomina.

A violência, a brutalidade, os gastos sem limite não correspondem ao ideal epicurista, que deseja o comedimento, a doçura e a paz. O prazer teatralizado por Petrônio não se assemelha em nada ao que é praticado pelos adeptos da filosofia de Epicuro. Por ocasião de uma refeição para celebrar o aniversário do nascimento do Mestre – que formulou tal desejo em seu testamento –, Filodemo ingere produtos da terra e do mar italianos: grão-de-bico, repolho e sardinhas ainda brilhantes de frescor, queijo apenas coalhado no sal, alface, azeitonas. Em outra ocasião, fígado de porco com cebolinhas e uma chicória...

O vinho precioso não existe na mesa dos amigos, mas provavelmente um de produção local pouco alcoolizado. A gastronomia é a da região: simples, verdadeira, arraigada, modesta, mais próxima da natureza do que da cultura que refina, elabora e obriga a variações caras. A condição de vida de Pisão permitiria cozinheiros e suas equipes permanentes, molhos sublimes e preparos rebuscados. Nada disso ocorre. Mais uma vez, *phýsis* contra *nómos*, as lições da simplicidade natural contra as preciosidades artificiais excessivas... Cozinhar pertence igualmente ao exercício filosófico, comer também, os discípulos de Epicuro sabem disso, eles que praticam o pensamento do Mestre tanto em torno da mesa como na atmosfera confinada e silenciosa da biblioteca.

Diante desses alimentos sóbrios, são abundantes as conversações sobre assuntos polêmicos: quais as relações entre riqueza, felicidade e virtude? Qual o papel da utilidade e da honestidade na amizade? Quais as definições do bem e do Soberano Bem? Prazer, Felicidade, Virtude, Sabedoria? Deve-se temer a morte e como viver uma vez que é preciso morrer? O banquete serve à filosofia; a filosofia serve ao banquete. Um e outro se dão sentido mutuamente. Não se come apenas para se nutrir e satisfazer uma necessidade natural e obrigatória, cria-se suplementarmente a oportunidade de um exercício filosófico.

A comunidade se exercita de maneira dinâmica. Textos de Filodemo contam que uma hierarquia reconhecida no seio do grupo permite que alguns guiem outros: os mais avisados, os mais avançados, os aguerridos experientes na filosofia epicurista conduzem os impetrantes, seja de maneira individual ou de modo coletivo. Nos exercícios da preocupação consigo mesmo reina a interatividade. A amizade inspira essa maneira comunitária de proceder: ela se diz menos do que se encarna e se manifesta em gestos, sinais, cumplicidades. Na Vila acredita-se menos na amizade do que em suas provas. Permanentemente, os membros dessa coletividade filosófica devem ter em mente que se trata de viver como na presença de Epicuro.

7

Construção do epicurismo campaniense. Em quarenta anos de exercício, Filodemo de Gádara, ajudado por Pisão, transforma Herculano e a Campânia em capital do epicurismo romano. O filósofo e o mecenas acolhem Virgílio, que freqüenta o círculo por volta de 49; Siron, mestre do poeta, também vive em Herculano, na Vila. Horácio escreve inúmeros versos relacionados ao modo de vida praticado na casa de Pisão, e uma leitura atenta permite identificar uma infinidade de referências ao *Da morte* de Filodemo nas *Odes*, nas *Epístolas* e nas *Sátiras*. A mesma observação vale para Tibulo, cuja sabedoria extrai muito das máximas de Epicuro: desprezar a riqueza, moderar os desejos, renunciar às ficções sociais, visar a calma interior, reduzir as necessidades ao elementar, praticar uma Vênus não alienante. Catulo, finalmente, também espalha por sua autobiografia poética os lugares-comuns epicuristas da época. A filosofia ultrapassa seu campo, invade a poesia elegíaca e contamina a vida cotidiana.

O epicurismo ascético do mestre ateniense conhece uma nova vida sob a forma de um epicurismo hedonista romano. Filodemo, o sírio educado em Atenas e residente na Itália, torna-se autor e ator dessa transformação. A Vila dos Papiros funciona como geografia dessa dinâmica filosófica. O deslocamento semântico do epicurista discípulo do pensamento austero de Epicuro para porco sem fé nem lei, grosseiro animal abandonado aos gozos triviais, provém de um mal-entendido, por certo, evidentemente organizado por seus inimigos e adversários: ele data dessa época.

O mal-entendido reina. Pois esse segundo epicurismo, não mais do que o primeiro que ele suaviza e humaniza, não reivindica o desregramento, o prazer exagerado, a indexação de toda prática pela satisfação grosseira dos animais. Os campanienses recusam tanto a ascese austera e difícil do Mestre quanto o abandono aos gozos fáceis. O excesso lhes convém menos do que a definição de uma nova medida, de um equilíbrio diferente, mais próximo de Aristipo. Nem o prazer reduzido ao matrimônio, nem o de um estróina ou de um devasso romano: uma doçura de viver, uma paz adquirida, uma serenidade que nada vem perturbar – para isso tendem os adeptos da nova geração epicurista.

A teoria de Epicuro permitia aliás essa interpretação. A fisiologia do filósofo fundador obriga à severidade da doutrina: Epicuro faz da necessidade virtude e quer o que a natureza reserva para ele. Como êmulo de Píndaro, trata de se tornar o que é! Mas seu pensamento não condena o prazer em si. Ele próprio certamente não pode suportar doses pesadas de prazer e celebra portanto a dose homeopática, mas não proíbe outras fórmulas: contanto que a liberdade, a autonomia, a independência, a ataraxia não sejam afetadas. Prazeres da mesa ou da cama, estéticos ou outros, contanto que não sejam necessários, podem muito bem ser satisfeitos quando não são seguidos de uma alienação, uma perturbação da alma e do corpo. O epicurismo hedonista romano não contradiz a versão ascética grega. Filodemo e os seus não agem como traidores, como infiéis a Epicuro: eles o interpretam, o lêem, não deformam seu pensamento mas ajustam o espírito à letra.

Daí a coleção de amantes de Filodemo, que supõe uma satisfação de desejos naturais, por certo, mas não necessários. Os epigramas comprovam: o filósofo não sofreu nem perdeu sua liberdade, evitou a paixão e a loucura que ela supõe, pegou no momento o que esses prazeres podiam oferecer-lhe sem que no entanto se seguissem dores, sofrimentos, conseqüências penosas para seu trabalho filosófico sobre si mesmo. Só o que lhe tirasse a razão, o instrumento de sua vida filosófica, era condenável – não os jogos eróticos, os prazeres de Vênus, as alegrias da alcova...

Horácio é pródigo nesse sentido e teoriza o famoso *carpe diem*. Se Filodemo inventa o truque mnemotécnico do quádruplo remédio, o poeta sintetiza o espírito do epicurismo em sua versão tardia com esta fórmula de fortuna considerável: exortação a colher hoje as rosas da vida que murcham depressa, proposição de uma arte de usufruir plenamente um presente que não seja contaminada pela idéia ou pelo medo da morte, sabedoria de um gozo obtido pela coincidência de si mesmo com o mundo na dimensão do momento, alegria sem nuvens obtida no exercício do puro prazer de existir, máximas simples e perigosamente eficazes no terreno existencial...

8

Domar a morte. O epicurismo organiza-se em torno desta evidência: nós vamos morrer. Verdade de La Palice, por certo, mas escondida na maioria das pessoas, que mentem, iludem-se, vivem como se fossem eternas, atordoam-se na vida à maneira de ludiões imortais, distorcem o real, praticam a negação, vogam em pleno bovarismo, esmeram-se na má-fé, debatem-se para não olhar a morte de frente. Epicuro fornece em sua *Carta a Meneceu* a farmacopéia que continua eficaz vinte e três séculos depois para abordar esse problema com toda a tranqüilidade e encontrar a paz. Não é de espantar que diante de uma terapia ativa, vivaz, Filodemo limite-se a retomar as teses do Mestre sobre o assunto. Embora com o passar do tempo o epicurismo revele inflexões, a teoria sobre a morte não se modifica. Atravessa os séculos, indene, ignorando a entropia...

O texto que Filodemo de Gádara dedica à morte mistura as considerações filosóficas clássicas da escola com as afirmações convencionais que constituem um tipo de sabedoria popular decorrente, um pouco insípida, da beberagem das origens. Julgue-se: a morte concerne a todos os homens, independentemente de seus status sociais; ela distingue claramente os homens dos deuses; supõe a dissolução dos arranjos da matéria e de sua recomposição em outras formas; ela não é nada, pois quando estamos aqui ela não está e, quando ela grassa, já não estamos; de modo transtornador, ela dá todo o sabor à vida.

E mais: a existência deve manter-se a igual distância da vontade excessiva de viver e do medo de morrer; dar fim a seus dias antes de ter vivido plenamente não tem sentido; acreditar nos imbecis que proclamam o inconveniente de ter nascido beira o absurdo; não dar ouvidos aos que denigrem a vida e convidam a deixá-la o mais depressa possível; deve-se enfrentar a morte com serenidade, sorrindo, sem temor; preocupar-se com o que acontece depois – sepultura ou não, reputação ou não – não tem nenhum interesse; consentir em tudo o que supõe uma vida situada sob o signo da pulsão de morte, eis o pecado mortal...

Para resolver o problema da morte, viver como mortal e chegar sereno à hora fatal, Filodemo apóia-se numa teologia. As páginas de Epicuro sobre essa questão são completadas por textos do homem de Gádara, especialmente *Como vivem os deuses?*. Encontra-se nele o que já se sabe pelo final da *Carta a Pítocles*, que critica a religião popular, sua fórmula astral, mas também o temor aos deuses: naturais, situados nos intermundos, eles não se preocupam nem um pouco com os homens, com seu destino e suas atividades. Bem-aventurados, incorruptíveis, imortais, fornecem-nos um arquétipo, uma idéia da razão, um modelo: trata-se de viver como um deus – então não haverá nada a temer da morte.

Filodemo completa o retrato do céu, pelo menos dos deuses materiais – embora constituídos de átomos mais sutis, mais finos que outros. O filósofo deve ser o amigo dos deuses, pois os deuses são os amigos dos filósofos. Sua relação pacificada, amigável por assim dizer, gera uma serenidade útil para chegar ao fim de uma existência. Mas sobre os deuses é preciso acrescentar detalhes próprios de Filodemo: sua beleza, por exemplo, mas também a possibilidade de serem sexuados – deuses machos e deuses fêmeas... –, sua vida social e sua língua, racional, portanto similar ao grego...

A piedade exclui uma prece dirigida no sentido da interpelação, da solicitação, do pedido interessado: não nos comunicamos com os deuses para lhes pedir benefícios ou vantagens. Ao contrário dos sacrifícios gregos destinados a garantir a benevolência do céu, longe de toda transcendência, a relação do filósofo com seus modelos instala-se na imanência, no terreno meditativo e espiritual de um tipo de sabedoria pagã. Os deuses epicuristas convidam à imitação, um exercício de que os cristãos – Inácio de Loiola, por exemplo – se lembrarão... Viver tentando calcar sua existência na dos deuses é o que transforma em deus entre os homens – é também motivo para serenidade na perspectiva de deixar esta terra.

9

Habilitação da estética. Filodemo conserva e ultrapassa o epicurismo. Ele mantém o conteúdo, o essencial: o materialismo hedonista, a física ética, o monismo ontológico, a filosofia imanente, a sabedoria terápica, a escatologia ataráxica, a prática comunitária, a teologia soteriológica. E ele apura certo número de pontos: assim flexibiliza a dimensão austera e ascética do início, conduzindo a sabedoria do Jardim a um hedonismo menos rigoroso, menos monacal, para usar um termo inadequado... E para isso inflecte a doutrina em dois pontos: a estética e a política. Por um lado, propõe uma teoria mais ampla das belas-artes, por outro uma exortação cidadã menos radicalmente separada da cidade.

Sobre a questão estética, Epicuro descarta as belas-artes por serem inúteis para alcançar a ataraxia. Desejos naturais (parecem-me mais não naturais...) e não necessários não contam de modo nenhum para levar o indivíduo à serenidade. Também, a poesia reduzida à de Homero é tida como detestável por ser mentirosa, colocando em cena mitos, histórias, portanto erros. Além disso, por tornar desejáveis as paixões humanas, merece uma condenação inapelável.

Filodemo poeta – e Lucrécio também... – não pode subscrever essa opinião. O epicurismo tardio tampouco adere à recusa de Epicuro da cultura em geral. A opção utilitarista, nitidamente indexada pela fabricação de um sábio desvencilhado de toda dor, levou a pensar que o Mestre do Jardim não via interesse em dedicar tempo e energia aos assuntos que ultrapassassem os limites estabelecidos de suas preocupações. A tentação contracultural do primeiro epicurismo, quanto a isso próximo do cinismo, desaparece sob a influência do filósofo da Vila de Herculano.

A estética passa a ser entendida – opção radicalmente premonitória! – como uma oportunidade de júbilo, de prazeres, de divertimentos que aumentam as satisfações buscadas pelas pessoas preocupadas com sua edificação filosófica. No trajeto para a sabedoria, a cultura torna-se menos um entrave do que uma aliada. Filodemo, por sua parte, investe em domínios novos evitados pelos primeiros sectários de Epicuro: a história da filosofia, a música, a poesia e a retórica. Daí uma habilitação da estética na geografia intelectual epicurista.

A descoberta dos papiros da Vila traz à luz, de fato, uma *História da filosofia* em dez volumes assinada por Filodemo. Quando, no século III d.C., Diógenes Laércio (que deixa em suspenso seu trabalho justamente no nome de Epicuro...) redige *Vidas, doutrinas e sentenças dos filósofos ilustres*, ele parece utilizar amplamente o trabalho do pensador de Gádara, que considera todas as escolas anteriores ao epicurismo entidades de que ele tenta extrair a coerência, a evolução, a dinâmica. Até mesmo a carga polêmica, especialmente no que diz respeito a platonismo e estoicismo...

Quanto à música, Filodemo também inaugura. A filosofia antiga é pobre nessa questão. Pitágoras e Platão, por certo, mas sobretudo para pensar com relação ao tema a questão do Algarismo e do Número, da Harmonia, mais do que o problema da recepção dos sons por um corpo suscetível de percepção, portanto de emoções, de sensações e, enfim, de prazer... A Música das Esferas pitagórica ou a Harmonia da Alma platônica voltam as costas resolutamente à teoria do júbilo da música de Filodemo.

Por certo, Epicuro se cala sobre esse ponto. Mas é fácil inferir sua condenação à música por ela não apresentar nenhum interesse direto para realizar a ataraxia. Seu propósito não é afastar os medos, reduzir os problemas, daí ela não apresentar nenhum interesse na economia epicurista dos primeiros tempos. No Jardim, não há músicos... Estranhamente, Epicuro aproxima-se de Pitágoras e de Platão em sua maneira de pensar a música menos por seu próprio ser, por sua natureza e sua essência, do que por suas potencialidades no interior de seu sistema. Como utilitaristas teóricos, eles se apropriam de uma disciplina que não exprime então seu poder com relação aos homens.

Filodemo modifica o discurso epicurista ortodoxo e celebra a música por ela ser capaz de pacificar a alma. Desde o mito de Orfeu, seus poderes são conhecidos; o próprio Ulisses experimenta o poder das vozes sedutoras das Sereias; Platão condena certos modos musicais – o dórico (?) – por serem amolentadores, sensuais e contrários às leis de uma cidade ideal: pelas mesmas razões, Filodemo pensa a questão do prazer acústico. É o primeiro a instalar a estética no terreno dos júbilos que ela pode produzir. Filodemo dá à música suas cartas de nobreza: ela serve para dar alegria, essa é sua virtude. A pessoa a usará então como ouvinte, não como prático, pois o aprendizado acarreta muito mais dissabores do que deleitamentos...

História da filosofia, música, mas também poesia e retórica permitem a Filodemo emancipar-se da crítica epicurista original das artes, da cultura, do saber à margem ou exterior ao trabalho de ascese filosófica. A poesia tampouco representa um interesse essencial para alcançar a ataraxia. Em contrapartida, fornece a oportunidade de belas formas para belas idéias: os elegíacos romanos o lembrarão – Horácio, Catulo, Tibulo, Propércio –, mas também Filodemo, que escreve para seu protetor Pisão um texto político em versos, *Do bom uso do rei segundo Homero*, e também *Epigramas*, ou Lucrécio que redige os seis livros de seu *De natura rerum* em sete mil quatrocentos e quinze decassílabos...

A estética de Filodemo está a igual distância de dois excessos: o culto da forma pura sem nenhuma preocupação com o sentido; a celebração do conteúdo independentemente de toda forma. Nem a arte pela arte, nem sua instrumentalização a serviço de causas extrapoéticas. Tampouco mais a religião da eufonia do que a mania pedagógica, mas um sábio equilíbrio entre a coisa dita e a maneira de expressá-la. Um bom e belo pensamento em uma forma pobre erra o alvo tal como um conteúdo banal embalado em uma estrutura impecável.

Em sua abordagem da retórica, encontramos a mesma preocupação: colocar a arte oratória a serviço de causas justas e filosoficamente boas. Contra a captação dessa ferramenta sublime que é a técnica argumentativa pelos homens políticos – uma pedra no jardim de Pisão? –, Filodemo louva os méritos de um instrumento a serviço de uma causa digna. Mais uma vez, ele se coloca a igual distância da habilidade dialética pura sem conteúdo e das idéias mal apresentadas, propostas ou defendidas.

Em *Dos signos*, ele estuda a questão da inferência e reflete sobre a passagem entre o que é visto, constatado pelo corpo do filósofo e o que pode ser deduzido: como, por exemplo, concluir pelas realidades invisíveis do átomo e do vazio a partir das realidades visíveis? De que maneira chegar à teoria da declividade – referência inexistente no corpus descoberto de Epicuro, mas presente no de Filodemo – tendo recurso unicamente ao que se vê, cheira, saboreia, toca? Derivando a partir da retórica e interrogando-se sobre o sentido dos signos, Filodemo estabelece as bases de um método empírico.

10

As núpcias com a cidade. O epicurismo campaniense emancipa-se portanto da doutrina de Epicuro. Sobre a poesia, a retórica, o uso da cultura, a música – e o que dá prazeres indiscutíveis –, as idéias mudam. O prazer torna-se menos o resultado da negação das dores, dos medos e dos sofrimentos, deixa de se definir de maneira puramente reativa – ausência de dificuldades – e adquire uma nova dimensão, positiva, construtiva, voluntarista: é desejado pela satisfação que proporciona, na medida em que esta não afete o capital de paz e de serenidade acumulado. O gozo proibido coincide com o júbilo que altera o estado de quietude mental, física e psíquica ao qual se chegou à força de trabalho sobre si.

A ruptura com Epicuro parece mais nítida no terreno político. O Mestre exortava a um tipo de secessão com respeito ao mundo. Propunha romper com a cidade, não violentamente, brutalmente, ostensivamente, mas deixando sem cerimônia a vida trivial e fervilhante para entrar como filosofia no Jardim em que tudo é calma e volúpia... Distante, ao abrigo, longe dos tumultos do mundo como é, evitando as perturbações, era possível pensar numa prática existencial eficaz e incandescente. Epicuro inventa o mosteiro e a tradição cenobita.

Mais tarde, Filodemo estabelece as modalidades de um clero secular epicurista e pensa a política menos em termos de recusa do que de infiltração: um homem político epicurista, eis uma idéia nova, tanto se parecem oximóricos desde as origens política e epicurismo. A tradição opõe os estóicos engajados na cidade aos epicuristas em ruptura com o mundo real. Ela se engana, pois muitas figuras engajadas na política politiqueira de Roma invocam o epicurismo ou sofrem sua influência.

Cícero, a quem se deve esse tipo de simplificação, tinha muitas razões para cultivar esse maniqueísmo simplista, redutor e errôneo. Entre outras, o fato de Pisão, protetor de Filodemo, não o ter apoiado em um caso de promoção política, fazendo escorrer-lhe entre os dedos o governo da Macedônia, que ele cobiçava e que passou às mãos de seu inimigo. Desde essa época ele começa a acumular fracassos e vê-se na obrigação de defender seus inimigos de antes – Gabinius, por exemplo, que fizera tudo para mandá-lo para o exílio em 58... –: razões para odiar os epicuristas. Os filósofos nem sempre são sábios, os estóicos sendo às vezes incapazes de agüentar e de se abster – sua máxima – com elegância...

Portanto, deixemos para trás a idéia de um discípulo egocêntrico do Jardim, preocupado apenas consigo mesmo e que se esquece do mundo, em contraposição a um partidário do Pórtico, engajado nos assuntos da cidade, virtuoso, magnífico, grande senhor, idêntico aos clichês dos filmes históricos... A versão de Cícero diz mais sobre a incapacidade de um homem para viver à altura de seus ideais do que sobre a verdade de sua tese. Pois há epicuristas implicados na vida da cidade e na política cotidiana romana – lembremo-nos de César e de Cássio.

A passagem do epicurismo grego para sua versão romana supõe também uma translação da ascese austera do Jardim ao júbilo voluptuoso da Vila, da ordem metafísica helênica ao registro pragmático latino. De um lado, um resto de ideal ontológico, de pensamento puro, de meditação seca; do outro, uma preocupação utilitarista, uma tensão realista, um objetivo imanente. Passando de um mundo a outro, efetuando seu trajeto de leste a oeste, o epicurismo abandona as regiões rigorosas da filosofia que despreza a questão da cidade para chegar a terras em que a paixão política é vivida de maneira incandescente e fundamental.

11

Uma ataraxia política. Antes de interferir no terreno político prescritivo, Filodemo faz uma crítica em regra da política. A inflexão se faz sempre dentro do espírito de uma superação de Epicuro e de sua conservação. Num ponto de vista instalado para além de sua desconfiança com respeito à coisa pública, mantém-se em mente no entanto a lição do político considerado um domínio no qual a soma dos aborrecimentos revela-se quase sempre superior à quantidade de satisfações obtidas. O empenho não se justifica: o ideal (grego) consiste em manter-se a distância, o real (romano) não exclui a possibilidade de um certo tipo de linha comum entre a filosofia e a política. Não é que o filósofo deva preferir a ação pública a seu trabalho sobre si mesmo, mas o homem ativo e eleito na cidade deve poder agir de acordo com uma filosofia. Não há necessidade de reativar a fantasia platônica do filósofo-rei, basta pensar nas condições de possibilidade de um rei que conheça um pouco de filosofia. Epicurista, no caso!

A crítica do político efetuada por Filodemo teria alegrado os cínicos ou os cirenaicos: investindo nessa atividade perde-se a alma, a tranqüilidade, a serenidade. Ciúme da plebe, descrédito dos políticos aos olhos dos cidadãos, exposições perigosas às multidões inflamadas, ingratidão dos indivíduos, à mercê das humilhações, o engajamento público só gera aborrecimentos, riscos. Filodemo acrescenta: os homens políticos valem tanto quanto magos, suas vítimas pesam tanto quanto bois abatidos no açougue...

Não é um balanço brilhante, é pouco animador... O que fazer? Se se trata de permanecer no ideal e de não ouvir as lições do real, evidentemente deve-se persistir na ética de convicção de Epicuro, tão grega, e recusar toda implicação política; em contrapartida, posição que pertence à ética de responsabilidade, tão romana, quando se quer praticar a filosofia na vida cotidiana, é preciso conceber uma terceira opção e acreditar na possibilidade de infundir a filosofia na política. Pois a melhor política define-se como aquela que torna mais facilmente praticáveis a atividade do sábio e a realização da ataraxia.

Deixemos pois a política aos políticos, mas tratemos de instruí-los, de melhorá-los fazendo com que conheçam um pouco de filosofia. Os bustos de homens políticos que ornam a Vila dos Papiros não são escolhidos inocentemente. Trata-se de monarcas helenísticos que tiveram relações com filósofos epicuristas: Ptolomeu Filadelfo, Filonides, mas também

Demétrio Poliorcetes, Antígono Monophthalmos, Lisímaco, rei da Trácia, com os quais Epicuro teve relações – às vezes tensas. Um bom rei, dentro do espírito epicurista, é um ideal pensável...

Filodemo conversa com Pisão sobre esse tema numa obra redigida em versos. De maneira clássica no epicurismo, o texto recusa tanto a democracia como a tirania: nem o poder da maioria inculta nem o de um autocrata. A sabedoria volta as costas às massas e aos déspotas. A solução, a medida intermediária, está na monarquia: o poder de um só que parece mais facilmente favorecer a filosofia. Assim, lendo Homero e refletindo sobre o que pode definir o melhor governante, Filodemo esboça um retrato e estabelece uma lista de qualidades do rei ideal – e de seu conselheiro, sob cujos traços reconhecemos... Cícero!

A melhor política deve permitir o exercício de uma ética epicurista: o Rei tratará portanto de realizar um tipo de ataraxia estatal. Sem problemas, guerras, injustiças, sem despotismo, tirania, arbitrariedade, sem fomes, misérias, sem violências, mas com uma serenidade na cidade que possibilite a existência pessoal e individual desenvolvida em tranqüilidade. Favorecendo a paz social, ele abrirá caminho para que haja condições de aparecer a serenidade no sábio. Nesse aspecto, seu trabalho evolui à margem da filosofia.

O retrato do bom Rei conforma-se ao tipo de edificação: respeitador dos bens do outro, incapaz de cometer homicídios, benevolente, sem deixar de usufruir os benefícios da terra, respeitador dos mortos, sóbrio, dotado para a administração de bens, nunca é grosseiro, é doce, clemente, equilibrado, ignora a severidade, não é vingativo nem conspirador, detesta mais do que tudo a discórdia, o tumulto, a inveja, tem por modelo a prudência e a sagacidade de Ulisses, orienta-se na direção da justiça, leva a bom termo todas as suas ações sem nunca recorrer às armas. Inspirado pelo filósofo que tem como modelo o sábio Epicuro, por sua vez sabedor da excelência dos deuses, Filodemo demonstra que a transcendência nunca parece tão desejável como quando desperta a imanência...

XIII
LUCRÉCIO
e "a volúpia divina"

1

Maldito seja o filósofo! Tito Lucrécio Caro, dito Lucrécio (anos 90 – anos 50 a.C.), arrasta atrás de si uma péssima reputação – tanto mais infundada porque nada subsiste de sua existência... Ninguém mais do que ele parece respeitar ao pé da letra o princípio epicurista que exorta a que se esconda a própria vida. De modo que sua biografia não comporta quase nada de certo: nem as datas exatas de seu nascimento e de sua morte, nem sua origem geográfica, nem sua camada social, nem sua aparência física, nem seu caráter, nem seu temperamento, nem suas relações, nem suas aventuras amorosas, nem seus engajamentos políticos, nem seus ascendentes ou descendentes potenciais, nem o lugar ou os lugares em que permaneceu...

No entanto, não faltam boas almas que preencham esses vazios com conjecturas, uma mais estapafúrdia do que a outra. Os mais preocupados em manter uma aparência de veracidade extrapolam a partir do poema; os menos recomendáveis desses parasitas, cristãos alinhados/de primeira linha, contentam-se com calúnias, maledicências, difamações. De modo que os primeiros, apoiando-se em análises sintáxicas, mirando o vocabulário, tendo construções gramaticais como testemunha, dando fé a descrições de paisagem, vislumbram nascimento campaniense, morada romana; ao ver o estilo familiar da dedicatória a Memmius, certo pesquisador deduz um pertencimento social à casta dos cavaleiros, até mesmo à dos patrícios...

Os segundos, estóicos e cristãos caminhando de mãos dadas, aproveitam a ocasião e inventam uma existência desordenada, pensando provavelmente que da vida do homem se induziria uma obra incoerente, indefensável, inapresentável. O principal responsável por essa tentativa de calúnia tem por nome Jerônimo. Estado civil: santo da Igreja católica, apostólica e romana. Brilhante no amor ao próximo, como todos os de sua casta, deve-se a ele o pacote de informações detestáveis sobre o poeta redigidas no apêndice às *Crônicas* de Eusébio de Cesaréia.

Dálmata convertido a Roma, Jerônimo deixou nome como epistoleiro, comentador do Evangelho de Mateus, exegeta e biblista – ou seja, tradutor e revisor do texto latino da Bíblia. O fato de que tais tarefas pertençam a indivíduos tão pouco escrupulosos, honestos e leais mostra claramente a idéia que se pode ter da massa de escribas que fabricam o cristianismo a partir de um Jesus de ficção, entre o final do quarto e o início do quinto séculos de nossa era... As bibocas em que se fomenta a fábula cristã supõem um elogio dos textos bíblicos ao mesmo tempo que a construção de um descrédito das obras incompatíveis com o cristianismo. O materialismo radical, o ódio à religião e a seus padres, a desconstrução dos além-mundos que encontramos em *De natura rerum* instalam de fato a obra e seu autor na lista Otto dos idólatras de Cristo...

O que dizer das vilezas de Jerônimo com relação a Lucrécio? Ele reprova – numa bela fórmula, mas provavelmente sem desejar que o fosse... – seu *materialismo encantado*. Encantado como as coisas envolvidas em sortilégios, nimbado pelas auras mágicas tecidas por feiticeiros ou feiticeiras, coberto por um elixir maléfico. Evidentemente, a lei que diz que fazemos ao outro as críticas que não conseguimos dirigir a nós mesmos funciona aqui maravilhosamente: um santo cristão que critica um filósofo materialista por seu gosto pelos encantamentos; um adorador de virgem que dá à luz, de espírito santo que copula e de taumaturgo que transforma água em vinho reprovando um desconstrutor radical das coisas em termos atômicos é o Hospital vaticanesco desdenhando a Caridade racional...

No detalhe biográfico, seguindo-se à violência que escamoteia a obra e seu conteúdo, Lucrécio é objeto de uma condenação sem apelo: enfeitiçado por um elixir do amor que o enlouqueceu, o filósofo beneficiou-se apenas de alguns momentos de trégua para escrever seu poema – que bela lucidez entre as crises! – antes de se suicidar aos quarenta anos. Quem pode interessar-se pelo pensamento de um doente mental que acaba por se matar em plena força da idade? Que imbecil creditará ao poema epicurista uma onça de interesse sabendo que ele provém de uma individualidade perturbada? Difícil *agápe* entre os partidários do Crucificado...

Para bem caluniar, é preciso transformar uma hipótese plausível em verdade comprovada. Nada parece mais fácil de ser apresentado como verdadeiro do que o verossimilhante. Assim, lendo as páginas dedicadas por Lucrécio ao amor, pode-se constatar uma descrição minuciosa das devastações do amor-paixão. Anatomista meticuloso, trabalhando com escalpelo, sem poupar nada, desfigurando as certezas mundanas sobre essa questão, limpando o abscesso até o osso, o filósofo abala ou inquieta – no sentido etimológico. Nunca uma tal caricatura foi esboçada com tanta verdade e crueldade.

A partir desses versos, Jerônimo infere uma história abracadabrante, mas que parece corresponder à realidade do texto: para escrever com tanta perspicácia e esquadrinhar desse modo os abismos humanos, ele deveria estar apaixonado. E não pouco! O que pode então gerar semelhante loucura senão um enfeitiçamento? Portanto elixires associados ao perfume de feiticeira – pois o espectro da mulher vela em todo cristão! Como um homem poderia ter se aproximado tanto da loucura sem ter sido tocado por ela? Tocado, portanto arruinado...

Com base nesse princípio, cometendo a mesma aproximação lógica, alguns concluem que o quadro da peste que mantém suspenso o poema inacabado emana evidentemente de uma testemunha direta, tantos são os seus detalhes mórbidos visíveis apenas ao vivo. Demasiadas exatidões, cores, cheiros, minúcias, demasiado conhecimento da alma humana num caso como esse, demasiada sapiência para um só homem. Portanto, ele viveu a peste. Portanto, mais uma vez, ele morreu de peste, no momento em que escrevia sobre o assunto. No todo parece coerente. Salvo que o detalhe lucreciano procede de uma leitura dos textos hipocráticos que descrevem o processo pestilencial com a profusão de minúcias própria dos médicos então também legistas, anatomistas e epidemiologistas...

Enfeitiçado, sob a influência de uma mulher, louco varrido, lúcido pelo tempo de escrever seu poema, mas assim mesmo marcado pelas taras da doença, Lucrécio parece muito pouco recomendável para um cristão. Evidentemente, evita-se o essencial: a redução atômica de toda a verdade, o desmantelamento das forças que animam o mundo, a ausência de criação datada do universo, seu fim anunciado, suas recomposições sucessivas num ciclo mecânico cego e sem providência divina, teses anticristãs intempestivas que podem servir perigosamente à constituição de uma filosofia alternativa à dos vendedores de ilusões católicas. Mais fácil denunciar o louco!

2

Persistência dos anátemas. Apesar – ou por causa? – da ausência de detalhes biográficos, os exegetas não deixam de confeccionar para Lucrécio trajes diversos: tropismo machista aqui, sintomas psiquiátricos ali, o filósofo gerou numerosas abordagens projetivas que mais comprovam obsessões e fantasias do analista do que verdade do ser e da obra. Deixemos de lado a leitura pós-freudiana de uma filosofia pré-cristã, a polícia do politicamente correto e seus deslizes consternadores – Lucrécio inventa a libertinagem e, que eu saiba, basta ler, não a reserva aos homens... –, e examinemos a redução psicologizante.

Um Doutor cujo nome pouco importa – vale sobretudo como sintoma das doenças que ele pretende identificar nos outros – acusa Lucrécio de todos os males psíquicos de seu Manual: fácies depressiva (como ele estabelece o diagnóstico na ausência de uma iconografia?), misticismo recalcado (bem recalcado, então, pois mais radicalmente imanente do que Lucrécio, é de morrer...), predestinação ao suicídio (que provas além das santas alegações do pérfido Jerônimo, sicário-chefe?), delírios melancólicos (que sintomas identificáveis em sua existência? onde? quando?), culpa de origem sexual (a impotência do terapeuta atribuída a seu paciente! um clássico...), desgosto da vida e transtornos psíquicos (a vinte séculos de distância, sem nenhum testemunho sobre o que foi o cotidiano do filósofo! parabéns...). Esse médico de Molière borda trezentas e cinqüenta páginas sobre essa tela de estudante de primeiro ano de psiquiatria...

Mais adiante, porém, entre a citação de são Jerônimo que abre o livro e duas ou três considerações do autor sobre a religião do verdadeiro Deus à qual ele adere – era de esperar... –, ficamos sabendo que o medicastro escreve no próprio momento em que a Academia de Ciências de Moscou celebra o bimilenário de Lucrécio: 1946. Um filósofo louco, doente, suicida, anticristão por antecipação, psicótico, que além do mais é celebrado como precursor por um regime comunista, não pode realmente ser totalmente apresentável nem digno desse nome. Se tivesse sido menos radicalmente anti-religioso seria possível imaginar um diagnóstico menos categórico. Mas neste caso, condenado por um santo e celebrado pelos bolcheviques, irrecuperável pela Igreja e recuperado pelo materialismo dialético, Lucrécio tem mesmo que merecer o bastão.

Eis um homem cujos inimigos não são os amigos do hedonismo! Estóicos lançadores de calúnias, cristãos que as retomam e aumentam, médicos psiquiatras com orelhas de burro, feministas pós-modernas que reativam o platonismo excitando-se fora do contexto e categorias históricas, Lucrécio incomoda. E tanto mais quando se trata dos partidários do ideal ascético que não gostam nem do corpo, nem das pulsões, nem do prazer e transformam sua incapacidade de habitar um corpo feliz em ressentimento generalizado maquiado sob os pretextos do universal.

3

Ódio à lucidez. Lucrécio paga por sua extrema lucidez o preço de um delírio sobre seu nome. Habitual... Ninguém gosta dos que rasgam o véu e eliminam as ilusões sobre as quais a maioria das pessoas constrói suas existências minúsculas. Lucrécio assassina as ficções, mata, calmamente, pela razão racional e raciocinante, as construções enviesadas: o céu habitado, os deuses vingativos, as religiões castradoras, as esperanças do além, a mecânica dos sentimentos, o preconceito monogâmico, a lógica amorosa. Tanto na terra como no céu, ele sacrifica as quimeras no imenso braseiro de sua filosofia materialista e mecanicista. Está entre os primeiros a instalar seus palácios conceituais para além do bem e do mal.

O mundo caminha, aos trancos e barrancos, porque a maioria mente para si mesma, se ilude, constrói cenários de teatro nos quais inventa histórias. Para não olhar de frente a miséria de sua existência, o trágico de seu destino, o ridículo de todo divertimento social e a inevitabilidade de seu desaparecimento anunciado. Daí seu delírio de invenções, suas técnicas criadas para evitar olhar o que deve ser visto. Negação, má-fé, recalcamentos, projeções, bovarismo são mecanismos de defesa estabelecidos durante séculos pelos homens para escapar à crueza da evidência. São ficções, fábulas, mitos que atrapalham a inteligência e o avanço na direção da verdadeira filosofia – a que produz a sabedoria, a paz consigo mesmo, com os outros e com o mundo.

Nem otimista nem pessimista, Lucrécio estabelece as bases de um pensamento trágico. Em nenhum momento opta pelo melhor dos mundos possível, menos ainda pelo pior. Para fazê-lo, seria preciso que ele tivesse montado seu acampamento filosófico nos terrenos da moral onde se encontram o bem e o mal, o bom e o mau. Em nenhum momento o filósofo se move no prescritivo, no normativo: ele descreve o mundo como é, mostra a realidade tal como aparece a um olhar experiente e lúcido. Também aqui ele inaugura a postura do sábio que não quer rir nem chorar, mas compreender. Nem as lágrimas de Heráclito, nem o riso de Demócrito: a sagacidade de Lucrécio.

Sobre o mundo, ele adota o ponto de vista de Sirius: vê o que os outros não vêem imaginando-o, deduzindo-o. A inteligência supõe altura, recuo, profundidade, perspicácia. O segundo canto do poeta fornece uma imagem: de longe, não se vê o detalhe, contudo ele existe. Tal como não se avistam na colina distante os carneiros que, no entanto, pastam nas vertentes cobertas de capim; ou o movimento das legiões em manobra, nem sua correria, seus gritos, o tumulto que provocam, e no entanto elas existem; não captamos a priori, apenas com a ajuda dos sentidos, a organização refinada e secreta, invisível e oculta do funcionamento dos átomos que compõem toda a realidade, mas ela existe, eterna e mecanicamente ajustada. Praticando esse método já não se pensa no mundo como superfície, mas com a profundidade que ele requer.

A lucidez se adquire assim: não se contentar com a aparência, muitas vezes enganadora; recusar as evidências transmitidas de geração em geração, dando preferência ao trabalho filosófico; descartar as opiniões, optar pela investigação. Utilizar os sentidos, por certo, saber que o conhecimento passa por eles, evidentemente, mas não se limitar a eles e acrescentar os poderes da dedução, da razão, da reflexão. Partir do que ensinam a visão, a audição, o olfato, o tato, o paladar, sim, mas chegar às certezas por meio de uma operação intelectual de dedução. Os abderitanos que partiram da poeira que dança no raio de luz deduziram a existência de partículas microscópicas, invisíveis, mas efetivamente existentes.

O ponto de vista de Sirius não convém às pessoas que se alimentam de opiniões e de clichês. O homem comum reitera as besteiras de sua época, o que não apresentaria nenhum inconveniente se essa aceitação das tolices dominantes não fosse acompanhada, com muita freqüência, por um ódio àquele que pensa mais longe que seu tempo, que se aprofunda, que estuda sozinho, sem se preocupar com a opinião que se tenha sobre ele. Quase sempre a lucidez vale a seu usuário o desprezo das multidões, das massas e dos que vivem da exploração da miséria intelectual da maioria. Os padres e suas Igrejas, os príncipes e seus Estados, com muita freqüência...

4

Amigo, não há amigo... A Antiguidade pensa a amizade como nenhuma outra época. Os grandes textos fundadores – o *Lísis* de Platão, o livro VIII da *Ética nicomaquéia* de Aristóteles, as *Sentenças vaticanas* de Epicuro, *Da amizade* de Cícero... – continuam insuperáveis vinte séculos depois. A comunhão dos bens; as espécies de amizade; seu exercício entre indivíduos desiguais; seus benefícios; seus deveres; sua lógica, toda essa casuística encontra suas soluções nos debates mais elevados do pensamento greco-romano. Mas Aristóteles dirige-se também ao amigo, revelando-lhe que não há amigo... Lucrécio deveria ser vítima amarga dessa verdade dolorosa.

O epicurismo atribui lugar muito importante à amizade. Ela apresenta uma utilidade, no bom sentido do termo, pois visa a excelência, a paz consigo mesmo e com os outros, a construção de uma alma e de um corpo alegres; mesmo na ausência de exercício dessa virtude, saber que ela existe é suficiente para proporcionar prazer, pois só sua potencialidade irradia; sua prática permite encarnar a benevolência, qualidade importante do filósofo epicurista; sua existência cimenta a vida filosófica e comunitária. Epicuro considerava seus discípulos amigos, e vice-versa. Pítocles, Heródoto, Meneceu, responsáveis por Jardins disseminados, tinham com o Mestre uma relação desse tipo. Metrodoro, amigo particularmente amado, deveria ser o sucessor do fundador – se a morte não o tivesse levado tão cedo.

Lucrécio não fala de amizade em seu poema. Em contrapartida, as passagens dedicadas a Epicuro nos primeiros versos de cinco livros em seis mostram os sentimentos que contavam para construir uma amizade, mesmo com um século separando os dois homens: admiração, respeito, sedução, fascínio, doçura, benevolência. E além disso há a dedicatória a Memmius, que permite descobrir, infelizmente, que Aristóteles tem razão em sua trágica constatação sobre a amizade...

Pois Lucrécio empreende a escrita desses milhares de versos unicamente para uso de Memmius, Caius Memmius Gemellus, agraciado pelos favores de Vênus, segundo o filósofo. Ilustre descendente de uma família nobre, interpelado no texto quase uma dúzia de vezes – onze, exatamente –, uma delas acompanhado pelo epíteto glorioso (tal como Vênus e Epicuro!), o personagem parece ter sido tudo menos verdadeiramente glorioso... Pois Lucrécio faz de tudo para propor, de um modo que lhe parece o mais agradável para o amigo – o poema –, uma exposição da doutrina de Epicuro, e esse político desonesto refugiado em Atenas depois de um caso obscuro de corrupção de cônsules e de áugures planeja construir sobre as próprias ruínas do Jardim uma espécie de projeto imobiliário destinado a apagar todos os vestígios do Mestre de seu rimador suspirante!

Embora Epicuro manifeste reticências com relação à poesia, suspeita de contar lorotas e de servir à fábula dos mitos, Lucrécio empreende a redação desses milhares de versos para levar Memmius a se converter à filosofia epicurista. A doutrina parece amarga, assemelha-se a uma beberagem austera, como um remédio de gosto forte como o absinto, não importa: a poesia agirá à maneira do mel, doce excipiente que confere a eficácia à poção apesar da ingestão desagradável. Uma vez a taça lambuzada com o líquido doce, o remédio passará sozinho. Memmius, orador, político, retor, poeta quando lhe apraz, governador de Bitínia, genro de Sila, adepto de Pompeu, depois de César, não irá curar-se de sua maldade congênita... Fraudador, oportunista, exilado, empreiteiro de construção inescrupuloso, indigno do presente sublime de Lucrécio, Memmius prova que a amizade muitas vezes parece ainda mais sublime quando se mantém como voto piedoso...

5

Uma pintura do elã vital. O materialismo é considerado com freqüência, por seus detratores, um mecanismo sumário, rígido, frio, redutível a uma equação matemática. No Século das luzes, a metáfora do homem-máquina reforçou a imagem: polias, rodas, engrenagens, antes que a revolução industrial acrescentasse pistões, trações, pressões e que desaparecesse a referência ao motor em proveito de outra: o disco rígido informático. Em todos os casos, causalidades indiscerníveis parecem animar uma filosofia estigmatizada por sua simplificação exagerada.

A oposição entre a vida, a idéia, o imaterial dos espiritualistas, e a mecânica, o átomo, a matéria dos partidários da imanência pura age como *tópos* da história da filosofia. Assim, os platônicos não excluem as partículas concretas, o mundo real, nem os epicuristas a alma ou o espírito – em Lucrécio, o espírito impulsiona a alma que comanda o corpo e se encontra na parte mediana do peito. Em contrapartida, a alma está em toda parte no corpo. O espírito pensa, experimenta os sentimentos; por sua vez, a alma corresponde ao princípio vital.

Com muita freqüência deixa-se de lado a questão da vida entre os materialistas. Pena, pois às vezes encontrar-se-ia um vitalismo que a tradição fossilizada impede de ver em ação – já que a primeira opção é considerada contrária à segunda... Então, Lucrécio vitalista? Sim... Estranhamente, mas certamente, o pensamento do filósofo atomista pertence ao âmbito dessa sensibilidade oximórica: um materialismo vitalista. No próprio cerne do poema encontra-se singularmente, duas vezes, a expressão *elã vital* (III, 399 e 560), tão brilhantemente honrada por Bergson – sobre o qual freqüentemente se ignora o fato de que redigiu para éditions Lagrave, em 1883, um longo texto de apresentação de excertos do filósofo-poeta. E essa noção não está isolada no texto, onde se encontram inúmeras referências a uma dinâmica inominada, um sopro, um calor, forças, sensibilidades sempre definidas e qualificadas pelo epíteto vital. Em outras partes encontramos *forças criadoras, nós vitais, princípios fecundantes*, um *movimento eterno*, uma *vida imortal*, variações sobre o tema do vivo celebrado mais do que o desejável.

Já não ignoramos, Lucrécio reduz toda realidade a átomos reunidos e compostos em movimento no vazio. Polarizando o olhar apenas nas partículas, deixa-se de lado a força que faz os átomos se encontrarem e depois se associarem ou se dissociarem. Vêem-se os componentes do mundo, passando por alto o que preside a essa dinâmica. A cinética de que Lucrécio trata permanentemente parece mais importante e mais interessante do que as decomposições infinitas que conduzem à unidade básica. Bergson sabe que no epicentro do movimento encontra-se a imobilidade e que no cerne da matéria encontra-se o vazio. Mas a dinâmica importa mais do que aquilo em que tropeçamos após uma redução intelectual do todo a apenas suas partes. O conjunto vale menos por aquilo que ele é do que por sua maneira de ser: cimentado por uma força mágica e magnífica.

Em várias ocasiões – quatro vezes – Lucrécio recorre a uma metáfora muito útil para compreender seu propósito: um único pequeno capital de letras, em número, permite combinações múltiplas com as quais as possibilidades são infinitas. Com apenas vinte e seis letras de um alfabeto escreve-se a *Odisséia*, a *Divina Comédia*, *Em busca do tempo perdido* ou um relatório de polícia, uma carta anônima... Letras são comuns em palavras distintas, mas só os arranjos permitem sons e sentidos diferentes.

Assim "linha" e "rainha" têm letras em comum e apresentam uma certa homofonia apesar dos significados radicalmente independentes. O mesmo ocorre com os átomos: muito pouco numerosos para constituir o alfabeto, eles permitem, graças às multiplicidades de arranjos, de encontros, de movimentos, de ordenações, de disposições, de figuras, produzir a diversidade do mundo, da pedra ao sol, do pássaro ao poeta, da névoa ao oceano. A natureza de Lucrécio e o imenso poema do elã vital escrito com um punhado de partículas elementares, não pelos deuses, mas por uma força-causa sem outra razão e justificação senão o postulado ontológico: o clinâmen.

6

Capricho de átomo. Extraio a expressão *capricho de átomo* de Bergson, que assim qualifica o clinâmen, a declividade atômica sem a qual nada teria ocorrido. De fato, os átomos que caem no vazio não encontram nenhuma resistência, chovem indefinidamente sem nunca poderem se encontrar, se associar, se agregar. O mundo reduz-se então a essa queda de partículas sem que nem a natureza nem o homem possam ocorrer. Como nenhuma consciência possibilita o conhecimento desse processo, o real e nada coincidiriam eternamente...

Para isso, Lucrécio formula o clinâmen, à maneira dos postulados da razão pura prática de Kant: como um argumento necessário, a priori, para justificar o possível, portanto o real, ocorre a declinação. Como? De maneira leve, ínfima, imperceptível. Não se imagine um ângulo reto, nítido, brusco, não, mas um sopro, um capricho portanto sem outra razão a não ser a própria natureza dos átomos: neles constata-se o peso, por certo, mas também uma energia própria, a que se observa nos cavalos sob coação antes de uma largada de corrida e que, fogosos, renitentes, encarnam a força que atua no próprio corpo da matéria.

Onde os filósofos idealistas assentam Deus e lhe dão nomes múltiplos, o materialista Lucrécio – não Epicuro, em que essa tese não existe nos fragmentos que subsistem – instala uma força. Evidentemente, esse postulado só procede dele mesmo – aliás é o que o define... –, e por que ele e não outro? Provavelmente para salvar o materialismo do perigo fatalista no qual, caso contrário, ele cai. Reduzir o mundo a uma pura e simples causalidade mecânica obriga a fazer do que advém – a construção de um mundo, mas também o gesto do assassino – o puro produto de uma mecânica à qual, e contra a qual, nada se pode fazer. Sem a liberdade, o mundo torna-se uma potência cega na qual o que é existe sem outra possibilidade ontológica. Sade montará o retrato desse mundo materialista sem liberdade...

O que expressa a física atômica do clinâmen abre para perspectivas ontológicas, metafísicas. Dessas opções decorrem conseqüências éticas e políticas. O universo atômico é movido por uma liberdade assimilável a uma força da qual tudo provém. A declividade integra a liberdade num mundo então organizado diferentemente, ela possibilita pois uma intersubjetividade, portanto uma vida social. Depois, em outros, a responsabilidade individual, cara aos adeptos de toda ordem coletiva... Tal capricho de átomos inaugura um antidestino.

A partir do momento em que átomos se encontram, constitui-se o mundo. Na desordem, no caos, por certo, mas as formas adequadas persistem, perseveram em seu ser. De modo que depois dessa epifania da matéria o mundo efetua variações: o raio, o trovão e os vulcões, a germinação, a reprodução e a paixão, a fome, a sede e a libido, a alma, o corpo e o espírito, a linguagem, a palavra e o poema, a saúde, a doença, a morte. Não deixemos passar despercebido o que só o olhar perspicaz capta: mesmo inacabado, *Da natureza* abre-se para a palavra "mãe" e termina com a palavra "cadáver"...

7

Uma dialética das forças. A esse vitalismo acrescentemos uma cinética. Pois Lucrécio propõe uma teoria das forças implicadas em um movimento dialético que opõe criação a destruição. As forças vitais partilham o mercado atômico com forças de destruição. As primeiras criam a vida, permitem a expansão, favorecem o crescimento; as segundas presidem às desorganizações, aos desarranjos. A vida de um lado, a morte do outro, frente e verso de uma mesma medalha metafísica, uma possibilitando a outra – e vice-versa...

O amor e a guerra partilham o mundo entre si. E mais: Lucrécio conta com bastante crueldade o amor como vontade de matar para que se perceba que as coisas não se apresentam tão puras assim – elas conhecem a mistura. A negação na afirmação, o fim escrito no advento, o desaparecimento anunciado já no próprio processo de criação, Tânatos agindo no próprio leito de Eros, o trabalho vital de decomposição na hora da morte, nada se define nitidamente, tudo oscila, vai e vem, partilha o real em uma lógica cega e implacável.

Lucrécio fala dos amantes, por certo, do desejo e do prazer, evidentemente, fala da volúpia, da alegria, sim, seu poema conta as genealogias, a criação do mundo, o progresso da humanidade, é evidente, lêem-se nele as condições de epifania das nuvens ou dos relâmpagos, da palavra ou da música, o clinâmen prova a vitalidade, a liberdade no próprio seio da necessidade, incontestavelmente; mas ele fala também das misérias, das dores e dos sofrimentos, das epidemias, da guerra e da vileza dos homens, ou ainda dos crimes políticos, dos sacrifícios religiosos, das pilhagens da soldadesca. O nascimento de uma criança aqui, a morte de um velho ali. Vênus e Marte, fortunas e desgraças...

Contrariando o que se afirma freqüentemente, Vênus não é a única divindade citada em um poema pagão no qual se finge o espanto de encontrar remissão a figuras alegóricas da Antiguidade e atuais. O fato de Lucrécio citar Vênus não prova que creia nela e a cultue à maneira de um fiel dirigindo-se ao templo atraído pelas fumigações dos fiéis e pelos encantamentos do sacerdote. O filósofo recorre a uma alegoria tanto mais legítima porque o registro poético o permite sem subentendido.

O fato de César explicar seus sucessos pela Vênus Genitrix e sua descendência direta de Enéias – o que fazer... – não faz do texto lucreciano um manifesto político ou uma defesa do poder de um só! Vênus expressa simplesmente o prazer sexual assim como a alegria divina, o júbilo corporal e a beatitude espiritual... Ela nos governa permanentemente porque é o nome dessa força cega que trabalha o epicentro da matéria. O prazer nos guia, nos conduz, ele comanda o barco. A vontade livre visível no clinâmen volta-se para uma direção única: a volúpia. O pensamento de Lucrécio, raramente apresentado como tal, supõe um hedonismo trágico: não se escapa à força motriz da busca da volúpia, ela inflecte tudo em sua direção, porém Marte também está vigilante e impede que o gozo disponha de plenos poderes. A filosofia consiste na arte de seguir Vênus, de inspirar-se nela, para destruir, na medida do possível, o querer e os caprichos do deus da guerra.

8

Instrumentos de uma razão polêmica. Para travar uma guerra contra a guerra, Lucrécio propõe uma epistemologia radicalmente desmistificante. Seu instrumento? Uma razão polêmica, no primeiro sentido: que parte para a luta, conduz os ataques, desfere os golpes e se nutre dos cadáveres abandonados no campo de batalha intelectual. O poema expõe uma odisséia marcial contra tudo o que impede de fruir, portanto de viver: temores, medos, ilusões, ficções, fábulas. Na mira, as mitologias laicas e religiosas. Nem deuses nem senhores, a não ser Vênus...

Em Lucrécio, o poeta, o filósofo e o cientista coincidem: redigir milhares de versos em latim, criar noções, efetuar a passagem do grego para aquela língua tão pouco adequada para pensar, aclimatar o epicurismo aos céus campanienses ou romanos, aprimorar a doutrina do Jardim e a formular para o espaço itálico e o tempo imperial, inaugurar talvez uma série de novidades técnicas para seguir e desenvolver o atomismo abderitano, mas também teorizar sobre os meteoros, a constituição da matéria, a genealogia dos fenômenos geológicos, o saber desse homem e sua competência parecem não ter limites.

Um tal espírito enciclopédico parece mostrar o que pode ser o acúmulo de todos os saberes de uma época no cérebro de um só e mesmo indivíduo. Tanto mais que essa inteligência – essa configuração particular de átomos! – supõe uma mesma excelência em imaginação, razão e intuição. Deduzir os átomos da observação, concluir as partículas invisíveis a partir de uma manifestação visível, esvaziar o céu de seus ocupantes ilegítimos unicamente pela força da demonstração e da razão, conjurar os medos e as angústias apenas com o poder da argumentação, tudo isso supõe um grande filósofo: a poética de um René Char, o pensamento profuso e barroco de um Gilles Deleuze e o saber científico de um Einstein reunidos em uma mesma obra! Imagine-se a teoria da relatividade contada por uma pena de filósofo mergulhada no gênio de um poeta... O desempenho é sempre assombroso.

Pois Lucrécio pratica como cientista e recorre a um método experimental digno desse nome. O conjunto do poema em versos solicita o conhecimento direto por experiência, depois o uso da razão reta a fim de extrair as relações lógicas, de enxergar as induções hipotéticas, de elaborar os raciocínios do espírito – expressões que se disseminam pelo texto. O empirismo reina: usar os cinco sentidos, olhar, observar, detalhar o que a natureza ensina e mostra, estudar racionalmente, praticar segundo a ordem bem construída das razões, extrair os princípios, examinar uma causa material, imanente a cada efeito, seja ele qual for.

Onde reina o mistério, a razão tem o que dizer a fim de afastar as trevas e desfazer o vago. A epistemologia lucreciana visa o recuo do temor. As leis da natureza, imutáveis, regulam o conjunto do que acontece. Não há deuses, forças ocultas, forças obscuras, mas encadeamentos de causas redutíveis por um trabalho do espírito. Quando a inteligência interfere, as relações surgem por entre aquilo que parece desprovido de conseqüências. Conhecer os princípios, esse é o projeto do físico que visa uma ética da serenidade construída.

Com ele se esclarece uma idéia temível, simples e verdadeira: a religião, o religioso, nascem da incultura e da falta de saber. O crente se satisfaz com a fé porque ignora. O culto às divindades, aos mitos, às ilusões provém de uma falta de informações sobre a verdadeira causa do que acontece. Quando o filósofo digno desse nome trabalha, o padre recua. Quando o clero domina, a inteligência regride. Essa lição vale para os vendedores de além-mundos pagãos, judeus, cristãos, por certo, mas também para todos aqueles que não avançam na clareza brutal do ateísmo.

9

Acabar com o céu. Fazer o céu descer à terra, esse é o objetivo de todo filósofo hedonista. E para fazê-lo a religião representa o inimigo prioritário. Ou melhor, as religiões, todas elas. Pois Lucrécio escreve contra o paganismo romano, evidentemente, mas também contra as formas assumidas por essa necessidade em tempos ou lugares ignorados por ele. Séculos antes do islã, a quilômetros da Palestina, *Da natureza* oferece o perfeito breviário da luta contra todas as superstições. Se o filósofo desmonta a ficção dos Centauros ou das Quimeras, recusa a existência de Tântalo ou de Títio, descarta com um piparote Cérberos e Fúrias, se ridiculariza as Danaides ou Sísifo – que ele vê mais na terra… –, também teria caçoado de um Deus que mostra o traseiro na presença das sarças ardentes, que manda o pai imolar seu filho ou seu profeta nascido de uma virgem, multiplicando os pães, transformando a água em vinho e outras tolices do tipo…

Bem antes de Feuerbach, Lucrécio ataca a religião em seu fundamento, identifica o que a constitui e esclarece as razões pelas quais os homens fabricam ídolos, votam-lhes um culto, desfazem-se de si mesmos, alienam-se e acabam confiando seu destino às mãos dos padres, do clero que, desavergonhadamente, usa a fé e a piedade como oportunidades de garantir uma dominação sobre os corpos e as almas, depois de exercer um real e perigoso poder político. Os homens criam os deuses à sua imagem hipostasiada. Partindo de suas fraquezas, estruturam forças às quais se entregam para sua maior desgraça.

Com seus defeitos eles criam qualidades: impotentes, limitados no tempo e no espaço, incapazes de saber tudo, ridiculamente suspensos entre dois nadas, atormentados pela fraqueza, submissos a uma infinidade de obrigações e necessidades, pequenos, mesquinhos, atolados na miséria, os homens investem a divindade de qualidades opostas: poderosa, eterna, onipresente, onisciente, imortal, forte, livre, grande, magnânima, bem-aventurada, ela representa o ideal impossível. A fraqueza, o temor e o medo povoam o céu; a inteligência, a razão e o sabor o esvaziam.

Os Centauros? Ficções redutíveis a um conflito de simulacros de cavalo e de homem. As Quimeras? Mesma observação, mesma composição, impossível escapar à ordem natural e essas criaturas não existem na natureza. O trovão, o raio? De modo nenhum vontades vingativas de deuses insatisfeitos, mas uma fricção de átomos ígneos. A esterilidade? Certamente não é uma punição enviada por uma divindade zangada por causa de uma má ação da infeliz, mas uma disfunção dos átomos, dos canais, dos dutos fisiológicos, uma espessura defeituosa das substâncias. O céu?

Vazio de deuses, mas cheio dos átomos que compõem o sol, a lua, os astros, as estrelas...

10

Domar a morte. Nada nasce de nada, tudo procede dos átomos e de seus movimentos no vazio – sabe-se agora. A morte também obedece a essa lei. Ora, ela causa muitos dos temores humanos. Devemos morrer: então de que adianta viver? E como? O que há depois da morte? O que posso esperar? O que devo temer? E segundo que critérios? Há Infernos ou algum tipo de Paraíso? Devemos desejar uma salvação ou temer uma danação? Deus ou os deuses dispõem de poder? Caso disponham, qual é esse poder? Sou responsável na terra pelo meu devir depois da morte? Existem neste mundo meios de angariar a boa vontade das potências divinas? São perguntas, problemas, angústias, medos...

Fiel a seu método, Lucrécio desmonta, constrói, desmistifica: não, a morte não é uma catástrofe, apenas uma operação atômica que corresponde ao fim dos arranjos que constituíam um corpo e uma alma. Mas os átomos perduram, existem eternamente. O cadáver nada tem a ver com o céu, mas com a terra, ele não é devedor de um tratamento transcendental uma vez que obedece à mais radical das imanências. A alma, mortal como o resto do corpo, se desfaz; e então? Nada que mereça nossos terrores, nenhum pavor se justifica.

Não há deuses maus, não há inferno, nem paraíso, nenhuma reencarnação, nem além-mundo povoado de criaturas fantasmagóricas: o céu concerne a uma constituição atômica e o universo é infinito –

caso contrário aonde iria o hipotético dardo lançado por um homem de força extraordinária depois de ultrapassar os limites do mundo? Fim de toda transcendência, surgimento da mais absoluta imanência: evidentemente, embora Lucrécio cultue os deuses epicuristas compostos de matéria sutil, indiferentes em sua beatitude e instalados nos intermundos, o ateísmo tem data marcada. A morte dos deuses avança, também a de Deus que permite o nascimento dos homens e do poder sobre seu destino. Saber viver supõe aprender a morrer; saber morrer passa pelo aprendizado de um bem viver: a filosofia permite esse trabalho exaltante.

Como? Dominando os temores, justamente. De que maneira? Ativando uma sabedoria materialista. Embora nunca cite o nome de Platão, Lucrécio defende posições radicalmente antiplatônicas: recusa o idealismo, o dualismo e a imortalidade da alma caros ao filósofo da Caverna, de que os cristãos tanto gostam – compreende-se por quê. O *Fédon*, de fato, fornece um texto que inaugura as opções católicas sobre a questão da morte e do devir do corpo depois do trespasse: a salvação, a danação, o inferno, a pesagem das almas, a vida depois da morte, etc.

Evidentemente Platão decalca Pitágoras, que, por sua vez, recicla sabedorias orientais. Daí, por parte dos adeptos do ideal ascético, uma defesa e ilustração da metempsicose e da metensomatose: a alma separada da matéria corporal dispõe de uma existência autônoma; a carne morre, o espírito perdura; uma, material, se corrompe; o outro, imaterial, ignora a entropia, a morte e o desaparecimento. O mau se reencarna em um animal detestável; o bom num invólucro terrestre apresentável – o do padre ou do filósofo... Enquanto Platão ameaça os homens com essas histórias extravagantes, Lucrécio os apazigua e os acalma.

Pois a alma se desfaz com a morte, eis o que define o fim de uma existência: a dissolução do arranjo constitutivo de uma subjetividade. Ela não subsiste ao instante em que a separação se efetua: como então poderia conhecer tormentos ou sofrer vexames? Imaterial, tudo se torna possível, evidentemente: mas, na visão lucreciana do mundo, nada escapa à matéria; material, só existe seu devir atômico – morte da agregação mas imortalidade dos componentes desse agregado. Nada a temer dessa operação física – e a metafísica não tem fundamento.

Os sofrimentos, tal como os gozos, procedem da consciência que, por sua vez, supõe uma configuração singular da matéria. Já não há arranjo adequado, já não há consciência, portanto já não há afetos. Desprovidos do que torna possível a dor, como poderíamos experimentar um desgosto? No caso o da morte. A causa do mal morre com o mal. Morrer, pois, dispensa paradoxalmente de sofrer! Morro, portanto já não sou, portanto já não sofro – nem gozo. Ficam os átomos em sua dança imutável e imortal.

E a transmigração das almas? De fato, a teoria materialista recusa essa possibilidade. A lembrança de uma existência anterior é impossível, uma vez que cada configuração atômica é própria de um indivíduo e só dele. Antes dele e depois dele, nada existe além das partes desfeitas do regime associativo que, por sua vez, obedece às leis da particularidade subjetiva: não existe alma sem o sujeito que a porta – e tampouco existe indivíduo sem essa identidade particular que o constitui. Nenhuma lembrança possível a partir de uma nova alma.

Igualmente, por que razões temer a morte se vivemos bem? Uma vida feliz, plena, da qual não se lamenta nada, conduz à serenidade: o sentimento de realização vale todos os sedativos. Idem se tivemos uma existência sinistra, deplorável e nula: não temos então nenhuma razão para lamentar o fim de uma partida triste. Nos dois casos, e ninguém escapa a essa alternativa – vida bem-sucedida ou fracassada... –, a morte não é uma catástrofe. Simplesmente uma ocasião de colocar ponto final numa experiência alegre ou de acabar, finalmente, com um vale de lágrimas.

Aos rebeldes que replicam que, justamente, a hipótese de uma existência radiosa pode dar vontade de aumentá-la um pouco e obter um prolongamento, Lucrécio responde de antemão colocando a morte como uma necessidade, uma evidência à qual não se pode escapar. Ridículo querer resistir, já que é preciso passar por isso... A sabedoria consiste em fazer da necessidade virtude, em integrar o movimento natural das coisas e não se rebelar contra aquilo sobre o que não se tem nenhum poder – o estoicismo imperial guardará a lição. Tudo nasce, portanto tudo morre, seria loucura não aceitar o eterno retorno dessa lei da natureza e não se preparar para ele.

Os homens vivem como se jamais fossem morrer, esse é o problema. Vênus rege o baile, mas Marte vigia. A pulsão de vida triunfa, mas, para garantir seu reinado, ela precisa do contraponto da pulsão de morte. O que seria a proliferação de uma vitalidade que não contivesse uma regulação natural? Como seria o cosmo se a expansão não encontrasse limites no controle dos equilíbrios possibilitado pelo funcionamento das desconstruções e das reconfigurações? Cada um dispõe de sua existência não como de um presente eterno mas como de uma locação-administração pontual. A regra do jogo é estabelecida já de início. Foi a mesma para todos e o será eternamente, quem seria tolo de imaginar que poderia escapar à lei comum?

11

O esqueleto e o bolo. Quando o Vesúvio petrificou Pompéia e Herculano – em 79 d.C. –, encobriu também Boscoreale, uma cidade de dezessete mil habitantes que morreram como Plínio o Velho. Em 1895, arqueólogos descobrem a cidade, trabalham em sua exumação e, nessa ocasião, é encontrado um tesouro de louça preciosa e de afrescos da época augustana. Entre as peças de prata, um copo filosófico (!) que representa uma cena singular: Zenão, o estóico, e Epicuro aparecem em torno de uma mesa sobre a qual repousa um bolo. Não seria nada de tão espantoso se os dois homens não estivessem representados na mais absoluta nudez ontológica: como esqueletos... Com a mão, Zenão ameaça Epicuro, que está se apossando do doce... Enquanto isso, com a pata suplicante, o focinho esticado, um porquinho de carne e osso confirma a identidade do filósofo do Jardim.

A exegese clássica vê nessa cena uma peça pseudo-epicurista. Pode-se considerá-la também uma lição de estoicismo – as duas opções são válidas. De todo modo ela parece emblemática da época e da luta travada entre as duas escolas pela dominação do campo filosófico. Partidários do Pórtico e do Jardim partilham a idéia da morte como gênio musageta do pensamento: inelutável, imperiosa e definitiva, ela fornece o término de toda aventura existencial. Certo, mas e enquanto isso? A opção de Zenão é a ascese renunciante, o gesto moralizador, a censura, a recusa do corpo e dos prazeres da carne, ele encarna – se é possível dizê-lo aqui... – a austeridade daquele que escolhe morrer antes da morte para resolver o problema de seu desaparecimento anunciado; Epicuro, tendo ao lado seu animal emblemático, espera a última hora – mais uma vez, uma maneira de dizer... – preferindo saborear as alegrias e os prazeres da existência. Se é para morrer, melhor partir vivo!

Lucrécio escolheu seu lado, Cícero o dele. *Da natureza das coisas* mostra nitidamente a preferência pelo *divino prazer* (II, 172) – ou, conforme a tradução, pela volúpia divina. Já que a morte leva tudo, que pelo menos a existência seja consagrada ao júbilo. O nada dura bastante tempo, não há necessidade de o destilar em cada segundo de vida cotidiana. A volúpia latina corresponde claramente ao prazer, sobre isso não há dúvida. É espantoso, pois, que se tenha insistido principalmente, a propósito de Lucrécio, em seu pretenso pessimismo, sua descrição sombria da realidade, seu desespero, seu temperamento suicida (!), ao passo que o poema celebra algumas lógicas da felicidade, como o direito, a música, a técnica, a libertinagem – a que voltarei.

12

Vantagens dos naufrágios. A ataraxia grega se transpõe mal para o latim – *dolor absit*, diz o texto (II, 18), mas a idéia permanece: trata-se de realizar a ausência de perturbações, de eliminar a dor, acabar com os temores, especialmente o da morte que impede um hedonismo franco e claro. O prazer pode ser positivo ou negativo: ou o buscamos ativamente, sabendo onde se encontra, ou descartamos os entraves a seu surgimento. A evitação do negativo constitui uma grande parte de toda filosofia do prazer – ao contrário do que afirma a crítica, sempre preocupada em associar gozo a obediência imediata aos pruridos sensuais. A construção do hedonismo passa por essa arte do sofrimento.

Para dizer as vantagens da ataraxia, Lucrécio redige um punhado de versos – (II, 1-61) – incluídos na antologia das obras-primas da história das idéias sob a rubrica *Suave mari magno*. O texto, por encenar o prazer de assistir de terra firme às desgraças de uma equipagem que enfrenta um mar enfurecido, foi lido como sinal do egocentrismo cruel do filósofo. Que homem esse que se diverte com a infelicidade dos outros! Mais um avatar detrator do epicurista relacionando tudo à sua pessoa... Ora, o texto não exorta a se alegrar com os sofrimentos do outro, mas a saber aproveitar a situação feliz em que se encontra aquele que escapa da aflição.

A cena do barco em apuros nas ondas e do espectador na praia é um tema greco-latino que existe em uma peça perdida de Sófocles, que Tibulo, Horácio e Filodemo utilizam e que encontramos depois em Marco Aurélio. Do século V a.C. até o século II de nossa era a imagem é muito utilizada... Ela gera na história da arte as cenas de tempestade, as marinhas e outras telas que representam navios e homens em perigo numa natureza enfurecida. Lucrécio joga com o sublime, como freqüentemente em sua obra, para mostrar a miséria do homem sem o epicurismo...

A essa imagem ele acrescenta a da guerra e de seus campos de batalha. Não para se divertir com os mortos no combate ou com a brutalidade cruel dos enfrentamentos, mas para desenvolver a metáfora: ser poupado pela negatividade, eis uma das fontes principais da positividade. Ver o horror mas ser poupado por ele, que volúpia! Evitar as perturbações, as dores, o sofrimento, o temor indica a direção a seguir para usufruir de si. O hedonismo não supõe o egoísmo, nem mesmo a alegria má, mas a construção de si como uma cidadela, uma fortaleza inexpugnável.

Lucrécio usa a metáfora do castelo construído sobre um pico rochoso – persistência do sublime e da postura romântica! Nietzsche recorre igualmente aos cimos: o lugar onde sopra o ar vivo da lucidez não está sujeito a empecilhos e, desse forte, intelectual, pode-se olhar para baixo, à maneira de um deus epicurista, o que preocupa os homens mergulhados no erro: as polêmicas verbais, a reivindicação de nobreza, a busca desenfreada de honras, a paixão pelas riquezas, divagações condenáveis porque afastam do prazer verdadeiro.

De que adiantam os interiores burgueses cheios de objetos inúteis e espalhafatosos, caros e ridículos – aqueles ridículos efebos porta-chamas esculpidos? Para que aqueles músicos langorosos com suas cítaras sob tetos com caixotões? Qual a utilidade daqueles panos preciosos, aqueles tecidos bordados de púrpura? Essas coisas são vanidade... Vanidade da comédia humana... Vanidade das guerras e dos peitos estufados... Vanidade dos divertimentos lastimáveis de humanos concentrados no acessório e esquecidos do essencial... Enganam-se os indivíduos engajados nesse caminho errado, mas Lucrécio manifesta piedade, comiseração: eles não sabem o que fazem nem por que razões agem assim, pois ignoram que o ensinamento de Epicuro poderia libertá-los.

13

O hedonismo trágico. Como? Evitando acreditar que as ficções citadas acima definem o prazer. Nem as partículas, nem o ouro, nem as medalhas, nem as funções, nem a posse de objetos conduzem à paz da alma e do corpo. O prazer real, a volúpia verdadeira, o gozo autêntico, o júbilo de verdade residem nesta lição simples: um corpo que não sofre, uma alma que conhece o bem-estar da ausência de temor. Nada mais. Prazeres de beber e de comer a fim de suprimir a falta – fome e sede –, sem criar alienações – culinária de luxo e vinhos finos –, sem por isso restringir-se à água e ao pão epicuristas ortodoxos; prazer da conversação, na natureza, com soltura, entre amigos...

O hedonismo trágico de Lucrécio apóia-se na simplicidade virtuosa, romana. A morte aterroriza a maioria? Ela deve levar o filósofo à paz consigo mesmo. O nada paralisa a maioria? O sábio sabe apoiar-se nesse vazio sideral para balançar numa volúpia construída. A negatividade acaba vencendo? O epicurista conhece as regras que permitem, no entretempo, gerar prazer em existir. O cadáver nos espera? Que pelo menos o corpo, enquanto dura, seja utilizado como uma máquina eficaz para fabricar felicidade, alegria...

A crítica esquece com freqüência a dimensão hedonista de Lucrécio. Epicurista, por certo, portanto é obrigatório classificá-lo do lado dos filósofos do prazer, mas a exegese protesta, procuram-se em vão análises da volúpia epicurista que integra, por exemplo, as considerações finais do poema sobre a evolução da civilização e nas quais se encontram provas de que o pensamento de Lucrécio é digno de figurar na lista das filosofias hedonistas. Assim os últimos versos do quinto livro nos quais Lucrécio louva os méritos de uma sociedade refinada que aparece singularmente ao mesmo tempo que a música...

Num registro que irá decalcar o Rousseau de *Discurso sobre a origem da desigualdade entre os homens*, Lucrécio esboça um quadro do nascimento e dos avanços da cultura e da civilização. Nos primeiros tempos, a ausência de leis, de regras e de direito obriga os homens a viver como selvagens incapazes de pensar em termos de bem comum. As coisas não são afirmadas tão claramente, mas o filósofo pensa o direito como uma purificação das relações entre os humanos. O fogo, a família, a amizade, a linguagem, a piedade coincidem com o surgimento das cidades, portanto da civilidade. Passagem do nomadismo ao sedentarismo.

No entanto, Marte ainda mantém seu papel, apesar dos avanços de Vênus: assim, os homens correm atrás da glória e do poder. Assim, surgem as guerras e as violências políticas. Em relação com os reis, os deuses aparecem, política e religião funcionam em concerto. Os metais permitem tanto os instrumentos criativos da tecnologia como as armas destruidoras dos conflitos. Tecelagem, arte da vestimenta, agricultura e outros saberes assinalam as evoluções, os progressos. Os homens se desprendem da natureza e caminham para cada vez mais cultura.

Nesse quadro histórico dos avanços do espírito humano, Vênus marca pontos, embora Marte nem por isso recue. Com o nascimento da música, Lucrécio data a abertura dos homens para todos os prazeres: uma intersubjetividade alegre em relação direta com a natureza, o riso sob a copa das árvores, a alegria ao mesmo tempo que a dança; o canto e a música instrumental triunfam, a propriedade vai de par com a prosperidade nos mares, o surgimento dos tratados permite os contratos, o direito, portanto as ajudas e as alianças, lógicas hedonistas em perspectiva. Invenção da escrita, narrações poéticas, refinamentos da vida em seu conjunto, escreve o poeta (IV, 1 446), pintura, escultura, inteligência ativada e perfeição alcançada no progresso humano. Rousseau porventura escreve algo diferente ao esboçar o quadro do estado de natureza antes de seus requisitórios contra a civilização?

O epicurismo tenta reencontrar esse estado idílico, quando os homens se contentam com o que não falta e reduzem seus prazeres à satisfação de desejos facilmente realizados. O acúmulo das coisas corrompe uma civilização na qual os homens desejam o luxo, o supérfluo, o além do necessário. Quando querem mais do que o razoável e aspiram a satisfazer desejos não naturais e não necessários, eles colocam o dedo numa engrenagem maldita: o sofrimento, a dor, a dificuldade. Reencontrar a via da sabedoria indexada pelas lições dadas pela natureza supõe uma passagem por Epicuro. Antes de morrer, evidência trágica, vivamos em relação com o que a natureza nos ensina: o hedonismo. Um hedonismo trágico, eis uma nova oportunidade de refutar os lugares-comuns sobre Lucrécio!

14

Um prazer atômico. O que é o prazer para um filósofo materialista? Como é o júbilo? Lucrécio fala da inutilidade dos átomos risonhos para rir; caberá concluir igualmente a ausência da necessidade dos átomos gozadores para gozar? Sim, pois as partículas não conhecem nem a dor nem o prazer, mas seus arranjos conhecem. Não é de surpreender, sabendo o que sabemos da física atomista epicurista: o prazer é atômico. A dor também. O hedonismo supõe uma velocidade, fluxos, circulações livres. Em um corpo, a agitação desordenada das partículas gera o sofrimento. Uma vez que essa perturbação desaparece, a serenidade volta, e o prazer a acompanha. O caos atômico assina a dor; a harmonia recuperada corresponde à paz da alma, portanto do corpo – e vice-versa.

Conhecemos a lei de bronze original formulada por Epicuro em pessoa: o prazer supõe a satisfação apenas dos desejos naturais e necessários, beber quando se tem sede. Água e pão seco, ou quase... Música, poesia, pintura, gastronomia, enologia, sexualidade remetem a desejos, por certo, mas não entram na categoria inicial. Os três primeiros não parecem naturais nem necessários, os três últimos procedem de impulsos naturais, evidentemente, mas não necessários em sua satisfação...

O círculo campaniense inflecte o rigor e a austeridade do Mestre. Tornando-se romano, o epicurismo não trai o espírito da filosofia, o que importa. Que espírito é esse? Um prazer não é bom nem mau em si, mas relativamente a um fim: a construção da autonomia individual e a produção da ataraxia. Se a satisfação de um desejo, seja ele qual for – natural ou não, necessário ou não –, não acarreta uma alienação, então ele é legítimo. Assim é com a sexualidade, que Lucrécio não condena em si mas apenas quando afeta a serenidade do sábio.

Píndaro tinha razão ao exortar a que nos tornemos o que somos. Em vista de uma fisiologia, de um cosmo, de uma biologia, de uma anatomia e de todos os determinismos possíveis e imagináveis, o indivíduo dispõe de uma única solução: consentir no que o faz ser o que é. Sua liberdade resume-se a querer o que advém, até a gostar de toda epifania, seja qual for sua fórmula. Epicuro, frágil, doentio, de constituição débil, teoriza um hedonismo ascético; Lucrécio, que imaginamos de saúde mais reluzente, legitima teoricamente uma relação diferente com os desejos e os prazeres. Diante da paixão amorosa, por exemplo, o poeta romano parece próximo de Diógenes ou de Aristipo, para os quais o desejo convida mais à resolução do que à contenção.

15

Teoria de uma Vênus nômade. Depois dos versos dedicados ao prazer de escapar à tempestade à beira da praia, os que constroem o amor-paixão e convidam a conviver com a Vênus errante – a Afrodite Pandêmia fustigada por Platão em *O banquete*! – figuram entre as obras-primas da literatura filosófica. Molière busca neles a inspiração para alguns versos alexandrinos de seu *Misantropo*, e a lição dada por Lucrécio assemelha-se às de Ovídio que, em *Os remédios para o amor* ou *A arte de amar*, exorta a tomar no amor o que rejubila e a evitar tudo o que custa... Dissociando o amor da sexualidade, ele inventa assim a libertinagem em sua forma moderna.

Nessa proposição, Lucrécio vai ao encontro de nossa época. Evidentemente, ele ensina contrariando o cristianismo, que celebra a virgindade, o celibato, a ascese e resolve tolerar a sexualidade para não se arriscar a cair no ridículo de professar uma doutrina impraticável com a qual os fiéis tomem suas liberdades no cotidiano! Associando sexualidade, amor e procriação, submetendo aliás o regime sexual a um a priori sentimental e afetivo, os Padres da Igreja elaboram o pensamento dominante de nossa civilização. O epicurismo oferece uma alternativa a essa exortação inumana: um pensamento pragmático que se preocupa com o que são os homens e as mulheres, não com o que deveriam ser.

A dissociação lucreciana entre amor e sexualidade – o achado de seu imenso poema filosófico – fornece uma solução para o problema da relação sexuada. A alteridade é problemática na história de amor, é venerada mas vivida como uma entidade a ser incorporada, ingerida, digerida e destruída. O beijo o comprova, assim como todas as tentativas de penetração vividas como apropriações. Lucrécio constata quanto o jogo amoroso vive dessa paixão devoradora, no primeiro sentido do termo, canibal. No próprio âmago do instante em que nos imaginamos na fusão, o distanciamento é máximo. Ao mesmo tempo surge o desejo de aniquilar o outro: as mordidas, os apertos, as equimoses e outros germes de furor são constatados visualmente. Os amantes se fazem sofrer, o prazer não é puro, constantemente os estímulos machucam...

Na relação amorosa, os protagonistas rivalizam em imbecilidade e passam ao largo da realidade, mais preocupados em acreditar nas fantasias fabricadas por eles do que na evidência visível para qualquer terceiro neutro. O bom senso popular o ensina: o amor cega. O poema, em um de seus momentos mais irônicos, conta essa transfiguração do outro pelo olhar amoroso: cada defeito se torna qualidade, todas as taras transformam-se em talentos, os horrorosos são alçados ao status de divindades e deusas, as tolas tornam-se adoráveis companheiras, as histéricas doces cúmplices. Nada falseia mais o olhar lúcido para si, para os outros e para o mundo do que a dança dos átomos amorosos em um corpo submetido à sua lei!

O amor-paixão é uma catástrofe. A pulsão de morte que atormenta os dois corpos ultrapassa a cama e se estende, se difunde: esgotamento das forças, submissão aos caprichos do outro, despesas suntuárias, desmobilização social, dilapidação do patrimônio, fragilização da saúde... O estado fisiológico e psíquico do indivíduo atingido pelas flechas de Cupido pertence à patologia: compulsivo, masoquista, furioso, sádico, ciumento, solipsista, repetitivo, alienado, atormentado pelo remorso, inquieto, deambula como um zumbi, já não se pertence, tem pés e mãos amarrados à boa vontade de um outro, por sua vez também num triste estado físico e mental. Nada de muito brilhante para os dois protagonistas...

Muitas dores a temer quando se busca a quietude do filósofo e a ataraxia do sábio epicurista! O amargor, o sofrimento, a destruição associados a essa experiência limítrofe não podem representar algo ideal e desejável na vida de um indivíduo. Não mais que uma doença grave, perigosa e que deixa marcas. O menino de formas femininas graciosas – Lucrécio não exclui a hipótese de uma história amorosa homossexual... – ou a mulher tentadora representam aquilo que se deve evitar de qualquer modo.

O ideal consiste em não se colocar na situação amorosa, pois parece mais fácil evitar uma dor do que se empenhar em seu desaparecimento. Se não conseguimos construir nossa existência à margem de tais afecções devastadoras, resta uma solução: correr para o bordel e pedir à primeira profissional que encontrarmos a ajuda de um talento mercenário. Uma vez que o desejo sexual provém de uma espécie de obstrução de átomos de substância vital às vezes solicitados por simulacros sexy, a solução passa por uma desobstrução pura e simplesmente mecânica. Uma vez voltando a si, o aprendiz de filósofo pode sair do lupanar e retomar seu caminho rumo ao Jardim...

16

Um casal ataráxico. Com freqüência são lembrados de Lucrécio os versos célebres e a condenação do amor-paixão estimando-se que equivalem a uma desconsideração do amor puro e simples. Para aderir ao sentido da caricatura habitual – Lucrécio pessimista –, ignora-se um punhado de versos que contrabalançam essa acusação radical da patologia amorosa em favor de uma celebração do amor sob outra forma, a do casal que constrói uma história na qual se voltam as costas para as loucuras furiosas da paixão para alicerçar uma existência em comum.

As páginas veementes, mas também irônicas e lúcidas, do filósofo sobre o tema do amor-paixão provavelmente fornecem o pretexto para Jerônimo fabricar a lenda de um Lucrécio enfeitiçado por um elixir, enlouquecido, que dá fim à própria vida numa idade em que as pessoas dispõem plenamente de seus meios físicos e intelectuais. Não parece obrigatório que alguém tenha sido pego nas redes de uma paixão amorosa para fazer dela um retrato fiel. Basta um talento para a observação e, depois, ter constatado suas devastações num amigo, parente ou vizinho. Mas Lucrécio também pode, evidentemente, ter experimentado na carne: as duas hipóteses não negam nem confirmam a validade dessa tese abstratamente.

Os dez últimos versos do livro quatro dão a fórmula dessa alternativa na pior das hipóteses: a amizade amorosa. Não é preciso a armadilha da beleza que sempre supõe uma maldição... A via de acesso ao ser ideal passa por algo diferente da aparência, da postura ou da mediação do julgamento dos outros. Não se ama aquele que se diz amar quando se procuram antes de tudo os efeitos produzidos por ele no olhar dos outros. O desejo mimético supõe o desprezo do terceiro, utilizado como um apoio, uma oportunidade, um pretexto. Lucrécio quer uma mulher amada por ela mesma, não por aquilo que ela representa.

O que significa ela mesma? Não é o lugar que ela ocupa na sociedade nem a ficção segundo a qual se modela para corresponder ao que os homens esperam dela, mas sua atitude, sua conduta, seu caráter – termo essencial –, os cuidados consigo mesma. Sem as violências brutais do amor-paixão, o amor nesse caso nasce de um tempo compartilhado, de uma construção. Lição de Lucrécio: o amor não é dado, é construído. E longe das ficções sociais ou dos engodos comunitários. Na doçura de uma cumplicidade elaborada a dois, um pelo outro, um para o outro, Lucrécio propõe o casal ataráxico como uma obra de arte filosófica. Misógino, falocrata, pessimista, desesperado, suicida, louco, Lucrécio? Ora…

XIV
DIÓGENES DE ENOANDA
e "a alegria de nossa natureza"

1

Sobre esta pedra... Em Atenas o epicurismo inventa o Jardim e a vida filosófica dos amigos; entre as comunidades da Bacia do Mediterrâneo – Antioquia, Alexandria, Rodes, Herculano –, ele emprega a carta e a conversa útil para sintetizar e esclarecer posições teóricas; na Campânia, concebe a arquitetura como possibilidade de concretizar o pensamento e facilitar seu exercício; na Ásia Menor, por intervenção de Diógenes de Enoanda – do nome de sua cidade natal –, ele acrescenta uma técnica nova para transmitir a doutrina: a edificação de um muro em que citações gravadas solicitam o olhar do passante...

A mil e quatrocentos metros de altitude, nessa cidade provinciana da antiga Lícia, Diógenes de Enoanda investe uma fortuna com o único objetivo de ensinar o homem comum, cuidar dele, curá-lo de seus medos, de seus temores e de suas angústias. E a época parece inteiramente atormentada pela incerteza, pela ignorância do futuro: ela estala, se racha, logo irá explodir. Ninguém o sabe, só o inconsciente de natureza particularmente sensível consegue registrar os abalos sísmicos da civilização antiga cujas horas estão contadas...

Estamos por volta de 120 d.C. Entre 60 e 150, evangelistas trabalham na fabricação de uma mitologia considerável destinada a um sucesso inominável, Clemente de Roma prepara epístolas, Quadratus publica o primeiro exercício apologético cristão, Inácio de Antioquia ou Policarpo são martirizados, a agitação ressoa do lado dos vendedores de além-mundos, propagandistas de uma neurose inigualável na história da humanidade. Meio século depois, o grande Celso escreve seu *Contra os cristãos*, mas o barco pagão já se aproxima do fundo...

Enquanto isso, despreocupado, acreditando ainda na possibilidade de edificar os homens mais convocando sua razão do que os entorpecendo com histórias que satisfazem a seus gostos pelo maravilhoso, Diógenes de Enoanda encomenda a artesãos cavoucadores, pedreiros, escultores um projeto mirífico: um muro de oitenta metros de comprimento, quatro de altura e um de largura. Trata-se de transformar essa edificação em suporte elaborado, pensado, construído segundo o princípio de um papiro desenrolado sobre diversas colunas. O conteúdo, o contexto, as alusões históricas e sobretudo a datação da epigrafia indicam o ano 120 de nossa era. O conjunto se localiza sobre um Pórtico, perto do teatro, provavelmente no lugar da ágora primitiva.

2

O peripatético epicurista. De acordo com a tradição, Aristóteles caminhava com os discípulos que ensinava, donde o nome da escola peripatética. Mais preocupadas com leviandades do que dadas à dissertação sobre as grandes virtudes, as mulheres de que sabemos serão chamadas de alunas do Estagirita por causa de sua propensão a andar pelas ruas, de um lado para o outro. Imagina-se esse muro como uma oportunidade de reativar o gosto pela caminhada dos partidários do Liceu, ao mesmo tempo edificando o impetrante com ajuda dos conteúdos epicuristas. Pois, do princípio ao fim desse percurso, Diógenes propõe uma iniciação do indivíduo que passa à doutrina de Epicuro.

Nas primeiras pedras, a física. Propileu do sistema e sobretudo da ética de Epicuro, trata-se de uma exposição clássica sobre o que se conhece da doutrina: os átomos, o vazio, o movimento, os simulacros, a redução dos fenômenos meteorológicos e naturais a combinatórias de partículas. Nada de singular, a não ser a informação de que a teoria da declividade existe no próprio Mestre. Não em Demócrito, mas em Epicuro. Isso levanta as múltiplas hipóteses sobre a invenção do clinâmen por Lucrécio. Prova, se é que há prova, de que a inexistência de um achado arqueológico não vale como certeza da inexistência de uma tese. Trabalhar com a filosofia antiga é atuar como arqueólogo num canteiro de escavações que explodiu...

Pedras seguintes, a ética. Também aqui, nada de muito novo: tropismo hedonista, antiplatonismo – a origem dos nomes e a natureza das almas –, recusa da dor, do prazer e do sofrimento como pólos magnéticos, dietética dos desejos, aritmética dos prazeres, identificação do soberano bem com a felicidade, que por sua vez coincide com a ausência de perturbações, cessação da negatividade que age no corpo e na alma, satisfação simples dos desejos naturais e necessários, recusa do temor aos deuses e à morte, etc.

Seguem-se, no sentido da caminhada, duas cartas: uma enviada de Rodes – por causa da neve na Lícia – a Antipater e dedicada à infinidade dos mundos, a outra a Dioniso sobre a fortuna. Nesta última, Diógenes de Enoanda conta um naufrágio, talvez o de Epicuro a caminho de Lâmpsaco: tragado pelas ondas, abatido pelos vagalhões, dilacerado pelas pontas dos rochedos contra os quais foi jogado, sangrando, inconsciente por dois dias, depois aos poucos recobrando os sentidos antes de reencontrar seu lugar no mundo... Lições dessa aventura: é preciso, portanto, não temer a fortuna – nem a morte, nem o estado de cadáver.

Enfim, no final do percurso, entremeadas por máximas de Epicuro sobre a morte, o prazer, o temor, o desejo, o contrato, a dor, descobrem-se as diretrizes dirigidas aos pais e amigos, nas quais, apesar dos fragmentos escassos e danificados, adivinha-se um Diógenes cansado, doente do estômago, próximo de morrer, mas sábio, esperando a morte com serenidade. Mais uma carta, talvez de Epicuro a sua mãe, na qual o autor pede a ela que pare com seus presentes e larguezas, porque seus amigos e seu pai manifestam uma generosidade já amplamente suficiente para a felicidade do filósofo.

3

Um budismo grego! A extremidade do muro relata o fim da filosofia ao mesmo tempo que a conclusão da existência. Diógenes de Enoanda, velho, cansado, rico, doente, mas sábio graças à doutrina de Epicuro, sofre dores de estômago e comprova a legitimidade da prática filosófica: o epicurismo como terapia da alma e do corpo, a sabedoria soteriológica, a salvação pelo pensamento acompanhado de uma prática filosófica da vida. Na hora de passar para o outro lado, Diógenes celebra seu estado, a velhice, explicando que ela oferece vantagens.

Não muito distante da medicina estóica, a lógica epicurista louva os méritos do estado em que se encontra o homem idoso: acabada a tirania do desejo, abolidos os inconvenientes associados à busca do prazer, terminados os tormentos da paixão, eliminados os afetos, o corpo vive lentamente, por certo, mas passa a ignorar os sofrimentos da libido, escapa definitivamente às transformações do elã vital de que Lucrécio falava em seu poema. Não sofre por viver num corpo desertado por aquilo que o perturbava. Evidentemente Diógenes faz da necessidade virtude, mas a extinção gradual do instinto de vida assemelha-se muito à realização definitiva e natural da ataraxia. O filósofo epicurista louva os méritos dessa existência submetida então ao puro prazer de estar sem parasitismo de nenhum modo...

Daí um elogio do que os latinos chamam de *otium*; a utilização do tempo livre de que se dispõe para a construção de si como singularidade livre. *Preocupação consigo e uso dos prazeres*, escreverá Michel Foucault, que fala também de uma *hermenêutica do sujeito* para significar o trabalho de si sobre si por meio da filosofia. Para Diógenes, a felicidade supõe alguns imperativos categóricos: pouca atividade, evitar engajar-se em assuntos desagradáveis e perigosos para a ataraxia, não empreender nada que esteja além de suas forças. Então a sabedoria chega e com ela a quietude, seu sinal.

Essa serenidade do corpo e da alma toma forma, encarna-se com maior precisão, em um fragmento em que Diógenes de Enoanda convida os escultores a representar os deuses sorrindo, alegres, a fim de que os homens possam visar a imitação dessa alegria em vez de entregar-se ao temor diante dos deuses que o artista representasse cruéis, ameaçadores, vingativos ou guerreiros. Do *koûros* grego às cerâmicas etruscas, passando pelo estranho sorriso do Buda – contemporâneo de Pitágoras... –, o sorriso – modalidade doce do riso materialista –, convida a pensar o epicurismo como uma sabedoria quase oriental...

4

O Jardim universal. A crítica universitária apontou os momentos em que Diógenes de Enoanda manifesta uma singularidade relativamente a seu mestre. As ocasiões de subjetividade são raras na época, pois não se corre, como hoje, atrás da originalidade a qualquer preço. Ninguém pensava a novidade como uma garantia segura de profundidade. Daí o número considerável de textos assinados por Platão ou Aristóteles, na literatura antiga, e que nada têm a ver com os autores anunciados. Os textos às vezes exprimem até o contrário das teses daqueles de quem subtraem o nome. Ver por exemplo o *Axíoco* atribuído a

Platão... A pessoa provavelmente se esconde por trás da sombra de um grande para transmitir suas próprias teses...

Difícil, então, procurar uma especificidade do pensamento de Diógenes de Enoanda. Alguns a encontram em vários fragmentos: certamente, por ele ficamos sabendo da existência do clinâmen no próprio texto de Epicuro, mas isso nada tem de revelação, a configuração arqueológica torna essa informação interessante para os pesquisadores mas não transforma o discípulo tardio em pensador distinto de seu mestre; um texto curto disserta brevemente sobre os efeitos que precedem sua causa no tempo, mas não é nada de muito revolucionário; considerações sobre a causa das quedas de granizo no verão, sim, tudo bem; mas nenhuma idéia que se destaque ou valha a assinatura de Diógenes. Salvo...

Salvo umas quinze linhas, nada, quase nada do ponto de vista quantitativo, mas uma mina de ouro pelas potencialidades qualitativas: nelas Diógenes enuncia a possibilidade de uma utopia epicurista, uma espécie de Jardim ampliado ao universal... Uma anti-República platônica, por certo, porque distante da fantasia aristocrática, militar e guerreira de Platão, no entanto uma proposição política pensada como podendo estender-se à totalidade das terras habitadas: o retrato dessa sociedade ideal assemelha-se freqüentemente às descrições feitas por Lucrécio – Diógenes de Enoanda poderia tê-las conhecido? – do início da humanidade, naquilo que ainda não era chamado estado de natureza.

O que diz esse texto? Dentro do espírito filantrópico e cosmopolita manifestado por Diógenes em inúmeras passagens de suas obras que nos restam, ele supõe a vida dos deuses realizada na terra por e para todos os homens. Lembramos a doutrina: impassíveis, felizes, poupados pela perturbação, eternos, imortais, compostos de matéria sutil, alegres, locatários dos intermundos, os deuses fornecem um modelo ético, por certo, mas desta vez, e pela primeira vez, parece-me, político. Da secessão epicurista ateniense (Epicuro e seu Jardim) à prática comunitária campaniense (Filodemo e sua Vila), até mesmo ao possível corporativismo romano com o poder (Lucrécio e seu desejo de converter Memmius), o epicurismo conheceu transformações, evoluções. Mas essa revolução parece inaugural: pensar o Jardim como um modelo comunitário para a sociedade toda, eis uma síntese magistral das tendências contraditórias que animam os epicuristas durante quatro séculos...

De fato, perto do final desse *Resumo sobre as afecções e as ações*, Diógenes descreve um quadro idílico dos tempos futuros: a justiça reina absolutamente, o amor mútuo triunfa, as fortificações das cidades já não têm nenhuma necessidade, tampouco há necessidade de leis nem de objetos concebidos, pensados, elaborados contra os outros – as armas, por exemplo. A agricultura produz o necessário para viver, não há necessidade de estoques, de supérfluo, cada um trabalha na produção do necessário a sua própria subsistência dedicando o resto do tempo à filosofia... Que sonho...

5

O obscurecimento do mundo. Diógenes de Enoanda morre, ignora-se a data. As fortificações não desaparecem sob efeito da conversão dos homens à alegria epicurista uma vez que, ironia da sorte, seu muro filosófico demolido serve de pedreira para fortificar a cidade no século III... Uma parte permite aos lícios construir uma fonte pública em Zorban, a alguns quilômetros de Enoanda. Como o paraíso grego não surgiu na terra, neuroses fomentam um paraíso judeo-cristão no céu e transformam a existência em via-crúcis, em expiação. Peixeiros, carpinteiros, pisoeiros, curtidores se empoleiram sobre o cadáver da filosofia grega e triunfam sobre as ruínas da Antiguidade helenística. Sua particularidade? Transformam seu ódio a si mesmos em ódio ao corpo e ao mundo.

Os cristãos preparam o obscurecimento de quase vinte séculos em comunidades de iluminados por toda parte na Bacia do Mediterrâneo; o poder romano, por meio de Constantino, oferece-lhes o Império convertendo-se em 312; eles criam o primeiro totalitarismo concentrando todos os poderes nas mãos da gente da Igreja que, em nome de um obscuro e hipotético crucificado nascido em Nazaré – cidadezinha cuja existência a arqueologia nos informa três séculos após a morte (!) de seu mais célebre cidadão... –, matam, massacram, deportam, devastam milhares de pessoas. Destroem os templos, quebram as estátuas, demolem as construções, incendeiam as obras ímpias – evidentemente vai-se toda a literatura hedonista! –, condenam por princípio os corpos e as almas, contaminam o presente com a pulsão de morte, mas também o futuro, até mesmo a eternidade... Pela primeira vez em uma civilização, a morte toma o poder e governa – e por muito tempo.

BIBLIOGRAFIA

Adeus ambiente. Não se aborda o continente filosófico sem reais dificuldades. O ideal consiste em começar por uma história bem feita, clara, precisa, inteligente – até mesmo divertida!: a de Lucien Jerphagnon, *Histoire de la pensée,*Tallandier, 1989, Poche Pluriel, reúne todas essas qualidades. Para o ambiente, o que significa filosofar no período antigo até os primeiros tempos do cristianismo, ver Pierre Hadot, *Qu'est-ce que la philosophie antique?*, Folio 1995. Do mesmo autor, pode-se ler também *Exercices spirituels et philosophie antique*, Institut d'Etudes augustiniennes, 1993. Descobre-se nessa obra que a filosofia é antes de tudo uma arte de viver, longe das especulações gratuitas e inúteis. É o que analisa magistralmente – lê-lo é ouvi-lo – Michel Foucault em *L'Herméneutique du sujet*, suas aulas ministradas no Collège de France em 1981-1982, Hautes Études-Gallimard-Seuil, 2001.

Pierre Hadot remete com freqüência a dois livros importantíssimos, de belas idéias, infelizmente entravadas por uma exposição universitária prototípica: André-Jean Voelke, *La Philosophie comme thérapie de l'âme. Études de philosophie hellénistique*, e Juliusz Domanski, *La Philosophie, théorie ou manière de vivre? Les controverses de l'Antiquité à la Renaissance,* os dois prefaciados por Pierre Hadot, Éditions universitaires de Fribourg – 1993 o primeiro, 1996 o segundo. Voelke, Domanski, Hadot optam pela filosofia como farmacopéia e prática da existência. As questões abordadas nessas duas obras continuam atuais...

* * *

Uma filosofia hedonista? É de imaginar que a filosofia e o hedonismo não convivem bem na tradição ocidental, em que esses dois termos são considerados antagônicos... Evidentemente, tanto que eu saiba, nunca houve história da filosofia hedonista em nenhuma língua! Para obter indicações e algumas referências, pode-se ler o texto de A. J. Festugière "La doctrine du plaisir des premiers âges à Épicure", pp. 81-116, coletado em *Études de philosophie grecque*, Vrin, 1971. É uma abordagem superficial, mas permite uma visão útil de conjunto. Sobre o eudemonismo antigo, com passagens extremamente enviesadas, quando não erradas – porque inutilmente moralizadoras –, e sobre o hedonismo de Aristipo pode-se consultar Léon Robin, *La Morale antique*, PUF, 1963, especialmente pp. 32-33.

* * *

De pretensos pré-socráticos. As introduções aos filósofos pré-socráticos são sempre sucintas, pois resumem uma quantidade de filósofos que não têm muita coisa a ver, a não ser o fato de serem apresentados erroneamente como tendo pensado antes de Sócrates – ao passo que muitos são seus contemporâneos! Pode-se ler, todavia, Abel Jeannière, *Les Présocratiques*, "Les écrivains de toujours", Seuil, 1996 – com uma iconografia interessante. O volume apresentado por Jean-Paul Dumont para Éditions de La Pléiade oferece textos com o aparelho crítico que se conhece nessa coleção: *Les Présocratiques*, Gallimard, 1988. Evite-se a reedição Folio, que amputa do volume original um grande número de textos – entre eles os que tratam de Antífon, que nos interessa do ponto de vista dessa história da filosofia hedonista...

* * *

Miséria do materialismo atomista. Para Leucipo, está claro: não existe nenhuma edição em língua francesa que ofereça os fragmentos e os comentários que poderiam suscitar... Isso bem mostra a maneira platônica de escrever e ensinar a história da filosofia! Demócrito é mais bem servido, embora a bibliografia seja rapidamente reunida: *L'Atomiste ancien. Fragments et témoignages*, trad. fr. de Maurice Solovine, Pocket, 1993. Jean Salem é o especialista: escreveu vários livros sobre o assunto. Obrigatoriamente eles se repetem um pouco. Deve-se dar preferência a *Démocrite. Grains de poussière dans un rayon de soleil*, Vrin, 1996, que serve de matriz a todos os outros. O elegante subtítulo [Grãos de poeira num raio de sol] é uma frase de Demócrito. As páginas dedicadas à ética limitam-se a mencionar leituras, nem sempre com a interpretação do próprio Jean Salem. Ele assinala, por exemplo, na p. 333, que Döring, Ueberweg e C. Bailey classificam Demócrito ao lado dos filósofos hedonistas, sem dar sua opinião, sem examinar suas teses ou, menos ainda, esclarecer em que obras...

* * *

Pobres sofistas! Durante muito tempo os sofistas foram maltratados. A edição de seus textos se faz freqüentemente em antologias que não permitem atribuir a cada um o que merece nem distinguir sua especificidade. Introdução acessível de Jacqueline de Romilly em *Les Grands sophistes dans l'Athènes de Périclès*, éd. De Fallois, 1988. Para os textos, ver *Les Présocratiques* na Pléiade, *op. cit.* E, como introdução geral mais técnica, Gilbert-Romeyer-Dherbey, *Les Sophistes*, Que sais-je?, PUF, 1985. Em W. C. K. Guthrie, *Les Sophistes*, trad. fr. do inglês de J. P. Cottereau, Payot, 1971, tem-se uma análise mais longa que lhes faz mais justiça. Nessa obra lêem-se passagens dedicadas ao hedonismo de Antífon, p. 295.

Sobre Antífon, ver também a excelente obra, a única sobre esse indivíduo injustamente esquecido, de Annie Hourcade, *Antiphon d'Athènes. Une pensée de l'individu*, "Figures illustres", éd. Ousia, 2001. Sobre o hedonismo do filósofo sofista, ver o capítulo V, primeiro parágrafo: "Le plaisir, signe de la conformité de l'action avec la nature", pp. 125-132.

* * *

E os cirenaicos, então... Os mais mal situados, pois não houve nenhuma edição em língua francesa antes da minha, publicada em 2002 por Livre de Poche: *L'Invention du plaisir. Fragments cyrénaïques.* Os italianos tinham a de Gabriele Giannantoni (1958) e os holandeses a de Erich Mannebach (1961). Sobre Aristipo, pode-se ler Jean Humbert, *Socrate et les petits socratiques*, PUF, 1967, pp. 250-272 – embora ele ache Aristipo pouco consistente... Passagens interessantes para ter uma idéia da figura de Sócrates. Também páginas dedicadas a Antístenes. Sobre o próprio Sócrates, ver a súmula dificilmente suplantável por seu enciclopedismo de Jacques Mazel, *Socrate*, Fayard, 1987, e Pierre Hadot, *Eloge de Socrate*, éd. Allia, 1998.

* * *

A memória cínica. Os cínicos dispõem de sua doxografia graças ao trabalho precioso de Léonce Paquet, *Les Cyniques grecs. Fragments et témoignages*, éd. de l'Université d'Ottawa, 1975. Um excelente estudo universitário, linha por linha, de Marie-Odile Goulet Cazé, *L'Ascèse cynique. Un commentaire de Diogène Laërce VI 70-71*, Vrin, que apresenta sua versão de um Diógenes hedonista na p. 206. Deve-se a essa mesma pessoa e a seu marido, assistido por uma equipe, uma edição muito útil de Diógenes Laércio, *Vies et Doctrines des philosophes illustres*, "La Pochothèque", Livre de Poche, 1999: o aparelho crítico é notável e o índice é de incontestável eficácia. Podem-se ver também as cartas pseudo-epígrafes tardias, *Les Cyniques grecs. Lettres de Diogène et Cratès*, trad. fr. do grego antigo de Georges Rombi de éditions Babel, 1998. Elas datam do século II a.C. ao século I d.C. e traem uma nítida inflexão estóica visível pela crítica radical do prazer em quase todas as páginas. Ver também Michel Onfray, *Cynismes. Portrait du philosophe en chien*, Grasset, 1990, Livre de Poche.

* * *

Platão, um lutador mal-intencionado. Não se pense em examinar o status do prazer na filosofia de Platão, tema amplo, se é que é tema... Seu dualismo, sua celebração da alma, sua aversão ao corpo, sua desconsideração para com a vida, o sensível, o real, seu tropismo pela pulsão de morte – lembrem-se do *Fédon* (64, b): "Os filósofos autenticamente filósofos são ávidos por morrer"! – fazem dele um pensador emblemático do anti-hedonismo antigo. Não surpreende que o cristianismo tenha tirado proveito dessa filosofia! É ainda mais interessante ler seu *Filebo*, diálogo inteiramente dedicado à questão do prazer, especialmente para ver como ele procede para evitar o debate com o hedonismo... Deve-se dar preferência à edição recente de Jean-François Pradeau, éditions Garnier-Flammarion, 2002. Ela é bastante anotada e prefaciada de modo que o leitor saiba tudo o que lhe é útil saber sobre esse texto. Os que não se contentarem com a síntese poderão reportar-se aos dois volumes coordenados por Monique Dixaut, *La Fêlure du plaisir. Etudes sur le* Philèbe *de Platon*, Vrin, 1999.

* * *

Eudóxio salvo por um adversário... Sem Aristóteles nada teria subsistido de Eudóxio de Cnido, filósofo hedonista... Suas atividades científicas são conhecidas, ele é apresentado como precursor de Euclides, geralmente é integrado à história das idéias científicas da Antiguidade, por certo, mas raramente alguém se detém em seus fragmentos de filosofia moral e, mais particularmente, em seu pensamento sobre o prazer. Esse pensamento é essencialmente apresentado por Aristóteles em *Ética nicomaquéia*. Um livro é dedicado inteiramente à questão do prazer em Aristóteles por Jean Festugière: *Le Plaisir. Éthique à Nicomaque VII 11-14, X 1-5*, Introdução, tradução e notas, Vrin, 1946. Tudo está nele: as implicações da época, o contexto ideológico, os debates na Academia, as críticas de uns e de outros, as teses hedonistas de Eudóxio, as anti-hedonistas de Espeusipo, a posição eudemonista de Aristóteles.

* * *

O filósofo das peles. A bibliografia dos sofistas evidentemente favorece Pródico de Céos, que era um dos seus. Encontram-se textos a seu respeito no volume *Pré-socráticos* da Pléiade. Ver, é claro, o sempre útil *Diogène Laërce et ses Vies*. Sobre a escolha de Héracles como prosopopéia e alegoria – e não como texto moral prescritivo –, Pierre Fontanier, *Les Figures du discours*, Flammarion, 1968.

* * *

Porco de Epicuro? O que subsiste de Epicuro importa em menos de uma centena de páginas, e a influência desse filósofo foi muito importante na resistência ao cristianismo. *Lettre à Hérodote*, *Lettre à Pythoclès* e *Lettre à Ménécée* encontram-se no livro X de Diógenes Laércio, *op. cit.*, em que se podem ler também considerações sobre a vida de Epicuro e fragmentos de doxografia ética. *Vies et doctrines des philosophes illustres* termina com Epicuro, não, como às vezes se disse, porque o epicurismo tenha sido o coroamento da filosofia, mas porque a continuação, portanto o fim, se perdeu...

Maximes capitales e *Sentences vaticanes* encontram-se em *Lettres et maximes d'Épicure*, edição estabelecida, textos traduzidos e comentados por Marcel Conche, PUF, 1987. Jean Salem dedicou o primeiro volume de sua tese ao assunto: *Tel un dieu parmi les hommes. L'éthique d'Épicure*, Vrin, 1989. O belo título é de Epicuro, o subtítulo enuncia de fato o assunto e diz da sobriedade de seu tratamento. Lê-se nessa obra um comentário universitário metódico sobre a questão. Comentário de comentários, quase sempre, mais do que comentário do próprio texto, o livro é claro, preciso e documentado. Sem ousadias. O mesmo autor comenta a carta ética e se indaga sobre as condições do prazer puro em Epicuro em uma coletânea de textos intitulada *Démocrite, Épicure et Lucrèce. La vérité du minuscule*, Encre Marine, 1998.

Dois comentários precisos, exegese apurada, filologia: Jean Bollack, Mayotte Bollack, Heinz Wismann, *La Lettre d'Épicure*, éd. de Minuit, 1971 (comentário da carta a Heródoto), e Jean Bollack, *La Pensée du plaisir*, éd. de Minuit, 1975 (comentário da carta a Meneceu). Ver também, dentro do mesmo espírito, Jean Bollack e André Laks, *Études sur l'épicurisme antique*, Cahiers de philologie, publicação da Universidade de Lille, volume 1, 1976.

Sobre questões específicas: Jean-Marie Guyau mostra o pensamento de Epicuro como estando na origem do utilitarismo anglo-saxão em *La Morale d'Épicure et ses rapports avec les doctrines contemporaines*, Encre Marine, 2002; a tese prossegue em *La Morale anglaise contemporaine. Morale de l'utilité et de l'évolution*, Alcan, 1895; André-Jean Festugière, *Épicure et ses dieux*, PUF, Quadrige, 1.ª edição, 1946, ed. revista em 1985, aborda as questões do fato religioso na era helenística, a religião de Epicuro e sua relação com a religião astral; sobre o prazer, Victor Brochard, *Études de philosophie ancienne et de philosophie moderne*, Vrin, 1974; sobre o direito, a lei, o contrato, a proteção dos animais, a justiça, a injustiça, o direito natural, a questão da filosofia política e jurídica do Jardim, *La Doctrine d'Epicure et le droit*, Victor Goldschmidt, Vrin, 1977, obra apaixonante pelo que obtém das três máximas aferentes a esse tema; sobre a amizade, Jean-Claude Fraisse, *Philia. La notion d'amitié dans la philosophie antique*, Vrin, 1984; sobre a vida filosófica, Jacques Schlanger, *Qu'est-ce qu'une vie bonne?*, PUF.

Ver também *Actes du VIIIe congrès de l'Association Guillaume-Budé*, Paris, 5-10 avril 1968, Les Belles Lettres, 1969: sobre o clinâmen, os simulacros, a física dos deuses, a amizade, a sensação, o descontínuo, o conhecimento, o cepticismo, a amizade, a dialética e outros temas, mas também sobre as leituras de Horácio, Lucrécio, Montaigne, o humanismo, Saint-Evremond, Gassendi, Kant, os estruturalistas (!). Representativo do gênero colóquio: do melhor e do pior, muita citação, algumas intuições, uma quantidade de compiladores, alguns pesquisadores que encontram... Obra evidentemente envelhecida, mas útil pelos vestígios e pelas pistas.

* * *

Com, contra e malgrado o Mestre. Para uma apresentação geral de Epicuro e do epicurismo, Geneviève Rodis-Lewis, *Épicure et son école*, Idées Gallimard, 1975 (meu primeiro encontro com Epicuro...) e Jean-François Duvernoy, *L'Épicurisme et sa tradition antique*, Bordas, 1990.

Sobre os poetas elegíacos – Catulo, Tibulo, Propércio –, mas também sobre Virgílio, Ovídio e suas fórmulas epicuristas, ver, de Paul Veyne, *L'Élégie érotique romaine. L'amour, la poésie et l'occident*, Seuil, desmontagem inteligente e brilhante do procedimento elegíaco: a mulher como pretexto para o texto...

Muito pouco sobre Filodemo de Gádara! Nada sobre Metrodoro... Nenhuma tradução francesa nem de um nem do outro... Os textos do primeiro estão editados em alemão, em italiano, mas não em francês... Ver Marcello Gigante, *La Bibliothèque de Philodème et l'épicurisme romain*, Études anciennes, 56, Les Belles Lettres, 1987, durante muito tempo a única obra. E *Cicéron et Philodème. La polémique en philosophie*, textos editados por Clara Auvray-Assayas e Daniel Delattre para éditions "Rue d'Ulm", coleção "Études de littérature ancienne, 12", 2201, sobre a questão da estética de Filodemo. Alguns excertos traduzidos, porém mais sobre os deuses, a música, a retórica do que sobre a ética... Bibliografia exaustiva dos artigos, freqüentemente em outra língua que não o francês, pp. 393 a 407 – menos de dez artigos sobre Filodemo em língua francesa! Alguns epigramas são encontrados, esparsos, nos volumes de *Anthologie grecque*, Belles Lettres. Sobre o sítio de Herculano, uma obra antiga, mas legível como um romance policial: *Vie, mort et résurrection d'Herculanum et de Pompéi*. Seu autor: Egon Caesar conde Corti, 10/18, 1963.

Diógenes de Enoanda, mais bem servido, dispõe desde 1996 de uma edição Cerf-Editions universitaires de Fribourg: *La philosophie épicurienne sur pierre. Les fragments de Diogène d'Oenanda*, trad. fr. de Alexandre Étienne e Dominique O'Meara. Tudo o que resta – ou seja, pouca coisa – é introduzido com o que se pode saber hoje sobre a questão.

* * *

Viver e filosofar em latim. Mudança de mundo: a passagem de Atenas para Roma obriga a reajustes ideológicos e a novas considerações sobre a ligação entre o tempo e a reflexão. Para um fio de Ariadne nesse dédalo histórico, ver os livros de Lucien Jerphagnon, *Vivre et philosopher sous les Césars* e *Vivre et philosopher sous l'Empire chrétien*, publicados por Privat, esgotados, mas reorganizados em *Le Divin César. Étude sur le pouvoir dans la Rome impériale*, Tallandier – ou como funcionam as relações entre o Filósofo e o Príncipe. Divertido, douto, brilhante, inteligente, erudito, ouve-se a voz daquele que foi meu iniciador à filosofia antiga – portanto à filosofia simplesmente... Do mesmo autor, *Histoire de la Rome antique. Les armes et les mots*, Tallandier.

Sobre Cícero, Lucrécio – mas também os meios epicuristas na Campânia –, Sêneca: Jean-Marie André, *La Philosophie à Rome*, PUF. Tornando-se latino, o pensamento perde em talentos idealistas sobre a ontologia, a metafísica e as ficções para ganhar em força sobre a moral utilitarista e pragmatista – nos sentidos nobres e filosóficos dos termos.

BIBLIOGRAFIA

* * *

O Divino Lucrécio... Trabalhei com a tradução francesa de Charles Guittard, Imprimerie nationale, bilíngüe, um pouco literária, mas com índice catastrófico... Éditions de poche GF: Clouard; edição Tel-Gallimard: Ernout.

Encontrado também em banca de sebo um comentário de Constant Martha, *Le poème de Lucrèce*, Hachette, sem data, mas fim do século XIX. O autor acha que Lucrécio não é moralmente defensável, esclarece que não adere a suas teorias, confessa um catolicismo autêntico que lhe vale ter sido laureado pela Academia francesa. Não há mistérios...

A sra. Agnès Lagache acha o filósofo misógino, falocrata e, em suma, machista: *Lucrèce. Fantasmes et limites de la pensée mécaniste*, Alpha Bleue. Como no caso de Constant Martha, o texto merece ser lido como sintoma dos preconceitos de uma época. A tese do livro? O materialismo atomista epicurista não tornou Lucrécio feliz – que textos ou testemunhos fundamentam esse julgamento? Essa ideologia, por sua fantasia de onipotência, impossibilitaria o amor, a política, a relação com o outro ou a música! Impossível, com base nesses princípios, dar corpo a uma "vida simbólica"...

O dr. Logre é citado pela senhora precedente. Deve-se a ele *L'Anxiété de Lucrèce*, J. B. Janin, excelente protótipo de projeção efetuada contra a sua vontade por um médico psiquiatra. Cômico se não fosse trágico – pois o medicastro provavelmente teve pacientes em seu consultório e não se limitou a prejudicar um filósofo morto há vinte séculos; também maltratou com base no mesmo princípio uma clientela sonante...

Para ler Lucrécio acompanhado, ver Marcel Conche, *Lucrèce*, Seghers – com uma seleção de textos –, Pierre Boyancé, *Lucrèce et l'épicurisme*, PUF, mas também um compêndio desse livro em *Lucrèce. Sa vie, son oeuvre, avec un exposé de sa philosophie*, PUF. Também textos selecionados. Mais recente, Pierre-François Moreau, *Lucrèce. L'âme*, PUF. Comentário linha por linha do livro III sobre a alma, o espírito, o corpo e suas relações. O trabalho mais sintético, mais completo, é assinado por Jean Salem, *Lucrèce et l'éthique. La mort n'est rien pour nous*, Vrin. Também a ele devem-se dois belos livros já citados sobre Demócrito e Epicuro. Bibliografia de 638 títulos, pp. 251-282.

CRONOLOGIA

O ARQUIPÉLAGO HEDONISTA	O ARQUIPÉLAGO IDEALISTA
Safo (650/600)	
	c. 570: nascimento de Pitágoras
	c. 563: nascimento de Buda *c. 551: nascimento de Confúcio*
	c. 532: Escola pitagórica em Siracusa *512 (?): morte de Pitágoras* *510 (?): nascimento de Parmênides* *c. 500: Parmênides de Eléia, A Natureza* *492: nascimento de Protágoras*
Entre 490 e 460: nascimento de Leucipo	
	485: nascimento de Górgias *c. 483: morte de Buda*
	c. 479: morte de Confúcio
c. 470: nascimento de Demócrito	
	469: nascimento de Sócrates

O ARQUIPÉLAGO HEDONISTA	O ARQUIPÉLAGO IDEALISTA
	435: Sócrates ensina em Atenas
Entre 470 e 460: nascimento de Pródico de Céos, autor das *Estações*.	
Entre 460 e 340, Demócrito escreve mais de seiscentos tratados. Entre eles: *Da felicidade, Da natureza humana ou da carne, Das sensações, Do regime de vida ou o Dietético, Da pintura*, e outros livros de matemática, de música, de física, etc.	
Antífon o sofista, *A arte de escapar à aflição*, "inventa" a psicanálise	
445: nascimento de Antístenes	
	443: nascimento de Hípias
435: nascimento de Aristipo de Cirene	
Entre 420 e 360, Antístenes o cínico escreve *Da dicção e das figuras, Tratado do amor no casamento, Da fisiognômica dos sofistas, Da lei ou do Belo e do Justo*, e muitos outros textos reunidos em dez volumes.	
	429: nascimento de Platão
413: nascimento de Diógenes	
411: morte de Antífon o sofista	411: morte de Protágoras
c. 408: nascimento de Eudóxio de Cnido	

O ARQUIPÉLAGO HEDONISTA	O ARQUIPÉLAGO IDEALISTA
Entre 400 e 350, Aristipo de Cirene escreve vinte e cinco diálogos, entre os quais *Para os que o censuram por ter comprado vinho velho e cortesãs*, *Para os que o censuram por bem se banquetear*, mas também *Da educação*, *Da virtude*, etc.	
Entre 380 e 323: *Tratado da moral*, *A arte de amar*, *Da morte*, *A Constituição*, e outros diálogos de Diógenes de Sinope.	
399: Aristipo funda uma escola em Cirene	*399: julgamento e morte de Sócrates*
	c. 385: nascimento de Aristóteles
	387: Platão funda a Academia em Atenas
	Fédon, O Banquete, Fedro *de Platão*
	387-368: Apologia de Sócrates, Protágoras, Górgias *de Platão*
	367: Parmênides, Teeteto, O sofista *de Platão*
	Após 361: Timeu, Crítias, As Leis
360: morte de Antístenes, nascimento de Crates	
c. 356: morte de Eudóxio de Cnido	
	343: morte de Hípias
	c. 350: trabalhos filosóficos de Aristóteles
350: morte de Aristipo de Cirene	
c. 350: *Cartas* de Crates, o cínico	

O ARQUIPÉLAGO HEDONISTA	O ARQUIPÉLAGO IDEALISTA
	347: morte de Platão, Aristóteles deixa a Academia
342: nascimento de Epicuro em Samos 340: morte de Demócrito de Abdera	
	332: Pírron acompanha Alexandre em sua campanha na Índia
	335: Aristóteles funda o Liceu em Atenas
Entre 350-270: trezentos textos de Epicuro, entre eles trinta e sete livros intitulados *Da natureza*, mas também: *Do amor, Da santidade, Banquete, Do tato, Da música, Sobre a doença*, etc.	
	Tratados de Zenão e Crisipo
c. 330: morte de Crates de Tebas, o cínico	
323: morte de Diógenes de Sinope	
	322: morte de Aristóteles; Teofrasto o substitui à frente do Liceu
c. 300: obras de Metrodoro o epicurista, entre elas: *Contra os médicos, Das sensações, Da grandeza de alma, Da doença de Epicuro, Contra os dialéticos, Do meio de alcançar a sabedoria, Contra Demócrito*, etc.	
306: Epicuro cria seu Jardim em Atenas; primeiros discípulos: Heródoto, Pítocles, Hermarco, Me-	

O ARQUIPÉLAGO HEDONISTA	O ARQUIPÉLAGO IDEALISTA
trodoro, Políneo, Leônteo de Lâmpsaco, Temista, Leontion, Colotes, Apolônides.	
	c. 300: Zenão de Cício funda o Pórtico em Atenas
280: morte de Crates	
277: morte de Metrodoro, discípulo de Epicuro	
271: morte de Epicuro 270: Hermarco sucede Epicuro à frente do Jardim Hermarco é autor de *Contra Platão*, *Das ciências*, *Contra Aristóteles*, entre outros textos	
c. 110: nascimento de Filodemo de Gádara Autor de *Revista dos filósofos*, *Dos caracteres e dos gêneros de vida*, *Da liberdade de palavra*, *Da gratidão*, *Da lisonja*, *Da arrogância*, *Da inveja*, *Da cólera* e de muitas outras obras estéticas, políticas, teológicas, retóricas.	
98: nascimento de Lucrécio	
	83-43: obras de Cícero
60-55, Lucrécio, *Da natureza das coisas* 55: morte de Lucrécio	
	79: erupção do Vesúvio
Constelação dos poetas elegíacos romanos: Catulo (87-54), Horácio	

O ARQUIPÉLAGO HEDONISTA	O ARQUIPÉLAGO IDEALISTA
(65-8), Tibulo (55-19), Propércio (c. 50-16)	
c. 40: morte de Filodemo de Gádara	
	c. 2: nascimento de Sêneca
	Nascimento de um suposto Jesus: 0.
	c. 5-15: nascimento de Paulo de Tarso, dito são Paulo
1-18: Ovídio, *A arte de amar*	30: conversão de Paulo de Tarso Verão 44: primeira viagem missionária de Paulo c. 50: nascimento de Epicteto
	Entre 50 e 57: Epístola aos coríntios de Paulo de Tarso e outros textos apologéticos
	62: início da correspondência entre Sêneca e Lucílio
	19 abril 65: morte de Sêneca c. 67-68: morte do dito são Paulo
c. 120 ap.: Diógenes de Enoanda e seu muro de pedra Diógenes de Enoanda: *Resumo sobre as afecções e as ações*	
	c. 120: os primeiros apologistas cristãos: Justino, Atenágoras, Teófilo de Antioquia, para os quais o cristianismo é "a verdadeira filosofia".

ÍNDICE REMISSIVO

AMOR
  casal ataráxico, 284-6
  libertinagem, 42, 251, 274, 282
  paixão amorosa, 196, 232, 250, 281-5, 291, 303
  procriação, 97, 282
  sexualidade, 195, 280-4
  ver **Vênus**

ARQUEOLOGIA
  descobertas, 19, 26-8, 176, 218-9, 237, 273-4, 295
  implicações ideológicas, 25, 31-2
  obras perdidas, 25, 173-4, 179, 183, 205, 275, 302
  possibilidade de um trabalho crítico, 27-8
  risco de interpretações errôneas, 29-30

ASCETISMO
  aristipiano, 204-5
  contra hedonismo, 31
  distinto da ascese, 134
  e cinismo, 133-6, 176, 300
  e filosofia, 103
  e gozo, 198
  e hedonismo, 134, 180, 184, 198-200, 203-4, 281
  epicurismo campaniense, 230-3, 236, 238, 242
  Epicuro, 177, 180, 183-4, 198-204, 221-2
  ideal ascético, 31, 56, 74, 88, 146, 148, 180, 253, 270
  Pródico, 161-2

ATENAS
  ágora, 20, 44, 57, 60, 104, 107-8, 110, 132, 156, 206
  democracia, 87, 99, 117, 244
  Diógenes, 131, 133
  ensino, 154, 175, 223, 231-2
  Jardim em Atenas, 176, 178-9, 211, 224, 287
  população, 129
  queda de Atenas, 175-6, 304

AUTO-DE-FÉ
  Amiclas e Clínias salvam Demócrito, 54

Platão quer destruir a obra de
Demócrito, 14, 53-4, 111-2,
152
prática cristã, 18, 295

BESTIÁRIO
peixe masturbador, 132-3
porco, 82, 152, 169, 176-7,
181, 219, 223, 231, 273, 302

CONTRA-HISTÓRIA
do hedonismo, 19
o que ela é, 19-21
o que ela não é, 17-20
princípio de Alfeu, 21-3
subjetiva, 21
uma história indireta dos
corpos, 21-3

  erros
  de um Demócrito
  pré-socrático, 49-53
  de um Sócrates platonizado,
  14, 51, 106-7
  e verdade, 205
  nos textos, 107, 205
  sobre Antístenes, 50
  sobre Aristipo, 113, 119, 123-4
  sobre Epicuro, 177-80, 204-5,
  208-9
  sobre Lucrécio, 247-53, 274-5
  sobre o hedonismo, 46, 118,
  134, 202-3
  sobre o materialismo, 208-9,
  258-9
  sobre o termo epicurista,
  198-9, 231-2
  sobre os filósofos cirenaicos,
  123-5

CORPO
a "grande Razão", 22
= alma, 63, 120, 136
cínico, 136-7
e arte, 201
em ligação íntima com a alma,
186, 208
em paz, 181, 201-2

epicurista, 173, 179, 200
esquizofrênico e pitagórico, 62
filosófico, 171, 173
glorioso, 171
imanente, 269
medicação, 174, 182
ódio ao corpo, 17, 35, 199,
295
oportunidade de salvação, 200
"O que pode o corpo?", 22
processo contra a alma, 64
quem pensa, 172-3

alimento, 135, 167, 174, 178-9,
181, 193, 202, 224, 228-30, 249,
267, 273, 280

alma
comanda o corpo, 259
condenada, 177
constituição, 63, 207
= corpo, 63, 120, 136
e arte, 200-1
em ligação íntima com o
corpo, 186, 208
firmeza, 68
imortal, 17, 74, 184, 186, 207,
271
instância material, 63-4, 67,
89, 173, 186, 208
lugar, 64, 186, 259
medicação, 89-90, 174, 182
metempsicose, 74, 187, 270
metensomatose, 40, 74, 187,
270
mortal, 269
oposta ao corpo, 160
sede da sensibilidade, 186
tranqüilidade, 65, 68, 89, 181,
196, 202, 243
transmigração, 40, 271
vida social, 69

dualismo
contra o atomismo, 42, 62-3,
74, 207-9
e hedonismo, 151, 155
e Lucrécio, 269-70
em Aristipo, 50, 150, 208

ÍNDICE REMISSIVO

em Eudóxio, 155
evocado antes do pensamento grego, 40
no *Fédon*, 186, 270, 300
platônico e pitagórico, 73-4, 207-8, 300-1

Grande Saúde, 173, 204

monismo
abderitano, 62, 67
antifoniano, 91
cirenaico, 208
epicurista, 235

onanismo, 60, 70, 105, 132-5

rir
Antífon, 96
Demócrito, 70-1, 254, 292
Epicuro, 180, 216
Lucrécio, 254, 278-80

sentidos
nobres e ignóbeis, 31, 108-10, 122
vetores de certeza, 66, 121, 184, 192, 207-8, 255, 266

EPICURISMO
primeiro epicurismo
como terapia, 193, 291
contra as religiões, 181
deformado, 221
desenvolvimento, 176
disseminação, 222-3, 287
e cinismo, 225
e estética, 200-1
e ética, 202-3, 244
e imanência, 199
gozo grosseiro, 178
popular, 223
seu objetivo, 279
transormações, 294
um ensinamento, 215-6, 229-30, 277
um naturalismo, 196
variante, 219

campaniense (segundo epicurismo)
Aristipo, 232
e a política, 241-5
e o prazer, 231-2
Filodemo, 226-7, 229-32, 303
Herculano, 26, 176, 217-8, 230-1, 237, 273, 287, 304
Mecenas, 225
o que ele mantém do primeiro epicurismo, 236-7
Roma, 221-2, 304

Jardim
anti-República de Platão, 211-2, 293
aquisição, 176
como personagem conceitual, 209
e as mulheres, 178
Hermarco, 41, 224
lugar do contrato, 213-4, 303
mecenas, 225, 230
microcomunidade eletiva, 209-13, 221-2, 240, 294
o que ele não é, 216
o que se sabe dele?, 224-5
universal 293

Pisão
cônsul, 220
e Cícero, 241
e Filodemo, 220-1, 230, 238-40, 244
mecenas, 225, 229-30

Tetrapharmakon, 182-3, 193-4, 196, 209, 215, 233

Vila dos Papiros (Vila de Pisão)
biblioteca de Filodemo, 18-9, 26, 219-20, 222, 226, 237, 303-4
comunidade filosófica, 220, 294
conteúdo, 176-7, 219-21, 224, 228, 243-4
e mecenato, 220-1, 225
imagem da passagem à civilização romana, 221, 241-2

seus hóspedes, 231
vida filosófica, 223-5, 226, 229-30

ESTÉTICA
e prazer, 197, 238
epicurista, 200-1, 236-40, 303
tratado, 219
arte
desejo não natural e não necessário, 197
e alma, 201
e corpo, 201
e gozo, 201
utilitária, 200-1
música
desejo não natural e não necessário, 280
e Epicuro, 201, 237-8
e Filodemo, 219, 237-8, 240, 304
e Lucrécio, 264, 274, 278-9, 305
e prazer, 203, 237-8, 278
e sentidos, 109
mito de Orfeu, 238
pintura, 109, 200, 279-80
poesia
Catulo
bibliografia, 304
e a sexualidade, 195
e o epicurismo romano, 230, 239, 303
e Epicuro, 201, 257-8, 280
e Filodemo, 219, 236-40
e filosofia, 231
elegíaca, 223, 226, 231, 239, 303
Homero, 26, 48, 58, 111, 118, 201, 219, 236, 244
Horácio
bibliografia, 303
e a sexualidade, 195
e Mecenas, 225
e o campo, 212
e o *carpe diem*, 233

e o epicurismo romano, 230, 302
e o porco de Epicuro, 176, 223
e o tema da tempestade, 275
hedonista, 31
obra reencontrada, 219
Lucílio, 222
Ovídio, 22, 219, 282, 303
Píndaro, 26, 159, 232, 281
Propércio, 239, 303
Teócrito, 159
Tibulo, 231, 239, 275, 303
Tirteu, 159
Virgílio, 225, 231, 303

ESTOICISMO
contra Lucrécio, 249, 253
contra o epicurismo, 237, 241
doxografia, 104, 119
e a dor, 193, 199
e a sabedoria, 272
e o corpo, 198-9, 273-4
e o dolorismo, 178
prepara o cristianismo, 31, 180

FILOSOFIA
desejo nem natural nem necessário, 197
e alimento, 230
e política, 117, 148, 212, 224, 240-5
e terapia, 122-3, 181-3, 193-4, 233, 291
idade para a abordar, 212-3
soteriológica, 113
Ver **Epicurismo, Estoicismo, Hedonismo, Idealismo, Materialismo, Moral, Psicanálise, Utilitarismo**

FILÓSOFO
amigo dos deuses, 235
e meditação, 44
filósofo-médico, 182, 199-200

ÍNDICE REMISSIVO

filósofo-rei, 117, 175, 211, 243
multiplicidade das definições
   antes de Sócrates, 51-3
o que o define, 20-1

FILÓSOFOS

I) A<small>NTIGOS</small>

Anaxarco
abderitano, 79
céptico, 81-2
cínico, 79
e a família, 82
e Alexandre, 80
e Nicocreonte de Salamina, 80
e o poder, 80
e os gimnosofistas, 80
hedonista, 81-2
sofista, 79

Anaximandro, 185

Anicéris, 124

Antífon de Atenas (o sofista)
e a concórdia, 89, 98, 100
e a construção de si, 97
e a família, 96-7, 99
e a verdade, 94
e Aristipo, 113
e as honras, 96
e o dinheiro, 89, 96
hedonista, 95-6, 161
interpretação dos sonhos, 91
inventor da psicanálise, 90-1
materialista, 90
monista, 90
oposto a Sócrates, 88-9
personagem misteriosa, 88, 299

Antípatro, 124

Antístenes
e Diógenes, 131
e o bordel, 137
e o prazer, 137-8, 300
e Platão, 54-5, 130
erro sobre Antístenes, 50

Apolodoro de Císica, 82

Aristipo de Cirene
como personagem conceitual, 106
corpus, 150
e a família, 117, 124-5
e a liberdade, 114-7
e a política crítica, 206
e a sabedoria, 206
e Antífon, 114-5
e as honras, 112
e as mulheres, 116-7
e o bordel, 104, 116-7
e o dinheiro, 113-7
e o *kairós*, 118-9
e o niilismo epistemológico, 206
e o poder, 117
e o prazer catastemático, 203-5
e o prazer cinético, 203, 205
e o prazer da alma e do corpo, 206-7
e o relativismo ético, 206
e o rir, 71
e o sofrimento, 206
fluidez do corpo aristipiano, 119-21
hedonista, 103, 118-20, 299
má reputação, 104, 113, 203
perfumado, 108-10, 112
travesti, 105, 156, 205-6

Aristóteles de Cirene, 124

Aristóteles o Estagirita
doxógrafo, 27, 302
e a amizade, 256
e Aristipo, 105
e Eudóxio, 156, 157, 301
e o Liceu, 289
eudemonista, 157
naturalista, 133

Aristoxenes, 54, 124

Boécio, 163

Carneiscos, 218

Cícero
contra os epicuristas, 241, 303

e o prazer, 123, 204
e o *Tetraphármakon*, 183
o estóico, 119, 221
salvador de textos, 221
Cínicos (os)
contra-senso, 50
corpus, 135
doxografia, 129, 300
Cirenaicos (os)
contra-senso, 50
doxografia, 104, 129, 203, 300
existência, 124
Crates, 133
Demétrio Lacon, 218
Demócrito
cegueira, 58
corpus importante, 55, 299
e a adoção, 70
e a construção de si, 68
e a morte, 59, 64
e a procriação, 69
e a viagem, 56
e Hipócrates, 57
e o dinheiro, 57
e o onanismo, 70
e o rir, 71
e o utilitarismo, 65
e os deuses, 54, 65
e Platão, 53-5, 149
e Protágoras, 58
e Sócrates, 57
estátua, 219
Diógenes de Enoanda
antiplatonismo, 289
e a construção de si, 291
e a felicidade, 290
e a morte, 290
e Epicuro, 289-90
e o desejo, 290
e o Jardim, 293-4
e o muro de Enoanda, 287-8, 304
e o prazer, 290
e o sorriso, 292
e o *Tetraphármakon*, 183

e os deuses, 290, 294
o que ele conserva do epicurismo, 289-90
Diógenes de Sinope
canibal, 60, 135
como personagem conceitual, 106
contra Platão, 130, 132
e a família, 137
e a felicidade, 134
e a vida filosófica, 20, 80, 112, 131
e a vida solitária, 134, 225
e historiografia, 31, 107, 300
e o bordel, 138
e o corpo, 135-7
e o dinheiro, 137
e o prazer, 137-9
eliminado, 55, 106
elogio de Medéia, 136
onanismo, 60, 132-3
rir, 71
triângulo subversivo, 52, 105-6, 130
Dionísio o Trânsfuga, 124
Diotimo de Tiro, 82
Diotimo o Estóico, 178
Empédocles, 27, 52, 219
Epicuro
aniversário, 228-9
asceta, 177, 180, 199-200, 202, 206
contra metempsicose e metensomatose, 187
corpus, 181-3
dietética alimentar, 174
dúvida sobre a existência de Leucipo, 41-2
e a algodicéia pagã, 184, 193
e a amizade, 180, 197, 204, 212, 215, 220, 256
e a construção de si, 176, 194
e a cultura, 236
e a doçura, 197, 199, 201, 215, 228-9

ÍNDICE REMISSIVO

e a família, 210
e a imanência, 185, 189-91
e a morte, 174, 186-9
e a música, 200-1, 237-8
e a política, 240, 244
e Aristipo, 105
e as mulheres, 211-3
e Heródoto, 183, 186, 216, 256
e Meneceu, 183, 213, 256
e Metrodoro, 173, 213, 257
e o atomismo, 105
e o dinheiro, 196, 210
e o mal, 191-3
e o momento presente, 188
e o poder, 179, 210-1
e o prazer catastemático, 203-5
e o prazer cinético, 203-5
e o real, 172, 211
e o rir, 180
e o sofrimento, 181, 199-200, 206-7
e os cirenaicos, 188
e os deuses, 184, 189-91, 234, 302
e os prazeres da alma e do corpo, 206-7
e Pítocles, 183, 213, 256
estátuas, 219
etimologia de seu nome, 181
evitação do desprazer, 200
filósofo-médico, 182-3, 193, 200
má reputação, 177-81, 198
origens, 175, 179
papiro, 219
prazeres da alma = prazeres do corpo, 208-9
seu naufrágio, 290
sincretismo de pensamento, 175-7
sucesso, 180
Tetraphármakon, 182-3, 194, 197
utilitarismo hedonista, 192, 200
Erotion, 213

Espeusipo
platônico e anti-hedonista, 157-8, 301
Eudóxio de Cnido
bibliografia, 301
corpus, 157
discípulo de Platão, 153-5
e a viagem, 153-5
e Aristóteles, 157-8, 301
hedonista, 155-6
materialista, 154-5
Filodemo de Gádara
e a amizade, 220, 228, 230
e a construção de si, 227, 236
e a declividade, 240
e a estética, 236-7, 239
e a morte, 233-5
e a música, 219, 237-8, 240, 303-4
e a poesia, 236, 238
e a política, 240-5
e a retórica, 237-40
e Cícero, 244
e o dinheiro, 219, 230
e o epicurismo campaniense, 230-3
e o tema da tempestade, 275
e o *Tetraphármakon*, 182-3, 233
e o tipo de vida, 223
e os deuses, 234-5
e Pisão, 219-20, 230, 239, 244
epicurista, 226-7, 231
obra reencontrada, 218-9
origem, 222, 231
sua biblioteca, 18, 26, 219-20, 222, 226, 237, 303
temas de seus tratados, 219, 225-6
Hedéia, 213
Hegesias, 124
Heráclito
corpus 55
lágrimas, 71, 254
Hiparco
abderitano ou pitagórico, 73

agenda hedonista, 75
crítica da queixa, 77-8
crítica de um egocentrismo, 77-8
eminência do presente, 76
hedonista, 74
júbilo, 76
pesquisa da positividade, 76

Leontion, 213

Leucipo
alegria autêntica, 44, 47-8
ausência de bibliografia, 55, 300
eminência do homem, 48
iniciador da teoria atomista, 42-5
primeiro filósofo hedonista, 39-41

Longino, 227

Lucrécio
antiplatônico, 270-1
caluniado, 247-50, 252-3, 285
e a alma, 269-72
e a amizade, 257-8, 278, 285
e a cinética, 263
e a construção de si, 276
e a libertinagem, 251-2, 282
e a morte, 269-72
e a música, 263, 274, 278-9
e a paixão amorosa, 250, 281-6
e a poesia, 236
e as religiões, 267-8
e imanência, 269
e Memmius, 248, 257-8, 294
e o amor, 250, 281-6
e o atomismo, 259-61
e o bordel, 284
e o casal ataráxico, 284-6
e o clinâmen: 261-4
e o mar, 227
e o materialismo, 249, 251, 253, 258-9
e o pensamento trágico, 254, 264, 277, 279
e os desejos naturais e necessários, 195

e os deuses, 264-6
e Vênus, 257, 264-5, 272, 278, 281
enciclopédico, 265
epicurista, 221, 247, 265, 302-3, 305
hedonista, 278-81
o que não se sabe dele, 247
teses anticristãs, 251-3, 281-3
vitalista, 259-60, 263

Mammarion, 213

Marco Aurélio, 275

Melissa, 213

Myia, 213

Nausífanes de Teo, 82

Nikidion, 213

Parmênides, 27, 31, 52, 56, 104

Periictione, 213

Phintys, 213

Píndaro, 26, 159, 232, 281

Pírron, 81-2

Pitágoras
e a imortalidade da alma, 17, 74, 271
e a metempsicose, 74, 270
e a metensomatose, 74, 270
e a música, 237
e o dualismo, 74
e o ideal ascético, 74
estátua, 219
filósofo do número, 74

Platão
aristocrata, 86
cidade platônica, 211-3
e a Academia, 87, 143-4, 154-5, 180, 209, 222
e a arte, 200-1
e a família, 212
e a música, 237-8
e Antístenes, 55
e Aristipo, 14, 55, 105, 111-2, 123-5, 148, 150
e Aristófanes, 146, 185

ÍNDICE REMISSIVO

e Demócrito, 13-4, 53-5, 111-2, 152
e Eudóxio, 154-5
e Filebo, 105, 144-5, 147, 149-50
e o dinheiro, 87, 89
e o idealismo, 16, 54
e o maniqueísmo, 143
e o materialismo, 14, 110, 152
e o mito de Er, 185
e o mito de Giges, 185
e o mito de Teut, 185
e o poder, 179
e os cínicos, 14, 55, 129-30
e os cirenaicos, 14, 55, 105, 129-30, 152
e Protarco, 144-5, 147, 149-51
lutador, 143, 148
poeta e trágico, 143

Polístrato, 218

Pródico de Céos
e a virtude, 163
e o dinheiro, 162-3
e o prazer, 162
e o Y, 159, 164, 224
sofista, 87, 154, 160-1, 301
sua morte, 164
teórico, 162

Safo
e a felicidade, 159
estátua, 219
precursor do hedonismo, 27

Sócrates
como personagem conceitual, 106
e Aristófanes, 106
e o dinheiro, 89, 113
e o prazer, 151
e os pré-socráticos, 13, 28, 30, 49-53, 298-300
herói dos diálogos, 145-7, 150-1
oposto a Antífon, 88
platonizado, 14, 30, 50-1, 89, 106-7, 144, 300
triângulo subversivo, 52, 105-6

Teano, 213
Temista, 213
Teodoro o Ateu, 124
Timeu, 177
Xenófanes, 185
Zenão de Cício, 219, 224, 273
e o Pórtico, 180, 222, 273
Zenão de Eléia, 81

II) CLÁSSICOS

Descartes
idealismo vencedor, 16
e vida filosófica, 176

Espinosa, 22

Feuerbach, 268

Hegel
e o cinismo, 60
supremacia da Razão na História, 16

Hobbes, 214

Kant, 16, 261, 303

Malebranche, 17

Montaigne, 174, 182, 303

Sade
ateísmo intranqüilo, 189
e o materialismo, 262

III) MODERNOS

Bataille
ateísmo intranqüilo, 189

Bentham, 65

Bergson
e Lucrécio, 259-61

Canguilhem, 193

Deleuze
ateísmo tranqüilo, 21-2, 144, 189

Foucault
e a construção de si, 291, 297
e o rir, 71

Freud, 90, 195

Heidegger, 55

Lyotard, 23
Mill, 65
Nietzsche
  cristianismo e platonismo, 16
  e o corpo, 22, 35, 171, 173
  e o rir, 71
  e o sublime, 276
  filosofia e terapia, 182
Schopenhauer, 182

IV) Obras citadas
  A arte de amar, Ovídio, 282
  A chave dos sonhos, Artemidoro de Éfeso, 91
  A Cidade de Deus, santo Agostinho, 17
  A escolha de Héracles, Pródico de Céos, 162
  A gaia ciência, Nietzsche, 22, 171
  Arte de escapar à aflição, Antífon de Atenas, 90
  As memórias históricas, Aristóxenes, 54
  Axíoco, Pseudo-Platão, 292
  Carta a Heródoto, Epicuro, 302
  Carta a Meneceu, Epicuro, 183, 190, 233
  Carta a Pítocles, Epicuro, 186, 207, 234
  Como vivem os deuses?, Filodemo, 234
  Contra os cristãos, Celso, 288
  Contra os sofistas, Filodemo, 183
  Crítica da razão prática, Kant, 17
  Crônicas, Eusébio de Cesaréia, 248
  Da amizade, Cícero, 256
  Da morte, Filodemo, 231
  De natura rerum [Da natureza das coisas], Lucrécio, 227, 239, 249, 262, 274
  Deipnosofistas, Athénée, 180
  Discurso sobre a origem da desigualdade entre os homens, Rousseau, 278
  Do bom uso do rei segundo Homero, Filodemo, 239
  Dos fins dos bens e dos males, Cícero, 183
  Dos modos de vida, Filodemo, 224
  Dos signos, Filodemo, 239
  Epigramas, Filodemo, 239
  Epístolas, Horácio, 176, 231
  Ética nicomaquéia, Aristóteles, 105, 156-7, 256, 301
  Fédon, Platão, 17, 148, 185-6, 211, 270, 300
  Fedro, Platão, 185
  Filebo, Platão, 105, 124, 144-5, 149, 153, 301
  Física, Empédocles, 28
  Fragmentos póstumos, Nietzsche, 35
  Geórgicas, Virgílio, 225
  Grande cosmologia, Demócrito, 57
  Grande sistema do mundo, Leucipo, 42
  Hípias, Platão, 118
  História da filosofia, Filodemo, 237
  Lísis, Platão, 256
  Máximas capitais, Epicuro, 183, 213, 231, 302
  Metafísica, Aristóteles, 29, 156
  O Banquete, Platão, 185, 281
  O misantropo, Molière, 281
  Odes, Horácio, 231
  Odisséia, Homero, 119
  Os memoráveis, Xenofonte, 163
  Pensamentos, Pascal, 17
  Péricles e Verdi, Deleuze, 189
  Protágoras, Platão, 185
  Remédios para o amor, Ovídio, 282
  República, Platão, 148, 185
  Resumo sobre as afecções e as ações, Diógenes de Enoanda, 294
  Retórica, Aristóteles, 156
  Sátiras, Horácio, 132

ÍNDICE REMISSIVO

Satiricon, Petrônio, 229
Sentenças vaticanas, Epicuro, 183, 256, 302
Sobre a alegria ou o bem-estar, Hiparco, 73
Sobre a doença e a morte, Epicuro, 174
Sobre a fraca constituição de Epicuro, Metrodoro, 173
Suma teológica, são Tomás de Aquino, 17
Timeu, Platão, 116, 154, 177, 185
Vidas dos sofistas, Filostrato, 162
Vidas e doutrinas dos filósofos ilustres, Diógenes Laércio, 41, 237, 300, 302

V) BIOGRAFIA

anedotas
equivalente do aforismo, 107-8
mnemotécnicas, 111
verdade filosófica, 54, 59-62, 79-81, 110-5, 116, 123, 129-31, 134-5

biografia / autobiografia e filosofia
biografia descartada, 172
interesse da biografia, 22-3, 59-61, 80, 107, 109-12, 131

GRÉCIA
e a democracia, 87, 99, 117
fim da hegemonia, 175, 305
fim de civilização, 221, 295

HEDONISMO
caricaturado, 147, 152, 165
de Anaxarco, 81
de Aristipo, 103, 106, 111-2, 118-25, 178, 203-5
de Epicuro, 176-7, 180, 198-200, 202-3, 215
de Filodemo, 236-7
definições, 45, 122-3, 149, 276

disseminação, 223
e ascetismo, 31, 134, 180, 184, 198-200, 203-4, 281
e atomismo, 280-1
e consciência, 121
e construção de si, 276, 298
e historiografia, 32, 44-5, 111-2
e o Jardim, 214-6
e platonismo, 111-2
evitação do desprazer, 68-9, 115, 121, 200, 215, 275
libertário, 92, 95-8, 139
má reputação, 113
seu ensinamento, 124
seu precursor, 26-7
trágico, 264, 277, 279

alegria
autêntica, 44, 47-8
conseqüência da infelicidade dos outros, 77-8, 276
e beleza, 47-8
e hedonismo, 71
e prazer, 48, 162, 203
objetivo da alma, 47-8
termo confiscado, 45
tranqüilidade da alma, 68
vida social, 69-70

aponia
aristipiana, 204
epicurista, 203

ataraxia
ascetismo, 199
e Diógenes de Enoanda, 291-2
e estética, 236-8
e gozo, 202, 204
e política, 242-4
potencialidade epicurista, 197, 203, 215-6, 223-4, 231-3, 235, 280, 283
recusa da dor, 199, 275
vantagens, 274-5

carpe diem, 233
contrato hedonista, 213-5

desejos
  dietética dos desejos, 61-2, 66, 194, 201-2, 280-1
  e prazer, 196
  não naturais e não necessários, 195, 278-80
  naturais e não necessários, 195, 280
  naturais e necessários, 194-5, 280, 290
ética hedonista, 45, 65, 96, 156, 194
eudemonismo
  de Aristóteles, 157, 301
  definição, 45-6, 68, 82, 123, 298
  e hedonismo, 45-8, 123, 157
eumetria, 119, 228-9
felicidade
  alcançável aqui, 184, 211
  cirenaico, 123-4
  distinta do prazer, 123
  e consciência, 46
  e corpo, 46
  eudemonismo e hedonismo, 45-8, 123, 157-8, 298
  Lucrécio, 274
  o que ela supõe, 134, 196
  soberano bem do eudemonismo, 45, 196, 290
gozo
  e consciência, 121-3
júbilo
  do corpo, 207-8, 264
  e alma, 207-8
  e estética, 236-8
  e ética, 116
  e evitação do desprazer, 68
  e *kairós*, 118, 123
  e liberdade, 66, 96-9
  e prazer, 67, 120-2, 138, 147, 158, 201-2
  e virtudes, 164-5
  segundo Aristipo, 103, 115-6, 118-9, 120-2, 203-5
  segundo Epicuro, 204, 208-9
  segundo Lucrécio, 280-1
  segundo Pródico, 161
kairós, 118, 123
prazer
  aritmética dos prazeres, 62, 201-2, 215, 232-3, 289
  atômico, 280
  bons e maus, 137-9, 151, 232-3, 281
  catastemático, 152, 203-6
  cinético, 120, 203-6
  cirenaico, 120-3
  corporal como objetivo do ideal hedonista, 121
  da alma e do corpo, 120, 206-9
  de existir, 233-4
  definições, 46, 121-3, 240
  dietética dos prazeres, 67, 116-7, 137
  distinto da felicidade, 123
  e epicurismo campaniense, 230-1, 240
  e música, 203, 237-8, 278
  e natureza, 98, 133, 299
  e o dinheiro, 96
  e renúncia, 202
  e sociedade, 95
  e sofrimento, 202-3
  e *Tetraphármakon*, 193-4
  eliminado, 146-7
  epicurista e ascético, 199, 280, 302-3
  estética, 197, 201, 237-9
  evitação do desprazer, 68-9, 115, 121, 200, 275
  exclusão da reflexão, 150-1
  fim em si, 157
  = gozo, 46
  objetivo do sistema epicurista, 194
  redução da consciência, 46
  relação com o prazer, 198-200
  satisfação dos desejos naturais e necessários, 196

ÍNDICE REMISSIVO

soberano bem do hedonismo,
    45, 115, 147, 156, 158
soberano mal, 137
superposição com a
    felicidade, 45-6
sofrimento
    atômico, 192, 280
    e ataraxia, 203
    e consciência, 271
    e desejo, 195-6
    e dinheiro, 89
    e Epicuro, 173, 181-2, 187-8,
        191-3, 199-200
    e erro, 192
    e mérito, 166
    e prazer, 199-202, 240, 274-5
    e psicanálise, 90
    e vida filosófica, 47, 122

HISTORIOGRAFIA
    destituição pelos vencedores
        idealistas, 51
    historiografia dominante:
    – a história dos vencedores
        idealistas, 16-8, 31
    – a recondução dos erros e
        aproximações na H., 13-4
    – uma H. hegeliana, 16
    – uma H. judeo-cristã, 15-6
    – uma H. platônica, 14-7,
        51-2, 105-6, 208-9
    – uma história sem autor,
        12-3
    historiografia subalterna:
    – cirenaica, 107
    – do ateísmo, 208, 267
    – do atomismo, 208
    – do hedonismo, 31, 45, 111-2
    – do materialismo, 208
    incapacidade dos filósofos
        para a H., 12-3
    uma arte da guerra, 11

personagem conceitual
    Aristipo e Diógenes, 106
    Jardim, 209-10
    no *Filebo*, 144, 149-50, 153
    Sócrates, 106, 144

Vila dos Papiros, 220

IDEALISMO
    alemão, 16, 23
    cristão, 23, 42
    pitagórico, 31, 73
    platônico, 14-7, 23, 31, 51,
        130, 132, 171, 270

LIBERDADE
    arruinada, 97, 114, 121
    ausência de liberdade, 262
    bloqueada pela lei civil, 93
    contra a submissão, 95
    de Anaxarco, 81
    de Antífon, 88, 92, 96-8
    de Aristipo, 115-8, 120
    de Diógenes, 80, 136
    de Epicuro, 211-3
    de Filodemo, 231-3
    e cidadania, 212
    e construção de si, 97
    e declividade, 262
    e desejo, 195
    e dinheiro, 89, 114
    e eumetria, 116-7
    e mérito, 166
    e querer, 281
    impedida pelos desejos vãos,
        196
    preservada, 232
    soberano bem, 59-60, 120-1

MATERIALISMO
    abderitano e atomista, 44, 51,
        56, 59-60, 73, 79, 86, 105,
        111, 298
    cínico, 133-5
    contra-senso, 258
    de Eudóxio, 154
    de Filodemo, 235
    de Lucrécio, 248-9, 258-62
    disseminação romana, 222
    epicurista, 208, 305
atomismo
    contra a existência de um
        além-mundo, 42

325

contra a imortalidade da
  alma, 42
de Demócrito, 53-4, 178, 299
de Lucrécio, 259, 266
e corpo, 43, 172
e historiografia, 208, 298-9
e omofagia, 135
epicurista, 183-6
imortalidade dos átomos, 187,
  271
inventor do átomo, 40
queda dos átomos, 261-2
um materialismo, 42, 172, 298
um sensualismo, 66

clinâmen, 261-6, 263-4, 289, 293, 303

matéria
  constituição, 184-6, 265
  corporal, 136, 270
  e consciência, 271
  e forma, 155-6
  e os deuses, 44, 191, 269, 294
  e vazio, 259
  eterna, 187

partículas, 42-5, 63-7, 135, 186, 208, 255, 258-61, 265, 277, 280, 289

simulacros, 42-4, 58, 61-2, 64, 67, 70, 184, 186, 222, 268, 284, 289, 303

MORAL

amizade
  em Epicuro, 180-1, 197, 204, 211-2, 215, 256
  na Antiguidade, 256, 303

concórdia, 88-9, 98, 100

doçura
  de viver, 180, 228-9, 232
  e eudemonismo, 46
  e Filodemo, 227
  Lucrécio, 257, 285-6
  virtude epicurista, 180, 197, 199, 201, 204, 216, 228

e epicurismo, 256

em Filodemo, 220, 227, 230-1
em Lucrécio, 257-8, 278-9, 285-6
otium, 291
prudência, 180, 200-1, 245
temperança (e intemperança), 67, 113, 187, 199
vício
  caricaturado de Aristipo, 119
  do ter, 137
  oposto à virtude, 30, 93, 133, 160, 214

MORTE

a não temer, 184, 187, 233-5, 270-1
da alma, 63
desligamento da alma
  material e do corpo
  material, 186
domada, 65-6, 187-9, 233-5, 269
suicídio, 124, 189, 234, 249, 252

MULHER

admitida, 178
celebrada, 228, 285
como alegoria, 163-5
escrava, 213
excluída, 99
filósofa, 41, 213
igual ao homem, 99, 178-9, 211-3
papel secundário, 212
pretexto, 303
sedutora, 250-1, 284
submissa, 213
uso das mulheres, 113, 116-7, 119, 180, 228

NATUREZA

e desejo, 194-8
e direito, 99, 214
e prazer, 97, 133
ensino, 98, 266
oposta à lei, 92, 133

ÍNDICE REMISSIVO

teoria, 60

física
abandonada por Aristipo, 115-6
e atomismo, 41, 43-5, 63-4, 172, 262
e Demócrito, 54-5
e prazer, 45-7
epicurista, 187, 280
induz a ética, 44-5, 48, 115, 184, 236, 289
nuclear, 43

fisiologia
da filosofia, 171
de Aristipo, 119
de Epicuro, 173, 232
e individualismo, 281
e reflexão, 177

mar
Demócrito, 56
Longino, 227
mar Vermelho, 39, 56
princípio de Alfeu, 21-3
tempestade, 227, 275

POLÍTICA

ágora, 20, 44, 57, 60, 90, 104, 107, 110, 132, 156, 206, 288

César, 220, 223, 242, 258, 264

democracia, 87, 99, 244

direito
ausente, 278
e comunidade, 279
natural, 99, 214, 303

e religião, 191, 268, 278

e vida filosófica, 219, 223-5, 240-5

escravidão
das mulheres, 212
igualdade para com os homens livres, 211

igualdade
dos prazeres, 120
entre os homens, 98-9, 179, 211-3

epicurista, 211-3
natural, 99

justiça, 93-4, 214, 294

lei
civil ou natural, 93-7, 303
bloqueio da liberdade, 93
obediência, 93
oposta à natureza, 92, 134
recusa, 97-8, 133

monarquia, 244-5

tirania, 244

PSICANÁLISE

e Aristipo, 114
inventada por Antífon, 15, 90-2, 94-5, 161

RELIGIÃO

ateísmo
e historiografia, 208-9, 267
e imanência, 190, 269
intranqüilo, 189
tranqüilo, 66, 184, 189

cristianismo
contra o atomismo, 42
dominante, 51
e alegria, 45
e dualismo, 42
e materialismo, 249
e o corpo, 198
e obscurecimento do mundo, 294-5
e prazer, 47
fabricado, 248
ódio ao mundo, 31
pensamento de Estado, 16
perfídia com relação a Demócrito, 58
preparado pelo estoicismo e pelo platonismo, 179-80
um platonismo segundo Nietzsche, 16

Cristo, 249, 295

deuses
amigos dos filósofos, 235

beleza, 234
bem-aventurados, 190, 292
dispensados pelo atomismo, 42, 53
eliminados, 44-5, 189
ideal inacessível, 267-8
inacessíveis às preces, 190
inativos, 190-1
inexistentes, 63, 67, 267
materiais, 43, 191, 235
modelo ético, 294
não os temer, 65, 184, 290, 292
nos intermundos, 190, 235, 270, 294
potência demiurga, 54
seres sexuados, 235
Vênus, 137, 233, 257, 264-5, 272, 278-9, 281
impiedade, 190, 295
inferno
católico, 46
mitológico, 184, 187, 268-71
intermundos, 190, 235, 270, 294
paraíso
post mortem, 187, 269-70
terrestre, 210, 295
politeísmo, ver **deuses**
teologia
de Demócrito, 56
de Epicuro, 185, 189-91
de Filodemo, 219, 234-5

RETÓRICA
palavra
abordada por Filodemo, 219, 237-40, 303-4
e habilidade, 94, 163
por si mesma, 146, 152
uso agônico, 86, 160
sofistas
bibliografia, 299, 301
democratização do saber, 87-8
inimigos de Platão, 86
má reputação, 85-6, 299
platonizados, 85

retribuição, 86-7, 89
terapeuta, 90-2

UTILITARISMO
catártico, 201
e a música, 238
estético, 200, 236
hedonista, 192, 242
inventado por Epicuro, 200, 303

VIDA FILOSÓFICA
campo, 212
comunidade filosófica, 216, 220, 222, 227-8
construção de si
e Antífon, 96
e Demócrito, 67
e Diógenes de Enoanda, 292
e Epicuro, 176, 194
e Filodemo, 227, 236-7
e Lucrécio, 275-6
conversação, 89-90, 151, 197, 204, 228, 230, 277
dinheiro
Antífon de Atenas, 88-9, 96
Aristipo, 113-7
Demócrito, 57-8
Diógenes de Sinope, 138
e prazer, 96
Epicuro, 197, 209
Filodemo, 219, 230
Platão, 86, 89
Pródico de Céos, 162-3
Sócrates, 88-9, 113
sofistas, 86, 113-4
família, 82, 96-7, 99, 137, 166, 210, 212
gênio da vida filosófica, 20-1, 205-6, 208-11, 216, 219-20, 224-5, 256, 287, 291, 297-8, 302-3
querer, 181, 190, 193
sabedoria
Antífon, 96
Aristipo, 113-4, 150, 204-5

ÍNDICE REMISSIVO

Demócrito, 58-61
Epicuro, 174, 191, 203, 215, 228-30, 232-6
estóica, 272
grego primitivo, 40
hedonista, 133-4, 279
Hiparco, 74-8
Lucrécio, 254, 269-70, 272, 279-80
pagã, 235
Pírron, 82
sofista, 113-4

soteriológica, 291
terapêutica, 236

viagem
Demócrito, 56
Eudóxio, 153-5
mau prazer, 137
metáfora da vida, 75-6
para o Oriente, 39
Platão, 148

Y (símbolo do), 159, 164, 166-7, 224